# COMMENT LES NEUROSCIENCES DÉMONTRENT LA PSYCHANALYSE

*Du même auteur*

*Qu'est-ce que le « Réel » ?*, Érès, 2004.

*Les Corps angéliques de la postmodernité*, Calmann-Lévy, 2000.

*Louis du Néant. La mélancolie d'Althusser*, Aubier, 1998.

*Ceci n'est pas un pape… Inconscient et culture en Louisiane*, Érès, 1996.

*L'Amour à l'envers. Essai sur le transfert*, PUF, 1995.

*Du bon usage érotique de la colère, et quelques-unes de ses conséquences,* Aubier, 1994.

*Naissance et renaissance de l'écriture,* PUF, 1993.

*Libido illimited. Freud apolitique ?*, Point Hors Ligne, 1990 ; rééd. sous le titre *Freud apolitique ?*, Champs-Flammarion, 1998.

*L'Ordre sexuel,* Aubier, 1989 ; rééd. Champs-Flammarion, 1995.

*La Névrose infantile de la psychanalyse*, Point Hors Ligne, 1989.

*Le Dénouement d'une analyse*, Point Hors Ligne, 1987 ; rééd. Champs-Flammarion, 1996.

*L'Exception féminine, essai sur les impasses de la jouissance,* Aubier, 1985.

*D'une logique de la psychose*, Point Hors Ligne, 1983.

Gérard Pommier

# COMMENT LES NEUROSCIENCES DÉMONTRENT LA PSYCHANALYSE

FLAMMARION

*À B. Jacobi, D. Le Gall, J.-J. Rassial, J.-P. Tassin, A. Vanier, D. Widlöcher, qui ont critiqué et encouragé ces thèses à l'occasion d'une habilitation à diriger des recherches.*

Le lecteur peut consulter en fin d'ouvrage des schémas du cerveau qui lui permettront de localiser les termes d'anatomie employés (voir page 405).


ISBN : 2-08-210369-2

# INTRODUCTION

## LES VÉRITABLES ENJEUX DU DÉBAT ENTRE NEUROSCIENCES ET PSYCHANALYSE

Le corps n'est-il qu'une machine dont il suffirait de démonter les rouages pour le comprendre ? De même que la marche procède de la contraction des muscles, les comportements ne répondent-ils pas d'une mécanique interne, quand bien même serait-elle un peu plus sophistiquée ? Tous les jours, on annonce ou on confirme la découverte du gène de la psychose maniaco-dépressive, de l'homosexualité, de l'anorexie, de l'alcoolisme, etc. Dans la seule première semaine de juin 2004, par exemple, Antonio Damasio, directeur de recherche à l'Iowa University, déclarait à *L'Express* : « Oui, il y a une biologie des sentiments », et Lucy Vincent, docteur en neurosciences, annonçait au *Parisien libéré* : « Tomber amoureux, c'est chimique ». À ce titre, les neurosciences servent parfois d'arme contre la psychanalyse [1]. Pourtant, la découverte freudienne a assuré sa théorie et sa méthode dans les dernières décennies ; sa pratique a prospéré et son champ s'est élargi. Mais elle n'en est pas moins souvent rangée parmi les croyances qui ont

1. Selon un sondage publié il y a quelques années dans le journal *Le Monde*, 86 % des chercheurs médicaux les plus célèbres de la planète prédisaient une marginalisation définitive de la psychanalyse pour l'an 2000.

peut-être de l'effet sans avoir fait leurs preuves. Une guérison ne prouve rien [1] !

Sur ce terrain, d'éminents chercheurs ont voulu effacer la rupture de Freud avec la neurophysiologie. G. M. Edelman, prix Nobel en neurosciences, a dédié son livre de 1992 « à la mémoire de Darwin et de Freud ». Son titre : *Biologie de la mémoire*, ne laissait pas prévoir un tel parrainage ! *L'Inconscient cérébral* de Marcel Gauchet [2] a développé dans le même esprit des hypothèses que Freud avait abandonnées en même temps que ses études sur les neurones et les quantités nerveuses. De même Jean-Pierre Changeux écrivait dans la préface de *L'Homme neuronal* que l'idée de son livre lui était venue après une rencontre avec les rédacteurs de la revue psychanalytique *Ornicar ?*. Et c'est sans doute en pensant à l'inconscient freudien que les cognitivistes ont baptisé « inconscient cognitif » des réflexes conditionnés et des processus d'apprentissage qui n'en méritent pas tant. Cependant, cette sorte de respect pour la psychanalyse ressemble fort à celui que l'on réserve à une vieille dame dont les opinions seraient dépassées ou auraient mal tourné [3].

1. Il faut différencier la guérison qui résulte d'une suggestion non reproductible de celle qui se vérifie dans n'importe quel cas. Isabelle Stengers a montré que la médecine est devenue scientifique lorsqu'elle a distingué l'effet thérapeutique par suggestion de celui qui agit sur sa cause (*L'Invention des sciences*, Paris, Odile Jacob, 1993).

2. M. Gauchet, *L'Inconscient cérébral*, Paris, Seuil. 1992.

3. Dans l'introduction de *L'Homme neuronal*, J.-P. Changeux écrit par exemple : « Des disciplines au départ physicalistes, comme la psychanalyse, en sont venues à défendre, sur le plan pratique, le point de vue d'une autonomie quasi complète du psychisme, revenant à leur corps défendant au traditionnel clivage de l'âme et du corps. »

Depuis plus de vingt ans et dans l'élan de leurs premières grandes découvertes, nombre de neuroscientifiques invitent ainsi les psychanalystes à remettre sur le métier l'éternel débat du corps et de l'esprit, de l'âme et de la matière, de l'organique et du psychique, du matérialisme et de l'idéalisme [1]. Nul doute qu'une telle répartition des rôles aurait donné le neuroscientifique gagnant d'avance ! Avec l'aide du généticien, il aurait pu prétendre poursuivre l'œuvre des Lumières et du progrès contre l'obscurantisme et les avatars psychiques de l'animisme. Mais – sauf erreur ou omission – aucun psychanalyste n'a trempé dans ce pénible *remake*, sinon le temps de quelques politesses empoisonnées. Car pourquoi entrer dans le débat mal posé d'une prétendue division de l'âme et du corps [2] ? Certes, il existe un clivage entre le sujet et l'organisme auquel il s'appareille, non par le biais de l'âme, mais grâce à la matérialité du langage : la parole est en quelque sorte « clivée au corps » et l'organisme en garde la mémoire, par exemple sous la forme du symptôme.

La psychanalyse a subverti depuis ses débuts cette opposition grâce à l'une de ses découvertes majeures : celle de la pulsion, qui anime le psychique en même

1. La distinction idéalisme/matérialisme n'intéresse plus aujourd'hui que le philosophe. Pourtant, dans ce débat qui reprendra certes un jour, ce livre montrera ce que cette bipartition doit au refoulement.

2. Indépendamment de la psychanalyse, il existe une conception « matérialiste » de la pensée qui refuse d'opposer l'activité mentale et ses buts. Selon Alain Prochiantz, par exemple, « la pensée est toujours déjà engagée dans la totalité de l'organisme » (*La Construction du cerveau*, Paris, Hachette, 1989). On pense en ce sens avec ses mains, et même avec ses pieds. Ludwig Wittgenstein écrivit qu'il pensait avec son encrier, parce qu'il n'arrivait à fixer ses pensées qu'en les mettant par écrit.

temps qu'elle intègre le somatique. Nombre de concepts psychanalytiques n'innovent pas vraiment. Une intuition de l'inconscient, par exemple, existe depuis l'Antiquité [1]. En revanche, la pulsion introduit une nouveauté radicale : elle dialectise au point de l'invalider toute opposition du mental et du cérébral. La psychanalyse a pris son départ en s'appuyant sur ce concept à double face, qui souligne dès ses débuts qu'une opposition du psychique et de l'organique ne la concerne pas. Comment pourrait-elle prendre le parti du spirituel contre le charnel à la suite des Églises qui, pendant des siècles, ont maintenu l'obscurantisme au nom de cette opposition ? Les raisons de croiser le fer avec les neuroscientifiques se réduisent dès que le psychisme n'est plus opposé au corps [2]. Nul ne doute que des processus psychiques s'articulent à l'organique. De nouveaux supports cérébraux et des connexions inédites seront sans doute un jour mis en évidence. Mais cela n'expliquera pas le fonctionnement psychique, que l'on ne saurait réduire à celui du cerveau sans s'exposer à des erreurs dans la méthode [3], donc dans les résultats.

Une fois levé ce malentendu, les psychanalystes pourraient penser qu'ils ont peu à apprendre des neuro-

1. Voir par exemple le *Gorgias* ou *La République* de Platon. Dans le mythe de la caverne, les hommes ne sont pas conscients de la réalité.

2. À la fin de sa vie, Freud écrivit au début de l'*Abrégé de psychanalyse* : « De ce que nous appelons psychisme [...] deux choses nous sont connues : d'abord son organe somatique, le lieu de son action, le cerveau [...] et ensuite nos actes conscients dont nous avons une connaissance directe, et que nulle description ne saurait nous faire mieux connaître. Tout ce qui se trouve entre ces deux points extrêmes nous demeure inconnu, et s'il y avait entre eux quelques connexions, elles ne nous fourniraient guère qu'une localisation précise des processus conscients sans nous permettre de les comprendre. »

3. À la suite de Cabanis, qui, il y a plus d'un siècle, écrivit que « le cerveau sécrète de la pensée comme le foie sécrète la bile ». P. J. G. Cabanis, *Rapport du physique et du moral*, Paris, Baillière, 1884.

sciences. Après tout, ces dernières démontrent plutôt laborieusement des processus qui sont l'ordinaire de leur pratique. G. M. Edelman et G. Tononi ont par exemple établi ceci : « La perception consciente et la mémoire doivent être prises comme deux aspects d'un seul et même processus [1]. » Voilà bien longtemps que la cure psychanalytique fonctionne sur le même principe, sans autre laboratoire que la parole ! Son expérimentation est même plus éloquente, puisqu'elle la réalise selon un processus inverse, en montrant que la mémorisation discursive engendre le retour de perceptions conscientes.

De même, des concepts freudiens sont régulièrement soumis à des expérimentations, alors qu'ils se vérifient facilement dans la vie ordinaire. Ces expérimentations sont faites le plus souvent sur la base d'une profonde incompréhension des notions psychanalytiques, que l'on explicitera au fur et à mesure de ces pages. Malgré ces malentendus, certains neuropsychologues de bonne foi essayent de sauver l'héritage freudien, selon eux en danger : ils cherchent à montrer que l'on pourrait – en y regardant bien – localiser dans le cerveau quelque chose comme l'inconscient. Ainsi le concept de « refoulement » a mérité une publication dans la prestigieuse revue *Nature* : « Suppressing Unwanted Memories by Executive Control » [2] sous la plume de Michael C. Anderson et de Collin Green. Leur expérimentation de l'oubli pourrait, selon eux, « fournir un modèle viable pour le refoulement ». Chacun le sait : nous préférerions oublier certains souvenirs (*i.e.* nous les refoulons). Pourtant, cette banalité a

1. G. M. Edelman, *Biologie de la conscience*, Paris, Odile Jacob, 1992, p. 209.

2. *Nature*, n° 410, 2001, p. 366-369. Michael C. Anderson et Collin Green, spécialistes de la mémoire, travaillent au département de psychologie de l'université d'Oregon (États-Unis).

été soumise à une expérimentation – d'ailleurs inadaptée, puisque des singes furent réquisitionnés pour la vérifier. Après une étude statistique d'importance, il s'avère que les primates refoulent certains souvenirs (on imagine en effet que les expérimentations elles-mêmes n'ont pas dû beaucoup les amuser !). Les mêmes chercheurs ont ensuite renouvelé l'expérience sur des humains et constaté qu'en effet certains souvenirs associés à des événements désagréables sont refoulés. Martin Conway [1] a commenté dans *Nature* les résultats de ces chercheurs. Il souligne « l'ubiquité des phénomènes d'inhibition dans la mémoire humaine », en rappelant que de 20 à 25 % des cellules du cortex ont des fonctions inhibitrices et que « de tels réseaux neuronaux pourraient donner lieu au type de refoulement proposé par Freud comme fondement des névroses ». M. Conway est un homme ouvert et de bonne volonté, mais il aurait dû lire Freud plus attentivement : il aurait remarqué que l'inhibition diffère du refoulement [2]. Quoi qu'il en soit, tout se passe comme si cet article de *Nature* légitimait sa scientificité grâce à la collaboration de quelques singes et à une batterie de statistiques. Est-ce bien nécessaire ? Pourquoi ces chercheurs bien disposés se donnent-ils tant de peine, alors que le fauteuil et le divan suffisent [3] ?

On a donc l'impression que les neurosciences, utiles dans leur champ, manquent d'intérêt pour la psychanalyse. Il faudrait seulement calmer les ambitions de certains

1. Martin Conway est directeur du département de psychologie expérimentale de l'université de Bristol.

2. L'inhibition concerne une activité consciente qu'un sujet ne parvient pas à effectuer. Le refoulement concerne une représentation dont le sujet n'est pas conscient.

3. Une cure psychanalytique n'est certes pas une expérimentation au sens où les physiologistes l'entendent. Mais, rétroactivement, les leçons tirées de plusieurs cures donnent des preuves au même titre que les expériences scientifiques.

neuroscientifiques (ou plutôt de leurs zélotes) décidés à marginaliser la psychanalyse à l'université et dans les centres de soins. Mais cette position défensive néglige le bénéfice énorme qu'apportent les neurosciences, qui montrent malgré elles comment le langage modélise le corps beaucoup plus profondément que le symptôme hystérique ne le laissait présumer. On lira dans ce livre qu'à mieux y regarder les neurosciences corroborent des théories que la psychanalyse était jusque-là seule à conjecturer. Elles explicitent (alors que tel n'était pas leur objet) des hypothèses que Freud avait déduites de certaines répétitions symptomatiques. Elles permettent d'élaguer le champ des théories psychanalytiques, devenu trop touffu. Elles mettent hors jeu ceux qui utilisent la psychanalyse à des fins mystiques ou de direction de conscience indue. Elles obligent les psychanalystes à choisir leur camp, car il faut reconnaître que certains d'entre eux ont renoncé à la nature scientifique de leur discipline pour lui préférer les délices de l'amour de transfert et les certitudes de la secte. Les clarifications qui résultent de ce débat ont des conséquences sur la conduite même des cures.

Nous verrons que les neurosciences donnent une profondeur de champ insoupçonnée au travail de l'inconscient. Prenons un exemple : il existe dans l'hypothalamus une zone étroite considérée comme centre du plaisir. Elle peut être autostimulée par implantation de micro-électrodes, comme l'ont montré les travaux de J. Olds [1]. Des rats bien éduqués savent le faire. Quand ils se sont accoutumés à ces plaisirs solitaires dans le secret de leur labo-

1. Depuis l'expérience de J. Olds et P. Milner en 1954, l'hypothalamus latéral est considéré comme le centre du plaisir. Un rat auquel on implante des électrodes dans cette région s'autostimule en appuyant sur une pédale. Voir J. Olds, « Self-stimulation of the Brain », *Science* 127, p. 315-324 ; consulter également B. Cardo dans *Confrontations psychiatriques*, 6, 1970.

ratoire, ils n'arrêtent plus de s'y adonner, même s'il leur faut sauter un repas. En agissant ainsi, ces animaux se droguent avec leurs propres morphines. Nous procédons d'ailleurs de même chaque fois que certaines de nos activités excitent cette partie de l'hypothalamus droit. Cette excitation peut être bloquée au niveau des récepteurs de la dopamine [1] par l'antagoniste adéquat (pimozide, halopéridol). Voilà une observation intéressante, dont le résultat n'était pas recherché par les neurophysiologistes. En effet, il montre que certaines molécules bloquent les neurotransmetteurs de la jouissance : celles-là mêmes qui sont empiriquement employées par les psychopharmacologues depuis longtemps pour réguler la symptomatologie des psychoses (halopéridol). C'est donc bien un excès de jouissance qui engendre une souffrance psychique pouvant aller jusqu'à la folie. Quelle intéressante coïncidence ! Depuis plusieurs dizaines d'années, les psychanalystes conjecturent que ces psychoses procèdent d'un défaut d'interdit de la jouissance [2]. Cette hypothèse faisait peut-être sourire les organicistes, mais la voilà aujourd'hui corroborée par les neurosciences elles-mêmes ! L'excès de jouissance ne se déclenche pas au niveau d'un supposé « centre du plaisir » (dans l'hypothalamus), mais il procède d'un défaut symbolique [3], et l'hypothalamus fonctionne seulement comme un relais. On mesurera l'importance de cette expérimentation pour évaluer, justement, les places respectives du médicament et de la cure de parole.

1. La dopamine est le neurotransmetteur spécifique du plaisir.

2. Voir J. Lacan, « D'une question préliminaire à tout traitement possible de la psychose », *Écrits*, Paris, Éditions du Seuil, 1955-1956.

3. Cela n'empêche d'ailleurs pas certains neuroscientifiques de continuer à chercher un gène de la psychose, alors que leurs propres résultats indiquent que cette voie est sans issue.

Il ne viendrait pas l'idée à un psychanalyste de minimiser de telles découvertes. Mais il est clair qu'une fonction ne s'explique pas par ses effecteurs. Un certain muscle permet par exemple de réaliser un mouvement donné, mais l'intention de ce mouvement est autre chose. Ainsi en est-il du cerveau : le psychanalyste remarque seulement que l'on ne trouve pas la cause de ce qui active l'appareillage neuronal dans cet appareillage lui-même. Il est alors de sa responsabilité d'expliquer comment fonctionnent des déterminations dont l'organisme semble séparé. Les éclaircissements donnés à ce jour ne suffisent sans doute plus : il faut préciser les concepts et montrer ce qui les différencie d'un chamanisme latent. Cet effort s'impose si l'on mesure les espoirs que soulèvent les neurosciences (25 000 participants à un congrès aux États-Unis, en 2001). On peut escompter aussi qu'avec un peu de patience les neuroscientifiques se rendront compte eux-mêmes que la subjectivité – qui n'est pas la version postmoderne de l'âme – ne se trouve pas au bout de la molécule. Il apparaîtra surtout de plus en plus que de nombreux résultats des neurosciences sont illisibles sans la psychanalyse. Pas de victoire en vue de l'homme neuronal sur l'homme psychique, et pas de triomphe non plus de la psychanalyse, qui n'a d'ailleurs jamais cherché à convaincre qui que ce soit.

Pour parler plus radicalement encore : il ne s'agit pas seulement de distinguer le fonctionnement psychique de la physiologie du cerveau, encore qu'il importe de marquer cette différence sans querelle inutile à propos de l'esprit scientifique, dont nul n'est propriétaire dans ce débat ; il ne suffit pas d'affirmer que le psychisme ne sera jamais réductible à un fonctionnement biologique ou que la physiologie de l'organisme ne se développerait pas sans le psychisme ; encore faut-il entrer dans le détail, montrer comment le feuilletage des aires corticales, ou la latéralisation cérébrale, signe cette construction ; encore faut-il aussi apprécier jusqu'à quel point les caractéristiques humaines de la conscience restent incompréhensibles sans celles de l'inconscient freudien, tributaire de la parole. Occupés à faire le relevé de preuves « organiques », les neuroscientifiques oublient en effet la parole, dont le support, loin d'être spirituel, est lui aussi matériel. Tout se passe comme s'ils refusaient d'accréditer sa valeur, renonçant ainsi à celle du sujet qui l'énonce. Privés de ce crédit, comment pourraient-ils situer la conscience ? C'est un enjeu majeur des pages qui vont suivre d'éclaircir le problème de la conscience, jusqu'à aujourd'hui opaque.

Un jour viendra où le plus petit atome du corps humain aura été analysé et, une fois mis à plat l'ensemble des rouages, des molécules, des câbles de transmission, on ignorera encore où se trouve le centre de commande. La neurophysiologie élucide d'importants problèmes de communication internes à l'organisme, mais, lorsqu'elle aborde la question du centre de décision (le sujet), elle pose le problème dans des termes qui empêchent de le résoudre : s'il existait une « cause organique du sujet », ce dernier serait objectivé, donc annulé.

L'un des intérêts du débat entre psychanalyse et neurosciences est de poser clairement la question de savoir ce qu'est un « sujet » et, ce faisant, de commencer à y répondre. Les neurosciences montrent l'existence de processus qu'elles auront du mal à intégrer sans des concepts qui n'appartiennent ni à leur champ ni à leur expérience. Ce sont eux que l'on essaiera de mettre en valeur. On verra que de nombreux résultats restent ininterprétables dans leurs propres systèmes de référence. On commencera à avoir ainsi quelques idées plus précises sur ce corps dont nous sommes si conflictuellement les curieux locataires.

# I

# LE CORPS GRANDIT SOUS L'IMPULSION DU LANGAGE

L'être humain grandit. Il franchit les étapes qui l'amènent vers la maturité sans se demander quelle force le pousse. C'est au fond une question inutile pour atteindre cet objectif. Ultérieurement, lorsqu'il considérera tant le chemin accompli que ses aptitudes et ses performances, plus rien ne lui permettra d'établir une hiérarchie entre sa capacité de parler, celles de marcher, de compter, d'écrire, de travailler, d'aimer, de se reproduire. La même intelligence magique et la même capacité d'apprendre semblent partout et toujours à l'œuvre, changeant seulement d'objectif selon les processus de la maturation et de l'âge.

Or il n'en est rien. Il existe des conditions de possibilité de la croissance et de l'apprentissage qui font de la parole entendue, puis prononcée, le préalable à cette expansion des capacités humaines. Les neurosciences versent des pièces irréfutables à ce dossier. On examinera tout d'abord les résultats des expériences d'involution du système nerveux lorsqu'il est mis en inactivité (phénomène connu sous le nom d'attrition). Les conséquences sont énormes dès lors qu'il s'agit de ces neurones particuliers qui enregistrent les sons, car il faut d'abord que naisse le sujet de la parole avant que ce sujet, désormais identifié, se lance dans les apprentissages. Ce préalable suppose l'existence d'un support organique en attente de ces potentialités. À la naissance, le matériel neurobiologique dépasse les nécessités physiologiques. Cette « surmaturation » est d'ailleurs symétrique à la prématuration, notion classique depuis Darwin. Ces constatations mènent à un renversement complet de la perspective selon laquelle le génétisme (ou l'épigénétisme) commanderait de quelque façon l'humanisation de l'homme.

1

# LES NEURONES SE PAYENT DE MOTS : LA LEÇON DE L'ATTRITION

Dès 1940, D. O. Hebb a étudié le modelage des synapses. Il nota leur dégénérescence sélective pendant les apprentissages [1]. Les connexions nerveuses se développent à proportion de leur utilisation. Comme il l'a démontré pour la vision, plus l'information circule dans une voie nerveuse, plus les connexions synaptiques s'accroissent et deviennent efficaces [2]. Au contraire, les capacités synaptiques s'oblitèrent chez les animaux élevés dans l'obscurité, qui perdent assez vite toute possibilité d'apprentissage des formes visuelles [3]. Le même constat

1. Plus récemment, l'élimination de structures redondantes a été vérifiée au cours du modelage épigénétique du système nerveux central et de la zone de jonction neuronale. Voir J.-P. Changeux, P. Courrège et A. Danchin, « A Theory of the Epigenesis of Neural Works by Selective Stabilization of Synapses », *Proceedings of the National Academy of Science,* USA 70, 1973, p. 2974-2978 ; J.-P. Changeux et A. Danchin, « Selective Stabilization of Developing Synapses as a Mechanism for the Specification of Neuronal Networks », *Nature*, 264, 1976, p. 705-712. De même, la naissance de réseaux nerveux transitoires a été observée pendant les modifications néonatales de la vision (Ramva *et al.*, 1987).

2. D. O. Hebb, *La Psychologie du comportement* [1949], Paris, PUF, 1958.

3. Voir M. Jeannerod et F. Vital-Durand, « Les deux étapes du développement visuel moteur », *Lyon médical,* 236, 1975, p. 725-

vaut d'ailleurs pour les aveugles nés opérés à l'âge adulte : ils ne récupèrent pas de capacité visuelle normale. Cette interaction du système nerveux et du milieu extérieur montre que l'organisme se construit au fur et à mesure de son activité et que, loin d'être premier, le cerveau est tributaire non seulement de la sensation, mais de la façon d'y réagir [1]. Les neurones présents à la naissance dégénèrent s'ils ne sont pas utilisés avant une date limite. Ce phénomène, appelé attrition, a été étudié par Jean-Pierre Changeux et Antoine Danchin sur certains nerfs lors de l'activité musculaire animale. Ils ont montré que l'activité musculaire elle-même réduit les fibres nerveuses à une seule par muscle (alors que ce dernier est polyinnervé à la naissance) [2]. Cette attrition fonctionne en boucle fermée : l'individu construit lui-même son système neuronique en fonction de sa propre activité. Cette auto-organisation convient à une théorie organiciste selon laquelle le bagage inné se modèle en fonction des circonstances.

Cependant, l'attrition prend une autre dimension lorsqu'il s'agit de l'apprentissage d'une langue. Les psy-

---

734. La privation de sensations engendre un effet maximal si elle se produit pendant une période critique après la naissance (deux mois chez le chat, quatre mois chez le singe). Au-delà de cette période, les effets de la privation sont irréversibles.

1. Cette nécessité de l'interactivité a été démontrée par R. Held au Massachusetts Institute of Technology, grâce à la déconnexion visuomotrice de jeunes chats qui pouvaient voir normalement autour d'eux, à l'exception de leurs pattes (il suffit de leur mettre autour du cou une sorte de collerette en forme d'entonnoir). Ces animaux ne purent acquérir une coordination visuo-motrice normale. L'acte coordonne l'intention motrice et le contrôle visuel. Le cerveau se développe à la condition de cette interaction avec le milieu extérieur.

2. Voir J.-P. Changeux et A. Danchin, « Selective Stabilization of Developing Synapses as a Mechanism for the Specification of Neuronal Networks », *op. cit.*

cholinguistes ont remarqué que certains neurones spécialisés dans l'enregistrement de sons spécifiques dégénèrent s'ils ne sont pas employés à temps lors de l'apprentissage. Si un enfant n'entend pas pendant ses premiers mois certains sons, non seulement il les distingue mal ensuite, mais il ne parvient pas à les prononcer. Les possibilités d'audition et de phonation des enfants dépassent ce que leur langue maternelle va sélectionner [1]. Un enfant peut entendre et reproduire une grande variété de sons. Si les potentialités du langage offertes à l'avance par le système nerveux ne sont pas utilisées, une attrition s'installe pour les sonorités qui ne font pas partie de la langue concernée.

Ce phénomène démontre l'importance des effets du langage sur le corps. En effet, en fonction des sons entendus, certains neurones vont prospérer, alors que ceux qui auraient pu réceptionner des sons absents tombent en désuétude. Cette attrition varie lors de l'engagement dans la langue. Le japonais en fournit un bel exemple : cette langue ne contient pas les phonèmes « ra » et « la », à la différence de langues occidentales comme l'anglais ou le français. De sorte que les adultes japonais distinguent difficilement ces sonorités. Fait majeur : non seulement ils ne les ont pas appris, mais ils ne peuvent les entendre. Les Japonais n'apprennent pas seulement certains phonèmes à l'exclusion de quelques autres : c'est surtout que les aires perceptives et phonatrices des sons manquants involuent. Ils ne peuvent plus prononcer activement certains phonèmes, parce que les aires corticales sensorielles concernées ont été résorbées passivement. En revanche, mis dans un autre contexte linguis-

1. Voir M. Piatelli-Palmarini, « Evolution, Selection and Cognition : from "Learning" to Parameter Setting in Biology and in the Study of Language », *Cognition*, 31, 1989, p. 1-44.

tique, les nourrissons nippons de 2 ou 3 mois reproduisent aisément lesdits phonèmes, comme leurs jeunes amis occidentaux.

Loin d'être innée, la raison d'exister du neurone se trouve hors du corps. La fonction crée l'organe, dira-t-on. Cette remarque en apparence banale ne doit pas masquer sa portée : il ne s'agit pas d'une fonction physiologique, mais d'une fonction langagière, extracorporelle. Le son possède une matérialité qui a la même efficacité que l'activité pour un muscle. Cependant, les modalités de cette efficacité diffèrent totalement. Lorsqu'une fonction crée un organe (par exemple, un muscle qui s'atrophie ou s'hypertrophie selon son utilisation), un travail mécanique va du corps au corps. Dans l'attrition vocale, au contraire, la matérialité des sons prend effet sur les neurones [1] : tout se passe comme si le langage instrumentait les nerfs et les faisait prospérer au même titre que l'exercice épanouit la musculation. Si l'on fait cette comparaison, il faut alors considérer que les neurones se comportent comme des muscles avec les sons de la langue. Ils ne survivent pas s'ils ne font pas leur exercice avec le poids des mots, l'alter du langage : ils périclitent, bien qu'ils soient parfaitement « nourris » et insérés dans l'anatomie, et alors qu'ils ne subissent aucune lésion.

Enfin, concernant le langage, l'attrition de certains neurones est tributaire d'une condition supplémentaire. Comparé aux autres phénomènes d'attrition, le problème s'élève à la puissance deux lorsqu'il s'agit de la parole. Le son des mots comporte – comme la vision –

1. Le langage met sous pression la croissance de l'organisme, pour paraphraser ce que Jacques Monod décrit dans *Le Hasard et la Nécessité* : « L'intense pression de sélection qui devait pousser au développement du pouvoir de simulation et du langage qui en explicite les opérations. »

une face sensorielle dont l'exercice développe le réseau synaptique concerné. Mais cette perception sonore n'acquiert une signification que grâce à un échange avec l'entourage, qui reconnaît le sens des mots employés (sans rapport avec leur sonorité). Dans l'apprentissage d'une langue, c'est la valeur d'échange des sons qui va compter, et à cet égard la sorte d'interactivité entre le sujet qui apprend et celui qui enseigne empêche d'employer le terme d'« auto-organisation » : les sons utiles sont sans doute sélectionnés en fonction des capacités de l'audition, comme pour le modèle de l'activité musculaire. Mais la signification des sons dépend d'un sens donné par une instance extérieure : elle rompt le modèle organiciste de l'auto-organisation. Cette rupture de l'autarcie organisationnelle se distingue du modèle musculaire. L'organicisme ne peut rendre compte du modelage du neurone, car les seules sonorités efficaces sont celles qui signifient quelque chose pour l'Autre [1].

Les neurosciences montrent sans l'avoir cherché que non seulement le langage possède une matérialité sonore (la physique l'avait déjà prouvé), mais que de plus il engendre et nourrit la croissance de certaines assemblées de neurones qui, sans la musique verbale, péricliteraient. On peut en déduire que, si aucune parole n'est adressée à un enfant, l'attrition est globale : il dépérit. Jusqu'à l'homme, les systèmes d'information ont été innés. À partir de l'homme, le système d'information qui actualise les autres vient de l'extérieur. Il est désormais inné qu'il ne soit pas inné. Existe-t-il un plaidoyer plus convaincant

1. Le concept d'Autre définit l'ensemble des déterminations qui assistent à la naissance d'un sujet. Il subsume le désir de la mère et du père, mais aussi les relations de cette femme et de cet homme à leurs propres parents. C'est une notion transgénérationnelle qui sera davantage explicitée dans les pages suivantes.

en faveur de la matérialité du langage ? Les mots semblent appartenir au domaine « spirituel ». Eh bien non ! Ils commencent par construire ces neurones, par la suite irremplaçables pour l'identification, les apprentissages et le développement du corps humain.

## 2

# LA SURMATURATION NERVEUSE ET L'HÉRITAGE PHYLOGÉNÉTIQUE

## La prématuration, symétrique d'une surmaturation

À la naissance, le système nerveux humain est inachevé. La gaine des nerfs (la myélinisation des axones) va se développer pendant encore plusieurs mois. Ce défaut entraîne un certain degré d'incoordination motrice [1]. La myélinogenèse corticale n'est pas accomplie avant l'âge de cinq ans, et elle se poursuit ensuite pendant des dizaines d'années. Ce retard neurologique distingue l'être humain de presque tous les animaux, fonctionnels dès leurs premiers jours [2]. À cette maturation incomplète s'ajoutent l'incapacité de marcher et une proportion relative de la tête et des membres qui interdit l'autonomie. Ces caractéristiques imposent l'idée d'une « prématuration » de l'être humain. Mais ce terme escamote une autre disproportion : le système nerveux de l'homme est surdimensionné par rapport à ses besoins physiologiques. Certes, il faudra plusieurs mois pour achever le gainage

1. Une fois constitué, ce gainage sera interrompu à intervalles réguliers par les nœuds de Ranvier, particularité qui accélère la propagation de l'influx nerveux.
2. Les pandas, par exemple, font exception à cette règle.

des neurones, et encore plusieurs autres avant l'acquisition d'une autonomie motrice. Mais ces faits comptent moins que la surdimension du système nerveux.

À la prématuration physiologique correspond une surmaturation neurologique, visible à l'œil nu : il suffit de regarder les proportions d'un nourrisson pour comprendre que la taille de son cerveau ne correspond pas à celle de son organisme. À cette dysharmonie correspond une disproportion du matériel présent, puisque les assemblées de neurones disponibles à la naissance excèdent de beaucoup celles qui seront employées. Le surplus disparaîtra. L'exubérance d'un foisonnement de connexions se clairsème, comme si l'humanisation la débroussaillait. L'existence d'organes moteurs encore inactifs dont il faudrait prévoir le fonctionnement n'explique pas l'importance extraordinaire de cette masse nerveuse prête à l'emploi. C'est même plutôt le contraire, le corps humain n'est pas très performant ! Les capacités d'intégration neurologique dépassent les aptitudes physiologiques. Pour être « organique », cet excès ne correspond pas à de futures fonctions organiques : il attend ce qui va venir l'activer de l'extérieur. La surpopulation de neurones appelle un branchement au-dehors sans lequel elle périclite. Le langage actualise cet excès quantitatif.

La surmaturation correspond à une inversion de la distribution de l'information entre intérieur et extérieur : sans son branchement externe, l'organisme ne survit pas à la dégénérescence de cet apparent surplus. Pour disposer d'une métaphore adaptée à cette particularité humaine, il faudrait retourner le concept de néoténie [1]. Selon la thèse

1. La thèse néoténique soutenue par De Beer postule une prématuration de l'être humain : celui-ci ne pourrait survivre sans des efforts d'adaptation immenses qui vont finalement assurer sa supériorité.

néoténique, l'homme ne serait qu'un chimpanzé très diminué : les neurones de ce raté auraient mis les bouchées doubles afin de combler son retard. La faiblesse (et non le langage) serait alors la cause de l'humanisation. Mais c'est le contraire ! C'est de surmaturation qu'il convient de parler. La néoténie veut rendre compte de la nécessité d'une adaptation à cause d'une fragilité, alors que la surdimension neurologique potentialise un progrès constant !

On peut considérer la place du système nerveux des humains dans l'échelle des vivants du point de vue de son accroissement quantitatif [1]. On peut aussi noter que le pourcentage de volume du cerveau humain est multiplié par quatre au cours de sa croissance. Mais, si l'on se contente de valoriser ces données, on oblitère le plus important : chez l'homme, les neuf dixièmes des connexions ne sont pas encore instaurées quand il vient au monde. La surmaturation est innée, mais les connexions synaptiques ne le sont pas. Non seulement une surmaturation attend sa mise en valeur, mais, de plus, ses énormes potentialités ne programment aucune activité précise. Son devenir dépend de la culture qui la potentialise [2].

L'hominisation du cerveau ne résulte pas d'une simple croissance quantitative, comme si cent milliards de neurones faisaient la différence avec les singes. En effet, cette supériorité ne dépend que d'un faible écart génétique (entre l'homme et le chimpanzé, 2 % de l'ensemble du génome). En réalité, cette différence quantitative ne devient fonctionnelle qu'à la condition d'une différence

1. À la naissance, le cerveau d'un macaque représente 65 % de sa taille adulte. Cette proportion tombe à 40 % chez le chimpanzé, à 30 % chez l'australopithèque, et enfin à 23 % chez l'homme.

2. Les apprentissages ne correspondent pas à l'« épigenèse », terme que les neurophysiologistes préfèrent employer. Ce terme a l'inconvénient de s'accoupler avec les gènes, qui n'ont justement aucun rapport avec ce processus.

qualitative préalable, celle d'un nouveau système d'information qui engendre ensuite une augmentation de la masse neuronale, avec ses localisations hémisphériques dissymétriques et un cortex préfrontal surdimensionné. À cette différence macroscopique s'ajoutent des distinctions jusqu'au niveau cellulaire. Par exemple, les cellules pyramidales [1] sont beaucoup plus nombreuses dans le néocortex humain, et elles présentent surtout la particularité de s'associer selon des connexions cortico-corticales. Le nombre de fibres de projection vers les étages sous-corticaux est bien moindre. Ce type de connexion latérale nécessaire au traitement de l'information reflète l'importance des relations signifiantes humaines, qui forment un monde à elles seules. Le cortex associatif représente près de 90 % du cortex humain. Pour une information venant de l'extérieur, un dossier neuf fois plus volumineux d'informations cortico-corticales est ouvert, et, dans ces conditions, la réalité psychique prévaut sur le réel. Les connexions de cette « néo-réalité » avec le monde « réel » deviennent en quelque sorte secondaires, et asymptotiques. Les informations des interconnexions de surface possèdent un gradient de vérité supérieur à celles qui viennent des afférences sous-corticales de l'autre monde « réel » [2]. La différence qualitative qui distingue l'homme de l'animal ne se trouve pas dans le corps lui-même, et le « psychisme » prend le premier appui sur cette différence. Par « psychisme » on entend d'abord l'immensité du monde onirique des

1. Les cellules pyramidales, qui doivent leur nom à leur forme caractéristique, sont localisées à la surface du cerveau. Ramon y Cajal les appela, faisant preuve d'une intuition étonnante, les « cellules psychiques ».

2. Il a par exemple fallu des millénaires à l'homme avant qu'il concède que l'univers n'était pas animé par des Esprits. D'ailleurs, il n'est pas certain qu'il soit vraiment débarrassé de cette croyance.

nourrissons, qui rêvent plusieurs heures par jour. Ils consacrent l'essentiel de leur vie non à la perception, mais à leur monde privé. Ce psychisme des représentations de choses sera relayé par les représentations de mots du langage.

Le système nerveux central de l'être humain est surdimensionné par rapport à l'organisme, parce qu'il est à l'avance proportionné à une fonction qui n'est ni motrice ni sensitive : celle du langage. En effet, la masse neuronique surnuméraire n'a pas de programme préétabli. La gymnastique imposée par la construction signifiante et surtout les apprentissages qu'elle commande utilisent une surmaturation énorme *non connectée* qui laisse le champ libre non seulement à la capacité de comprendre et de parler, mais à celle d'agir en conséquence. L'être humain hérite d'une quantité surnuméraire de neurones non branchés, et cela par anticipation de l'investissement en système de communication que les acquisitions langagières et leurs conséquences vont provoquer.

Dernière caractéristique physiologique de la surmaturation : l'accroissement des connexions. Les muscles striés s'accroissent à proportion de l'exercice, mais leurs connexions restent immuables. Le système nerveux, lui aussi, grandit en fonction d'un travail supplémentaire, mais il possède, en plus, une qualité unique : le nombre de ses connexions s'accroît, et cela à n'importe quel âge de la vie. Les capacités physiologiques d'ensemble peuvent augmenter quantitativement, tandis que les capacités neurologiques peuvent s'accroître non seulement quantitativement, mais aussi qualitativement.

## Souplesse et croissance, qualités de la surmaturation

L'hypothèse d'une surmaturation requiert trois conditions : que le système nerveux ne soit pas connecté à la naissance, qu'il puisse s'accroître au cours de l'existence et que cette augmentation soit transmissible. Les recherches actuelles montrent une grande plasticité du système nerveux, sans commune mesure avec la croissance relativement programmée des autres tissus. Unique en son genre, le tissu neuronique se modifie toute la vie durant. La souplesse du tissu nerveux au cours de la vie embryonnaire est mieux connue aujourd'hui [1]. Le système nerveux grandit à la demande.

Il eut dans le passé une réputation de rigidité : un neurone détruit ne se remplaçait pas, le câblage manquait de souplesse et la dégénérescence s'amorçait très tôt, pensait-on. Il n'en est rien ! De nouveaux neurones apparaissent en réalité longtemps après la naissance, en particulier dans des aires cruciales pour l'apprentissage et la mémoire. L'hypothèse d'un cerveau adulte sans

1. La différenciation des embryons s'accomplit à partir de points organisateurs : lorsque des cellules amorcent une spécialisation, leurs voisines cherchent à les imiter. De même dans les miniréseaux de neurones : quand un événement confère à l'un d'eux l'architecture d'une certaine fonction, le miniréseau voisin le copie, de sorte que se constitue une assemblée de neurones ayant une fonctionnalité déterminée. Ce mécanisme d'induction neurale, mis en évidence en 1930 par Hans Spemann, est déclenché par un neuromédiateur chimique, par simple contact. On remarque aussi, pendant le développement embryonnaire, le phénomène de mort neuronale : de 10 à 80 % des neurones meurent selon les régions au cours de l'embryogenèse cérébrale. Cette mort des neurones résulterait d'une sélection épigénétique. Pendant le développement de l'embryon, les effets de l'induction sont réversibles un certain temps, puis ils deviennent irréversibles.

neurogenèse et en proie à la dégénérescence constante n'a plus de pertinence [1]. Contrairement à leur réputation d'immuabilité, et selon Alain Prochiantz [2] : « Tous les jours de nouvelles fibres nerveuses poussent, des synapses se défont et d'autres nouvelles se forment. » De même : « [...] certains facteurs de croissance qui assurent la maturation des neurones restent également présents dans l'organisme adulte, où ils sont impliqués dans le maintien et la plasticité du système nerveux [3]. » Cet auteur remarque aussi que : « Dans ses détails, le développement cérébral n'obéit à aucun automatisme, à aucune fatalité (sinon celle de l'environnement sensoriel, affectif ou culturel). » Aujourd'hui, l'imagerie médicale montre un neurone vif et plus souple qu'aucune autre cellule, et des aires cérébrales de la plus grande plasticité. Le cerveau se modifie en permanence sous l'effet des excitations reçues [4].

Lorsque des enfants souffrent de certaines anomalies congénitales, et si la fonction déficiente redevient effective après opération, l'aire corticale correspondante grandit dans le cerveau. Par exemple, les enfants qui souffrent de syndactylie naissent avec les doigts palmés.

1. Voir I. Rosenfield, *L'Invention de la mémoire*, Paris, Flammarion, 1994. Cette souplesse a d'abord été étudiée chez les animaux. Robert Sperry, surtout connu pour ses travaux sur le *split brain*, a travaillé auparavant sur la plasticité du système nerveux, plus grande que celle des autres tissus : il a par exemple expérimenté les transferts d'apprentissage d'un côté à l'autre du cerveau des poissons, ou encore les duplications de systèmes mnésiques chez les chats et les singes.

2. *La Construction du cerveau*, *op. cit.*

3. *Ibid.*, p. 67.

4. Pour effectuer le même geste mental, deux individus en appellent à des assemblées de neurones différentes. Pareillement, un individu ne recourt pas aux mêmes groupes de neurones selon les époques de sa vie. Les activités exercées modifient la structure du cerveau, qui présente une grande variabilité et une plasticité intense.

Lorsque ces malformations sont opérées, les mains retrouvent leur fonctionnalité et des territoires corticaux se développent en quelques semaines sur les sites afférents aux différents doigts. L'imagerie médicale montre, en moyenne vingt-quatre jours après l'opération, une distinction corticale des représentations du pouce et de l'index [1].

Plus les expériences s'accumulent, plus il s'avère que tout se passe, dans la première enfance, comme s'il n'existait aucune distribution innée des aires cérébrales : elles sont utilisées par la première fonction qui les occupe. Bien mieux, les zones corticales de l'adulte ne sont pas réservées strictement non plus : les neurones peuvent se reconnecter selon les circonstances, modifier leurs fonctions et les interchanger [2]. Des résultats sont même observables après le conditionnement d'un seul neurone [3]. À la plasticité du système nerveux encore confirmée depuis les travaux d'Eric Kandel, récent prix Nobel de médecine, s'ajoute une particularité exceptionnelle de ce tissu. Contrairement aux autres systèmes, l'appareil nerveux garde les capacités de développement de l'embryon tout au long

1. Voir B. Renault, L. Garnero, « L'exploration du cortex par son activité électromagnétique », *Pour la science*, 302, décembre 2002.

2. Le Human Brain Project du National Institute of Mental Health (États-Unis) se propose de dresser une carte du cerveau, à l'instigation de H. Fox, professeur de neurologie au Health Science Center de l'université du Texas, et de Jack L. Lancaster, responsable de l'imagerie biomédicale du Research Imaging Center de San Antonio. Encore inachevée, cette cartographie montre déjà que chacun possède son propre cerveau, qui ne ressemble pas même à celui de son frère, fût-il un vrai jumeau. Les cerveaux humains diffèrent dès la naissance, plus encore que le visage ou les empreintes digitales, et leurs divergences s'accentuent avec l'âge.

3. Voir notamment J. C. Eccles, *Évolution du cerveau et création de la conscience*, Paris, Fayard, 1992.

de la vie [1]. De multiples expérimentations montrent que le milieu et les apprentissages modifient les neurones. Plusieurs équipes de neurophysiologistes ont constaté que, lorsque des souris sont soumises à certains exercices, cette gymnastique entraîne une maturation des capacités neuronales correspondantes, et surtout un accroissement du nombre de cellules [2].

## L'accroissement neuronal est-il transmissible ?

Un dernier problème reste irrésolu : l'accroissement des acquis neuronaux se transmet-il à la génération suivante ? L'héritage des excédents n'est pas encore prouvé. Mais n'existe-t-il pas de fortes présomptions ? Si l'on considère les humains depuis plus d'un siècle, leur taille et leur poids s'accroît régulièrement d'une généra-

1. « Une des grandes innovations des vertébrés est d'avoir gardé un système nerveux embryonnaire chez l'adulte. Ainsi l'épigenèse [...] est un processus d'adaptation qui se poursuit toute la vie » (Alain Prochiantz, « Le développement et l'évolution du système nerveux », *in* Y. Michaux (dir.), *Le Cerveau, le langage, le sens*, Paris, Odile Jacob, 2002, p. 33). « Le développement embryonnaire se poursuit donc sous une forme silencieuse chez l'adulte par la génération de nouvelles cellules souches qui vont migrer, se différencier et s'insérer dans les nouveaux réseaux neuronaux de la naissance à la mort » (*ibid.*, p. 35).

2. Voir l'article de N. Toni *et alii* (« LTP Promotes Formation of Multiple Spine Synapses Between a Single Axon Terminal and a Dendrite », *Nature* 402, 1999, p. 421-425), qui va plus loin que les travaux déjà connus de l'équipe de Dominique Muller (Genève). Certains neurones de rat hyperstimulés présentent un réseau beaucoup plus riche et enchevêtré que celui d'un rat peu stimulé. Une enzyme, la CAM-Kinase, est activée au niveau des synapses lors des potentialisations à long terme. Elle entraîne la duplication des synapses de certains neurones, un accroissement de leur nombre et une complexification de leurs enchevêtrements. Ces expériences faites en collaboration avec des souris montrent un accroissement neuronal.

tion à l'autre, et cette progression se transmet (je suis plus grand que mon père et plus petit que mon fils). Pourquoi n'en irait-il pas de même pour ce tissu nerveux, par ailleurs si souple et si adaptable, quantitativement comme dans ses connexions ? Une telle augmentation ne suppose pas de modification génétique : elle met simplement le tissu nerveux à proportion de ce qui est attendu de lui. Le phénomène de l'attrition laisse penser que l'accroissement quantitatif du système nerveux se transmet. S'il existe à la naissance des cellules qui pourraient être utilisées et qui dépérissent si elles ne le sont pas, c'est qu'elles sont héritées de générations antérieures qui ont légué ce stock surnuméraire. L'attrition démontre que l'accroissement quantitatif du stock neuronal s'est transmis héréditairement. Chaque génération hérite d'un matériel neurologique proportionnellement plus important que ses capacités physiologiques d'ensemble, qui, elles, n'ont pas à répondre du même accroissement et restent inchangées.

Nous naissons plus grands que ce que nous devenons. Le cerveau du nourrisson se prépare à des éventualités qui ne se présenteront pas. Pourquoi un tel excès de neurones ? Peut-être parce que les apprentissages, les exercices concrets d'intelligence, la solution de nouveaux problèmes ne sont pas seuls à engendrer une prolifération synaptique et la naissance de nouvelles connexions. Peut-être l'activité onirique aboutit-elle au même résultat : après tout, les rêves sont une expérience au même titre que les apprentissages. Pourquoi n'engendreraient-ils pas eux aussi une prolifération de la forêt d'axones ? On comprendrait ainsi pourquoi les assemblées de neurones connaissent un tel excédent à la naissance, comme si les milliers de rêves qui sont les éclaireurs d'une vie avaient eux aussi engendré leur propre prolifération neuronique, leur jungle de dendrites et de connexions. Sur l'écran blanc de ses neurones, chaque homme doit faire ses propres rêves.

## Quel est l'appareil de l'héritage phylogénétique ?

Si la prolifération de la masse neuronale se transmet, elle représente un *héritage phylogénétique*, car comment comprendre autrement la naissance d'un être humain nanti d'un système nerveux central surdimensionné par rapport aux capacités de son corps ? Lorsque, dans *L'Homme Moïse et la religion monothéiste*, Freud évoque un héritage phylogénétique, il écrit : « Nous pensons ici à l'exemple de la symbolique – qui est certainement "innée", qui provient du temps du développement de la langue, qui est familière à tous les enfants sans qu'ils aient eu à en être instruits, et qui est la même chez tous les peuples, en dépit de la variété des langues [1]. » Comment comprendre cette explication par la « phylogenèse », à laquelle Freud eut recours si souvent pour expliquer certains aspects de la transmission culturelle ?

Quels indices possède-t-on de ce « trésor phylogénétique », sinon cette masse de neurones surnuméraires qui excèdent les nécessités physiologiques ? Mais, pour que ces neurones prennent vie et s'animent, il faut qu'ils entendent la musique des phrases : il suffit que les enfants babillent et commencent à jouer avec les sons

1. Paris, Gallimard, 1986 [1939], p. 238. De même, p. 194 : « D'autre part, l'investigation analytique a apporté certains résultats qui nous donnent à réfléchir. C'est d'abord l'universalité de la symbolique du langage. » On lit également à la même page : « La symbolique transcende aussi les différences de langues ; des investigations montreraient probablement qu'elle est ubiquitaire, la même chez tous les peuples. Il semble donc que nous soyons ici en présence d'un cas assuré d'héritage archaïque venu du temps où la langue se développait, mais on pourrait dire qu'il s'agit de relations de pensée entre des représentations qui s'étaient constituées pendant le développement historique de la langue et qui doivent maintenant être répétées chaque fois que s'effectue un développement individuel de la langue. »

pour qu'ils s'orientent aussitôt dans l'architecture syntaxique interne de l'héritage culturel, qui fait proliférer ce paquet de nerfs et cette broussaille d'axones en jachère. On en déduira que le « trésor phylogénétique » reste incompréhensible si l'on considère seulement les neurones ou seulement le langage. Il faut rapporter l'une à l'autre ces deux moitiés. L'excédent de neurones est actualisé par la grammaire, les symboles et les mots qu'ils enforment. Ce bagage langagier semble se trouver à l'extérieur, sorte de sac à outils qu'il faut ramasser et utiliser. Mais le ramasser, c'est déjà faire de lui une partie du corps, car il prend aussitôt possession des axones en surnombre, qu'il considère comme sa maison.

Cette hérédité ne se love pas dès la naissance sur la spirale d'un chromosome, car elle n'est pas passive. Il suffit de regarder grandir un enfant pour constater que le petit diable n'est pas fait de cette cire molle et malléable chère à Locke et à Condillac ! Non, le diablotin se débrouille activement, avec autre chose que ce qu'on lui apprend ! Il possède dès le départ un matériel à lui. La boussole et le sextant, mais aussi le gouvernail, les voiles et le nécessaire pour que l'embarcation avance, même par vent contraire, pourvu qu'il souffle. Pourvu que souffle la parole. Cet héritage phylogénétique donne plus que ce que chacun peut dépenser. Il est plus grand que le legs de chaque culture, puisque la forêt d'axones en attente pourrait accueillir toutes les langues sans exception. Un nourrisson aime l'humanité entière. L'acte léger qui grammaticalise la musique vocale métamorphose la matière sonore inerte en instrument de conquête du monde. Celui qui sut maîtriser très tôt une chose aussi sauvage que la voix saura également apprivoiser le monde que nomme cette voix.

## Indices de l'héritage phylogénétique

S'il existe une transmission phylogénétique, on doit trouver sa trace en deux points : d'une part, du côté du système nerveux, comme le montre la surmaturation. Et, d'autre part, dans la langue elle-même. Une mémoire phylogénétique se transmet-elle en même temps que la syntaxe, qui ordonne des mots dans des phrases ? L'étude comparée des grammaires a vérifié l'hypothèse des grammairiens de Port-Royal, amis de Descartes : les règles de la syntaxe sont universelles et en même temps atemporelles. En ce sens, la grammaire ne porte pas la trace de l'héritage phylogénétique d'un peuple particulier, mais elle vaut pour tous les êtres parlants. Dans la vie d'une langue, on peut pourtant noter une simplification des règles qui, dans leurs principes, restent identiques. On remarque par exemple la plus grande complexité grammaticale des langues anciennes et des langues « mères », qui se simplifient à mesure qu'elles engendrent de nouveaux dialectes. Il ne s'agit pas d'une sorte de dégénérescence de la langue, puisque les mêmes règles sont appliquées, mais de façon assouplie.

Cette simplification peut être mise en parallèle avec une évolution religieuse qui, de manière universelle, évolue de l'animisme au totémisme, et du totémisme au monothéisme. L'animisme des multiples religions individuelles se simplifie lorsqu'il regroupe un plus grand nombre de familles, de clans, de tribus, et il se globalise encore lorsque les religions prétendent parler au nom de l'humanité tout entière. Les exorcismes et les rites privés se simplifient dans ce parcours. Or il existe une relation entre les usages religieux et les façons de parler. Des règles et des tabous président à ce qui se dit et à ce qui ne se dit pas.

La relation entre les règles du totémisme et l'usage de la langue s'observe encore dans certaines tribus amazoniennes. Lorsque le chef meurt, il ne faut plus prononcer de mots évoquant son totem pendant un certain temps. La langue est ainsi infléchie par les traumatismes psychiques dont elle garde la mémoire. Ces modifications linguistiques se régulent en même temps que les prescriptions touchant aux échanges matrimoniaux [1]. La structure de la langue est ainsi régie à la fois par les rites mortuaires et matrimoniaux qui deviennent très complexes en peu de générations. Cette structure se simplifie au fur et à mesure de l'évolution des lois du totémisme, et encore plus lorsqu'elle évolue du totémisme au monothéisme.

Prenons un autre exemple, concernant la transmission d'un style. Les sinologues et les spécialistes de la littérature chinoise ont souligné une caractéristique de la rhétorique chinoise : l'usage de la « voie indirecte » [2]. Il convient de ne pas évoquer directement ce dont on veut parler, mais d'employer pour ce faire des formules, des métaphores, des digressions destinées à dire sans dire. Certes, c'est le propre de toute parole de rester approximative et d'accumuler les détours pour décrire un objet. Mais les lettrés chinois ont poussé cet art plus loin que n'importe quelle autre civilisation, au point qu'un roman se termine parfois en donnant l'impression qu'il n'a pas encore commencé. Ce style spécial frappe autant que la facture du calligramme chinois, concis et immuable

1. Voir *L'Anthropologie structurale* (Paris, Plon, 1958), de Claude Lévi-Strauss, où sont décrites les lois tatillonnes qui présidaient, il y a encore peu, à l'échange des femmes dans ces tribus.

2. Voir R. Lanselle, « Sur le mode de l'indirect : d'un art chinois de la lecture », *in* T. Marchaisse (éd.), *Dépayser la pensée. Dialogues hétérotopiques avec François Jullien sur son usage philosophique de la Chine,* Paris, Les Empêcheurs de penser en rond, 2003, p. 171-210.

depuis des millénaires. C'est peut-être à la nature de l'écriture chinoise qu'il faut attribuer ce goût de la « voie indirecte » et du détour : le calligramme, contrairement à l'écriture alphabétique, garde par-devers lui une potentialité picturale et par conséquent pulsionnelle qui commande de prendre garde et de n'en user qu'avec précaution (il en allait de même pour le hiéroglyphe égyptien, dont l'usage était commandé par toutes sortes de rituels [1]). Le geste qui trace la lettre prend à lui seul une valeur incantatoire. Le style traduit silencieusement un certain rapport au monde.

On évoquera enfin quelques exemples où la marque de l'histoire est lisible dans la parole. Certaines langues portent des traces directes des violences subies par le peuple qui la parle, et ces mémoriaux traumatiques influent sur leur culture. Les grandes migrations de populations des siècles passés ont toutes représenté des chocs psychiques pour ceux qui quittaient leur pays, même lorsqu'ils le faisaient dans un esprit de conquête. Au Québec et encore aujourd'hui en Louisiane, le français est resté celui du XVIIIe siècle, fixé par l'abandon de la mère patrie. Aux États-Unis, nombre de communautés de Nouvelle-Angleterre continuent non seulement de parler la langue de l'exil, mais aussi de porter les vêtements et de se plier aux coutumes de ce temps-là, comme si tout s'était arrêté lors de cet arrachement. Les Espagnols qui colonisèrent l'Amérique du Sud parlent encore dans certains pays la langue de l'exil. De nombreuses tournures linguistiques, comme l'emploi du *vos* (pour dire « tu »), prévalent toujours en Argentine, comme au XVIIIe siècle. Dans ce même

1. Le scribe, qui faisait partie de la hiérarchie religieuse, devait se livrer à toutes sortes d'actes propitiatoires avant d'écrire. Le *ka* (« esprit ») de certaines lettres demandait en effet des précautions particulières.

pays, une interpellation affectueuse : *Che*, que l'on pourrait traduire par « toi » (« Dis donc, toi… »), est d'un emploi courant [1]. D'où provient-elle ? Elle était utilisée pour dire « tu » par les Indiens Guaranis qui habitaient l'Argentine avant les immigrants. Ils furent vaincus, sinon complètement exterminés. L'interpellation affectueuse *Che* évoque le temps arrêté du massacre. Les Espagnols tuent les Guaranis et disent ensuite « tu » comme eux. Le lieu de l'origine, conquis sur l'ennemi, est resté celui de la plus grande familiarité, celle du tutoiement.

Dans l'Espagne d'Isabelle la Catholique, l'expulsion violente des juifs et des musulmans s'est accompagnée de plusieurs fixations linguistiques. Les juifs séfarades en exil sur le pourtour de la Méditerranée continuent aujourd'hui encore à parler le latino, une langue castillane conforme à celle de l'époque. Dans le même temps, alors qu'à la force des armes les Maures étaient chassés d'Espagne, la langue castillane a intégré des sonorités verbales empruntées à l'ennemi. Le doux son [j] s'est métamorphosé en une sorte de [r] guttural, la *jota* (à prononcer [rota]), qui doit beaucoup à une sonorité arabisante. La langue de ces occupants musulmans, qui avaient finalement gouverné avec tolérance pendant plusieurs siècles une grande civilisation « judéo-islamo-chrétienne », laissait ainsi la marque du vaincu sur le castillan. De manière significative, le latino des séfarades ne prononce pas la *jota* puisque l'exil des juifs a précédé l'intégration de cette sonorité en castillan. Ces quelques exemples sont sans doute seulement allusifs. Ils indiquent pourtant qu'une langue véhicule l'histoire de ceux qui la parlent, elle est le témoin aveugle de ses traumatismes.

1. Elle a servi de surnom à l'Argentin « Che » Guevara.

# 3

# Y A-T-IL UN PILOTE DANS L'AVION ? LE SUJET DES APPRENTISSAGES

## De l'imitation à l'identification

Le nourrisson imite certaines mimiques des adultes : il est aussi bien l'autre qu'il voit que lui-même [1]. Peut-être cette imitation façonne-t-elle déjà l'organisme dans une certaine mesure [2]. Plus tard, lorsqu'il commence à jouer avec les sons, l'enfant les articule en suivant les mouvements du visage familier qui lui parle et qu'il sait déjà imiter. Il babillera d'autant plus vite qu'on babille et chantonne avec lui. Les premiers babillages ne désignent d'abord aucun objet particulier, et leur signification est seulement celle d'une expressivité qui accompagne la présence de quelqu'un [3]. Avant d'énoncer des phrases

1. Henri Wallon considère que certains actes « premiers » ne correspondent à aucun apprentissage : ainsi du fait de sucer, de suivre un objet du regard, d'approcher la main de cet objet ou encore d'imiter les mimiques d'un adulte. Mais dans cet ensemble de faits vérifiables, il existe une profonde hétérogénéité : l'acte d'imiter aliène d'abord le nourrisson au désir de l'Autre. Le reste suit !

2. Il arrive parfois que des enfants adoptifs ressemblent beaucoup à leurs parents de fortune.

3. Ce seul argument aurait dû modérer des théoriciens qui, tel Noam Chomsky, considèrent le langage comme un outil de communication, ce qui n'est pas sa première fonction.

compréhensibles, un enfant prononce des pseudo-phrases qui ne veulent rien dire. À quoi servent-elles ? Elles mettent en action ce qui est premier, c'est-à-dire le sujet d'une énonciation (indépendamment de ce qu'elle signifie). Alors que la signification des mots lui demeure incertaine, l'enfant fait semblant de parler. L'imitation sert de rampe de lancement. Mais, en imitant d'abord fidèlement, l'acte élocutoire va plus loin et trahit ce qu'il imite. Il se dédouble brusquement, puisque d'un seul coup la voix permet de faire beaucoup plus qu'imiter. Un visage qui en imite un autre le duplique, et c'est tout. Mais, lorsqu'une voix imite la mélodie d'une voix, elle sait ensuite fabriquer une mélodie qui n'est plus une imitation. L'imitateur s'embarque dans sa propre machine vocale : le sujet vient de décoller. Sa naissance procède d'une grammaticalité authentifiée par la personne à laquelle il « parle » : aucun enfant ne babille spontanément. Lorsqu'il babille, sa mère peut répondre « oui » à ce qu'il baragouine, même si cet ensemble sonore reste encore incompréhensible [1].

L'adulte donne à l'enfant sa place en l'assurant qu'il entend ce qu'il dit. L'enfant est reconnu comme sujet de ses vocalises par l'adulte qui l'écoute et lui répond, comme si son baragouin voulait dire quelque chose. En échange de cette reconnaissance, l'enfant accepte le sens que cet adulte donne aux sons de la langue. En échange de ce don, qui est moins une deuxième naissance que la naissance subjective elle-même, l'enfant s'intéresse à ce que l'on attend de lui. Une fois reconnu à cette place, il se ressemble et accomplit avec joie ce qui est attendu de

1. D'ailleurs, plus tard, nous restons toujours quelque peu les sujets de ce baragoin d'amour : nous nous adressons souvent à nos proches surtout pour leur parler, plutôt que pour signifier quelque chose de précis.

lui. Comment s'y refuserait-il, alors que vient de lui être fait le don inestimable de sa propre subjectivité ?

L'enfant utilise d'abord sa langue à lui. Les sonorités sont les premières « choses » qu'il prend (comme on saisit avec ses mains), qu'il manipule et avec lesquelles il peut jouer. Vocalisées, ces choses sonores sont les premières à tomber aux mains du sujet, et ainsi « manufacturées » elles ne sont plus désormais que des représentations de choses dont la première fonction aura été la naissance du sujet. Notre première langue de fond, strictement privée, s'établit grâce à ce baragouin de pure maîtrise. Nous parlons tous d'abord un langage de « représentations de choses » : ce sont les sensations pulsionnelles que nous mémorisons, que nous associons à d'autres sensations pulsionnelles passées. Et, dans la mesure où notre empire sur cet univers sonore est reconnu, nous acceptons, en fonction de cette dette, d'échanger nos représentations de choses contre les représentations de mots de l'Autre. Cette langue étrangère maternelle devient ainsi la nôtre. Mais – pas si fous – nous n'abandonnons pas pour autant notre langue propre, nous continuons à parler pour nous seuls cette langue privée de représentations de choses, dans le secret du refoulement. C'est la langue en usage dans les rêves, dans la profondeur hypnagogique de nos solitudes, lorsque nous nous parlons sans même nous comprendre. Nous avons conclu un pacte selon lequel, en échange de notre reconnaissance, nous refoulons notre langue privée, et nous employons cette langue commune que nous ne maîtrisons d'ailleurs jamais complètement. Personne d'extérieur au langage n'apprend à s'en servir comme un outil pourrait l'être. Et parce qu'il est identifié, il accepte que le sens des sons avec lesquels il babille soit celui de l'Autre. Il sort ainsi de son baragouin privé et reconnaît que telle chose est désignée par tel mot, qui se définit lui-même par tel autre mot (« Ceci est cela »).

## La naissance du sujet implique la grammaticalité de l'échange

Temporellement, la reconnaissance subjective vient la première : une grammaire du « je » au « tu » précède et commande la valeur d'échange et le rôle dénotatif des mots. Cette reconnaissance intersubjective est la condition pour qu'un son désigne une certaine chose (dénotation). Et, grâce à cette grammaire, les sons prennent peu à peu un sens à l'intérieur de phrases ainsi délimitées. Un son isolé de ce contexte du don et de l'échange ne signifie encore rien de précis (n'en déplaise à Cratyle [1]). Du « je » au « tu », une grammaire d'amour donne un sens à un certain son et, à cette condition, le vocabulaire se développe [2]. Comme le sens des sons n'apparaît que grâce à la syntaxe, le développement des neurones lui-même en devient tributaire. Chose immatérielle, la grammaire modèle la flexion des sons, dont le rythme et le débit fouettent la croissance des nerfs. Cette croissance témoigne organiquement de leur fonction « linguistique », si l'on peut appeler ainsi ce premier apanage de l'amour.

1. Voir *Cratyle* (Paris, Flammarion, 1998), où Platon débat de l'adéquation naturelle des sons à ce qu'ils désignent.

2. Un enfant tient spontanément compte de la personne à laquelle il s'adresse. Les enfants polyglottes changent de langue en fonction de la langue maternelle de leur interlocuteur, même s'il est lui aussi polyglotte. Par exemple, un enfant de mère anglaise lui parlera dans sa langue, alors qu'il s'adressera en français à son père si celui-ci a cette nationalité. De même, nous ne parlons pas de la même façon à nos différents interlocuteurs, selon leur place endogame ou exogame, selon la hiérarchie sociale, l'amitié, etc.

Mais le puissant échafaudage de la relation à l'Autre ne laisse pas de trace dans la matérialité linguistique elle-même. Le sculpteur n'apparaît pas sur la sculpture. Condition de l'apprentissage, la grammaire ne dépend d'aucun apprentissage. La grammaire donne l'impression, une fois qu'elle fonctionne, qu'elle a toujours été en activité. La syntaxe procède de la relation à l'Autre, et comme cet Autre précède le sujet elle paraît innée. C'est sans doute pourquoi Noam Chomsky a pensé la « capacité de langue génétiquement déterminée » et qu'il existerait une « grammaire universelle » innée [1]. On connaît l'argument qu'il formula dans les années 1950 en faveur de l'innéité de la grammaire. C'est celui de la « pauvreté du stimulus ». Personne n'apprend la grammaire aux enfants, explique-t-il, donc elle est innée [2]. Mais comment ne pas voir au contraire la puissance extrême du stimulus que constitue le désir de l'Autre ? La grammaire donne l'impression d'être innée, parce qu'elle apparaît tout armée une fois le refoulement de ce désir accompli [3]. Dans l'échange, l'enfant est d'abord reconnu comme sujet par l'Autre. Et le premier acte de ce sujet, c'est de chercher à se libérer de cet Autre en parlant en son propre nom, en disant « je ». Ce faisant, il refoule le

1. Noam Chomsky postule l'existence d'un « sous-système qui a un caractère intégré spécifique et qui est en effet le programme génétique pour un organe spécifique » (*Théorie du langage et théorie de l'apprentissage*, Paris, Seuil, 1975). Les théories psycholinguistiques qui s'appuient sur les neurosciences font la même hypothèse que Noam Chomsky. Elles tablent sur l'existence de structures innées appareillant une sorte d'organe du langage.

2. N. Chomsky, *Knowledge of Language : its Nature, Origine and Use*, New York, Praeger, 1986.

3. Il en va d'ailleurs de même pour d'autres concepts qui semblent *a priori*. Les « structures innées » de Chomsky font penser, toutes proportions gardées, aux concepts *a priori* et aux intuitions pures de Kant (voir Kant, *La Dissertation de 1770*, Paris, Vrin, 1976, p. 75).

désir de l'Autre, qui le voulait comme objet, comme « il ». L'enfant passe ainsi du « il » au « je ».

« Lui », qui a imité, devient une troisième personne pour le sujet qu'il est en train de devenir. Le babil commence par imiter, mais les conditions de sa réalisation mettent un terme au transitivisme qui l'initie [1]. L'usage de cette « troisième personne » signifie que l'acteur de la parole parle d'un autre lieu, celui où il s'identifie comme sujet : génie du verbe, il vient d'apprendre à compter jusqu'à trois. Il sort ainsi d'une dualité « en miroir » qui l'aurait réduit du deux au un, puis du un au zéro (dualité qui reste d'ailleurs un temps d'imitation régressive potentielle).

## De l'identification aux apprentissages

L'identification procède de l'engagement dans la parole : elle commande en conséquence non plus le désir d'imiter, mais celui de réaliser ce que l'autre attend : la façon de manger, d'être propre, la capacité de marcher, d'apprendre en général (ce qu'on appelle l'éducation). L'identification du sujet s'établit d'un coup lors des débuts du babil. Les apprentissages suivent. Nul ne commence à parler de la même façon qu'il apprendra le reste. L'appropriation de la subjectivité conditionne la construction du corps. Les sons ne sont intégrés qu'en fonction de l'identification, qui permet ensuite l'intégration

1. Il existe une démonstration *a posteriori* de cette excentration du sujet qui abandonne l'imitation. On peut remarquer que, jusqu'à un certain âge, les enfants parlent d'eux à la troisième personne, et cela d'autant plus longtemps que leur mère parle d'eux (mais aussi d'elle-même) à la troisième personne (« Maman a dit que… »). Au lieu de dire « Jules va manger », un enfant dira un jour « Je vais manger » : le nom propre vient en position tierce.

d'autres fonctions aussi vitales que l'alimentation, la marche debout, la reproduction sexuelle, etc. Le langage, fonction qui n'est pas physiologique et dépend du lien à autrui, autorise des fonctions qui donnent au corps non seulement son humanité [1], mais aussi sa viabilité.

Le langage permet l'action, qui structure la croissance du corps. Lorsqu'on ne voit que le résultat, on pourrait penser que ce sont les actes qui sont structurants, sans remarquer que l'identification est leur préalable. Comme l'affirment nombre de théoriciens [2] lorsqu'ils examinent le produit fini, l'activité structure le développement physiologique. Lorsque Marc Jeannerod écrit : « C'est [...] le sujet et son cerveau qui questionnent l'environnement, l'habitent peu à peu et finalement le maîtrisent [3] », l'intentionnalité et les représentations-buts paraissent commander l'acte sans préalable et semblent ouvrir directement la voie aux apprentissages. C'est vrai pour les animaux, qui potentialisent ainsi leur bagage inné. L'action confronte le moi au monde, et le corps se construit en retour de l'exécution du mouvement, qui, du

1. C'est en contredisant de telles observations (à propos desquelles il a pourtant fait lui-même d'importantes découvertes) que Jean-Pierre Changeux écrit qu'« il paraît probable [...] que le développement du lien social soit au départ la conséquence et non la cause de l'épanouissement du neo-cortex » (*L'Homme neuronal, op. cit.* p. 328).

2. Voir, par exemple, Maine de Biran, *Mémoire sur la décomposition de la pensée*, 1805, Paris, Alcan, 1930, t. III). Pour lui, l'action volontaire destinée à modifier et à s'approprier l'environnement conditionne la subjectivité et la conscience : « Si l'individu ne voulait pas ou n'était pas déterminé à commencer à se mouvoir, il ne connaîtrait rien [...] il ne soupçonnerait aucune existence, il n'aurait même pas l'idée de la sienne propre. » Beaucoup d'autres ont soutenu cette valeur initiatique de l'acte (Goethe, Henri Wallon, Paul Ricœur notamment). Tout ce qui vit agit, et l'acte donne son sens à l'intentionnalité.

3. Voir M. Jeannerod, *Le Cerveau machine*, Paris, Fayard, 1983, p. 203.

même coup, valide la représentation. Mais l'enfant ne s'adapte pas à son milieu par interactions progressives : il entre en une fois dans le monde humain dès qu'il porte son nom. Et ses capacités d'apprentissage dépendent de son identification, qui régit elle-même l'état de ses neurones. Une mémoire est sans doute nécessaire à l'action, mais elle serait inutilisable sans un sujet de cette action. Pour être structurant, l'acte doit posséder un sujet : ce préliminaire implicite reste inaperçu, parce que ce sujet n'est d'abord localisable que dans son acte locutoire.

Apprendre à parler se distingue des apprentissages proprement dits, ce que corroborent des expériences comme celles d'Anne Christophe lorsqu'elle constate : « Il devrait [...] y avoir une corrélation entre la capacité à apprendre le langage et la capacité à apprendre d'autres choses. Or cette corrélation n'existe pas [1]. » Bien mieux : les observations de nombreux neurophysiologistes montrent que l'identification du sujet précède les apprentissages [2]. Pour les gauchers, une latéralisation inverse de l'habileté manuelle devrait s'accompagner d'une inversion identique des hémisphères cérébraux, mais tel n'est généralement pas le cas. Car l'engagement dans la langue (qui se transcrit majoritairement à gauche) précède les apprentissages [3]. Il faut d'abord qu'un sujet s'identifie grâce à la parole pour qu'il apprenne ce que font les autres humains. Une position orthonormée de l'hémisphère dominant est ainsi compatible avec une latéralisation

1. A. Christophe, « L'apprentissage du langage », *in* Y. Michaux (dir.), *Le Cerveau, le langage, le sens*, *op. cit.*, p. 200.

2. Julien Barry, *Neurobiologie de la pensée*, Paris, Presses universitaires de Lille, 1995, p. 246.

3. On sait depuis Paul Broca que les traces mnésiques des mots sont représentées sur l'hémisphère gauche pour la totalité des droitiers, mais aussi pour une majorité de gauchers. (Dans ce livre, on retiendra cette généralité pour simplifier la discussion.)

gauchère. Un sujet s'identifie en parlant avant de devenir gaucher ou droitier.

Cette latéralisation gauchère ou droitière du corps humain dépend pour beaucoup du passage de l'imitation à l'identification : l'enfant imite d'abord l'Autre qu'il a en face de lui, en quelque sorte « en miroir », puis il s'approprie cette image au prix d'un retournement d'espace. Il suffit de se regarder dans un miroir et d'imiter plus ou moins adroitement ses propres gestes (par exemple en essayant de se couper une mèche de cheveux) pour en avoir l'intuition. Pour imiter l'acte le plus simple, il faut inverser ce qui est vu, c'est-à-dire cesser d'imiter. Si un enfant se contente d'imiter, il n'apprend rien : il doit refouler pour s'approprier la moindre activité, et ce faisant il latéralise son corps (puisqu'il faut inverser ce qui est vu). À titre de conséquence de cette identification qui refoule l'imitation, le corps humain sera gaucher ou droitier. A-t-on déjà vu un chien gaucher ou droitier ? C'est qu'un chien est déjà chien en naissant, contrairement à l'humain, dont le corps psychique modèle l'organisme.

## La capacité de parler s'actualise en même temps que l'entrée dans le complexe d'Œdipe

Pour parler, il faut s'identifier et porter un nom authentifiant cette identification. Un nom est donné à tous les enfants, mais pendant tout un temps ce nom n'est pas encore à eux. Il est collé sur eux comme une étiquette (homologue en cela au « il », non au « je »). Porter son nom devrait être facile : le nom propre ressemble aux autres mots et paraît fabriqué de la même matière. Pourtant, le don du nom transmis de génération en génération n'assure pas qu'il va être pris par l'enfant. La transmission passive ne dit encore rien de l'acte de celui qui le prend.

C'est lorsque l'enfant s'affronte à son père (ou à une loi quelconque), souvent sur des détails domestiques, qu'il agit d'abord en son nom. Un enfant très jeune fait des bêtises pour prendre son nom. Cette prise signifie alors abstraitement une sorte de meurtre du père. Car, si ce nom a bien été donné, il a quand même dû être pris en ce sens meurtrier : en marquant son opposition à une règle quelconque, l'enfant transgresse une loi paternelle, et il prend ainsi son nom. Lorsqu'il fait une bêtise, c'est par ce nom qu'il est vivement rappelé à l'ordre. Cette identification du sujet impose une reconnaissance et un devoir à l'égard du père, dont la place est ainsi prise [1]. L'identification au nom porte à conséquence : elle pousse à payer une dette pour prix d'un acte sacrificiel. Elle réclame de s'acquitter auprès d'un père dont le don aveugle a été payé d'un meurtre fantasmatique.

D'un seul coup, l'identification authentifiée par la prise de nom ouvre le registre de la dette, dont procède l'appétit d'apprendre. Les enfants ont soif d'apprendre pour payer leurs dettes. L'intentionnalité de l'apprentissage change de sens pour l'être humain, puisque son identification implique un devoir. De sorte que l'action la plus simple s'inscrit dans l'ordre de cette dette, qui n'oriente jamais l'intentionnalité des animaux. Le sens d'un devoir obscur, mais certain, conditionne l'action humaine, pour laquelle la satisfaction des besoins reste subordonnée à ce devoir.

Avec une intuition étonnante, Freud décrivit dans *Totem et Tabou* une « incorporation primitive » du père totémique par dévoration. À l'aube de la civilisation, un festin cannibalique aurait scellé le pacte social des frères

1. Le nom propre est « totémique », comme en témoignent les patronymes, dont l'étymologie renvoie toujours à quelque animal, plante, objet, lieu qui furent un jour totémisés en hommage au père mort.

et leur entrée dans la culture. Il ne s'agit pas seulement d'un mythe de l'origine de l'humanité, mais d'un processus qui vaut pour chaque enfant. Cette voie « orale » décrit le moment où le sens de la nourriture bifurque en vocalise des mots par le biais du cri qui la réclame. Comme cette équivalence de la nourriture et du cri se transforme en mots grâce à l'avènement d'un sujet, et comme ce sujet authentifie son nom dans un affrontement à la loi paternelle, l'acte de parler vaut comme une dévoration du père. L'objet pulsionnel maternel se métamorphose en dévoration paternelle au moment où le nom de ce père identifie celui qui parle. Entrer dans la langue par la flexion du premier babillage, c'est entamer aussitôt la partie d'échecs d'Œdipe et jouer les premiers coups. S'avancer en soldat, remparder sa tour, franchir l'obstacle avec son cavalier, éviter la diagonale du fou dans l'obsession du mat. Programmatique, cette identification au nom montre l'homothétie de la structure de la phrase et du complexe d'Œdipe. Avec le babil et une fois le conducteur identifié, il peut piloter la machine. La mélodie de la voix, c'est la jouissance de la mère en retrait dans le creux de la parole. Jouir de cette parole sans y toucher, selon le pli distant de l'érotisme humain, maîtriser les mots de cette langue maternelle, c'est faire le père. Parler suppose cette identification primordiale au père : c'est déjà parler de très haut, au nom du Totem [1].

Grâce à la prise de nom, le « je » se sépare du « il » tout comme le nom patronymique se sépare des autres mots de la langue maternelle. Cherchons dans un diction-

1. Le nom par lequel l'enfant est appelé n'est généralement pas le patronyme, mais il a la même structure que lui, et surtout la même fonction. Dans les amnésies d'identité, par exemple, l'oubli porte aussi bien sur le nom que sur le prénom.

naire : le patronyme ne s'y trouve pas. Le voilà démasqué : il diffère des autres mots définis entre eux dans l'infini dédale du dictionnaire. Le nom propre ne représente pas le sujet auprès d'un autre signifiant. Meurtrier surpuissant, il brise le cercle des noms communs et devient ainsi maître de l'infinité des signifiants, ces esclaves enchaînés les uns aux autres. Cette brisure initie l'entrée du sujet dans la langue. Et le fantasme parricide qui sous-tend cette appropriation engendre aussi la dette. La parole est payante.

## La parole intronise le roi neurone

Les minuscules vibrations engendrées par la voix peuvent-elles nourrir les nerfs, les faire croître, faire proliférer les synapses ? Les sons amènent-ils les neurones à exécuter une gymnastique subtile qui leur donne de l'exercice comme l'entraînement sportif développe la musculation ? La matérialité sonore ne s'incarne pas aussi immédiatement. Les neurones afférents au langage occupent une place relativement modeste, mais comme leur mise en tension commande l'identification, et comme cette dernière conditionne les apprentissages, les conséquences sur l'organisme sont aussitôt hégémoniques. Ce modelage du corps ne porte pas sur des points de détail, mais sur ses caractéristiques essentielles. Si l'on considère le corps une fois formé, on oublie que les conditions vitales de l'humanisation n'appartiennent pas à l'organisme : son sujet est celui de la parole dont la mise en tension se produit « hors du corps ». De même, le nom de ce sujet dépend du complexe d'Œdipe, dont la partie se joue « hors du corps ». Ce n'est qu'une fois ce sujet identifié à son nom qu'il intègre des apprentissages qui usinent le corps de près. On ne voit que cet usinage, comme s'il était naturel ! Les sons des mots mettent en tension la grammaticalité des phrases dont procède l'identification. Et, à partir d'elle, des apprentissages formatent l'organisme selon les plis de sa culture d'adoption. L'identification isole le poste de commande et conditionne le désir d'apprendre. Par rapport à lui-même, le sujet a l'impression de ne pas appartenir vraiment au corps, puisqu'il s'actualise en même temps que la parole adressée à l'autre. Pourtant, c'est à partir de lui que l'organisme se modélise, s'oriente, prend sa stature, fait jouer ses muscles, toutes actions qui construisent chaque fois un corps inédit, avec ses réactions musculaires, physiologiques, endocriniennes propres. L'ensemble des organes dépend ensuite des sélections neuronales telles que l'identification les oriente. Quand bien même répertorierait-on l'ensemble des effecteurs physiologiques de ce processus, leur fonctionnement resterait illisible sans l'identification qui l'initie.

La croissance de populations entières de neurones dépend de l'engagement dans la parole selon un triple étagement : les neurones se développent d'abord grâce à l'ébranlement des sons et des fines stimulations qu'ils engendrent. Puis le son prend un sens grâce à l'Autre, mouvement à l'occasion duquel un sujet s'identifie. Les activités humaines, des plus simples aux plus complexes, procèdent de la foi accordée à ce sens, qui légitime ce circuit d'informations. Enfin, le sens acquis par le son va se propager selon un mouvement infini. En effet, un mot ne signifie une chose qu'à la condition d'être explicité par un autre mot. Le sens renvoie au son d'un autre mot qui, à son tour, renvoie à son sens, etc. De sorte que l'attribution du sens met le son en débit continu : comme la sonorité d'un mot en appelle un autre, puis ce dernier un autre encore, la pensée n'arrête plus de penser. Une fois que les stimulations sonores occasionnelles associant une chose et un son commencent à s'articuler au sens, tout sens est lourd d'un nouveau son, qui fait de la musique notre accompagnatrice ordinaire. Au milieu du brouhaha comme du plus grand silence, ça murmure, ça chantonne à l'intérieur de nous, on n'y fait même plus attention, ça nous berce. On dort debout, ça nous pilote, on se laisse faire. L'incomplétude de chaque mot fonctionne comme une sorte de moteur perpétuel qui carbure tout seul à sa propre incomplétude de sens. Les mots ne finiront plus jamais de s'associer entre eux pendant la durée de la vie. L'existence du sujet est tractée par le langage, que sa parole maîtrise sporadiquement.

Pour l'enfant nouveau-né, les connexions nerveuses prolifèrent grâce à la musique qu'il entend. Elles décuplent dès que les sons prennent un sens. Elles centuplent lorsque celui qui les a entendus les chante à son tour et s'en fait le sujet. Du haut de cette identification, il peut désormais apprendre. L'ensemble de la motilité lui doit sa croissance, qui dépend de ce centre toujours excentré. L'accroissement du nombre des connexions synaptiques, mais aussi de la masse de neurones, s'élève au carré avec les apprentissages. Les neurones se comportent comme les muscles des champions quand l'effort les sollicite ; leur nombre s'accroît selon les circonstances. La capacité de croissance quantitative procède de la naissance du sujet (saut qualitatif), corrélativement aux apprentissages et à l'acquisition de nouvelles fonctions. Cet excès de puissance retourne la situation en faveur de ces connexions : elles qui, sans la mince chanson d'une femme, auraient disparu prennent le pouvoir et assurent leur empire sur ce corps, dont le centre de commande se trouve désormais « dehors », bien que sa matérialisation paraisse se trouver « dedans ».

Révolution de palais. Un couple que l'on n'attendait pas prend le pouvoir : la Parole intronise le roi Neurone. Sans elle, il n'aurait pas grandi et, sans elle, il ne serait rien du jour au lendemain. Semblable à Pharaon dont la légitimité dépend de son mariage avec sa sœur, Neurone règne comme un prince. Il ne commande peut-être pas chaque détail, mais assure partout son hégémonie. Il domine comme les rois, qui sont membres « organiques » de leur propre société, mais sont aussi « au-dessus » d'elle, car ils ne tirent leur légitimité que de la Parole, grâce à laquelle le corps tomba sous leur emprise. Les rois sont ainsi : ils possèdent deux corps ; l'un spirituel, l'autre matériel [1].

1. Voir E. Kantorovicz, *Les Deux Corps du roi*, Paris, Gallimard, 1989.

4

# L'HUMANISATION RENVERSE LA TYRANNIE GÉNÉTIQUE

## Quelle importance accorder au programme génétique ?

Le cerveau dirige, mais qui dirige dans le cerveau ? De cellules sensibles en neurotransmetteurs, et de neurotransmetteurs en effecteurs, on se heurte à un problème de circularité. Où situer le centre de commande ? Dans une super-assemblée de neurones ? Une hyperglande ? Un médiateur surdoué auquel les décisions seraient dévolues ? La fente synaptique ? Chacun de ces organes appartient à cette machine qui tourne en rond, chaque effecteur n'étant qu'un médiateur, déterminé par ses composants. Afin de rompre cette circularité, certains neurophysiologistes ont conjecturé une faculté d'auto-organisation de l'encéphale qui serait capable de construire des modèles et de les utiliser dans des calculs. Mais d'où provient le « modèle » ?

En désespoir de cause, ce rôle a été imparti aux gènes, si géniaux à notre place [1]. En juin 2000, le chercheur bri-

1. Quelles que soient les réserves des chercheurs, les médias présentent la carte du génome comme un centre de commande. Voir par exemple la première page du *New York Herald Tribune* du 27 juin 2000, qui annonce le déchiffrage du génome comme la carte d'un schéma directeur.

tannique John Sulston, l'un des « pères » des travaux sur le génome humain, déclarait : « Pour la première fois, nous allons être capables de tenir entre nos mains le mode d'emploi pour faire un homme. » (Il ne sait donc pas comment s'y prendre ?) Pourtant, on sait déjà que les gènes ne sont pas les « décideurs » de l'organisme : chaque séquence se comporte différemment selon ses interactions avec d'autres molécules. Il est devenu classique de souligner que, si le gène représente le terme ultime de l'analyse génétique, il n'a aucune autonomie. Son expression dépend le plus souvent des autres gènes qui l'encadrent. D'ailleurs, quand bien même auraient-ils été décortiqués jusqu'au dernier atome, d'où tiendraient-ils eux-mêmes leur autorité ? On pensera que les gènes sont comme ils sont du fait des gènes des parents, eux-mêmes étant la conséquence des gènes de leurs parents, etc. Le déterminisme organique est ainsi repoussé dans le passé. Le gène plonge en abîme dans la nuit des temps. D'où vient votre programme ? Lorsque vous agissez, vous réalisez les commandements de vos ancêtres, sans doute déjà au courant de la situation actuelle. La pensée prélogique ne fleurit pas toujours où l'on s'y attend : ainsi de cette nouvelle présentation du culte des ancêtres [1].

L'interprétation préformationniste de la génétique moléculaire a du succès parce qu'elle répond à un besoin magique d'explication [2]. Le génome reprend à son compte

1. Rien de neuf depuis Malebranche : le germe contient sa postérité future, qui contient elle-même en germe sa postérité future, etc. : « des pommiers, des pommes et semences de pommier pour des siècles infinis ou presque infinis dans cette proportion d'un pommier parfait à un pommier dans la semence » (*Recherche de la vérité* [1700], Paris, Vrin, 1962-1970, t. I, p. 47-48).

2. Induire une cause inconnue à partir d'un effet contenu dans cette cause revient à ce que David Hume appelait l'usage d'une cause « disproportionnée à l'effet ». C'est le cas par exemple de l'argument théologique qui prétend prouver l'existence de Dieu à partir de l'organisation de la nature.

les propriétés mystérieuses de ce qu'on appelait il y a encore peu la « vie », qui ne s'expliquait elle-même que par un don de Dieu. La génétique est en ce sens divinisée, mais elle ne prend pas seulement la suite des dieux déchus. En effet, elle est considérée comme responsable de tous les comportements humains, alors que les divinités anciennes laissaient aux hommes leur responsabilité [1]. Un espoir sous-tend le « tout-génétique », celui d'une merveilleuse innocence : il est tellement soulageant de considérer que tout est déjà écrit dans le corps ! Paradoxalement, l'organicisme reprend le flambeau des religions, faisant génuflexion devant le gène, oracle moderne d'un destin aujourd'hui encore plus implacable qu'hier.

La vie se subordonne à la non-vie, car les gènes eux-mêmes ne sont pas vivants ; ils sont plus simples que les protéines. Le généticien Richard Lewontin récusait tout rôle directeur de l'ADN, car celui-ci compte parmi les molécules les plus inertes qu'on puisse imaginer [2] : il n'est que le lieu de certaines réactions chimiques. Les gènes sont donc loin d'être l'« essence de la vie », ce qu'affirmait pourtant en 1992 la Commission britannique sur l'éthique de

1. La revue *Nature* annonça (une nouvelle fois), au début de l'an 2000, la découverte du gène de la schizophrénie, situé sur le chromosome 22 (comme l'aurait montré la délétion 22q11). Interrogé plus avant, le professeur de génétique Denis Lacombe précisait pourtant qu'il n'avait retrouvé que dans 2 % des cas une microdélétion liée à une schizophrénie et un cas d'autisme.

2. « L'ADN est une molécule morte parmi les moins réactives, les plus chimiquement inertes qu'il soit… Il n'a aucun pouvoir de se reproduire. Bien au contraire, il est produit à partir de matériaux élémentaires par une complexe machinerie cellulaire de protéines […]. Non seulement l'ADN est incapable de fabriquer des copies de lui-même […] mais il est incapable de fabriquer quoi que ce soit » (R. Lewontin, « The Dream of the Human Genom », *New York Review of Books*, 1992, p. 31-40).

la thérapie génique. La biologie avait invoqué une sorte de plan d'organisation supplémentaire aux réactions physico-chimiques pour comprendre la reproduction du vivant : ce programme héréditaire devait transcender les générations, sous la forme de ce que Claude Bernard appela d'abord une « impulsion primitive ». Mais une théorie scientifique mécaniste ne pouvait accepter ce postulat.

Dans un article publié en 1961, Ernst Mayr [1] a voulu pallier le défaut « vitaliste » grâce au gène. Selon lui, un « programme génétique » s'inscrit dans la séquence nucléotidique d'ADN et il est désormais non-vitaliste, purement mécaniste. La notion de « programme génétique » remplace celle de « vie » par des expressions telles qu'« intentionnalité mécanique ». Les organismes ont l'apparence du vivant, mais ils se contentent de réaliser des programmes. Ce point de vue a cependant été critiqué par Richard Strohman [2] dans un article paru en 1997. Il fallait selon lui introduire le paradigme de l'épigenèse pour faire apparaître que la fonction ne résulte pas d'une protéine, mais de l'interaction de plusieurs protéines. Les réseaux épigénétiques ont ainsi un effet rétroactif sur l'activité de l'ADN et de l'ARN. L'organisme pris dans son ensemble et dans son milieu contrebalance ainsi la dictature du « génétique ».

1. E. Mayr, « Cause and Effect in Biology », *Science* 134, 1961, p. 1501-1506.

2. Voir R. Strohman, « Epigenesis and Complexity. The Coming Kuhnian Revolution in Biology », *Nature biotechnology* 15, 1997, p. 194-199. Il écrit notamment : « L'ère de Watson et Crick, qui avait commencé comme une théorie et un paradigme du gène correctement défini de façon étroite, a évolué depuis de façon erronée vers une forme ressuscitée et essentiellement moléculaire de déterminismes génétiques. »

Dans le même esprit, Henri Atlan a contesté l'idée de programme génétique : « D'où vient cette idée que se trouverait écrit dans la structure de l'ADN un programme plus ou moins analogue à un programme d'ordinateur ? En quoi consiste cette prétendue analogie ? [1] » Certes, le langage du génome est binaire, comme celui des ordinateurs. Mais Henri Atlan s'oppose à cette analogie parce que « tout programme peut se ramener à une séquence binaire, mais toute séquence binaire n'est pas nécessairement un programme [2] ». Les séquences codantes d'ADN sont traduites en séquences d'acides aminés par l'intermédiaire du code génétique, mais on ne peut confondre codage et programme [3]. L'ADN présente seulement des données, et la machine pluricellulaire dans son ensemble les utilise. C'est pourquoi, selon Henri Atlan, l'organisme se développe dans sa totalité et la structure se modifie au fur et à mesure que l'organisme se réalise (c'est un modèle de réseau auto-organisateur). Le code génétique ne fait qu'indiquer les limites de l'action, ou encore il donne la possibilité de réagir grâce à un supplément d'informations non innées [4]. Plus les

1. H. Atlan, *La Fin du « tout génétique » ? Vers de nouveaux paradigmes en biologie,* Paris, Éditions de l'INRA, 1999, p. 23.

2. *Ibid.*, p. 24. De même : « Personne n'a jusqu'à présent découvert dans l'ADN cette structure logique supposée de programme d'ordinateurs. » François Jacob avait déjà relativisé la notion de programme en en décrivant deux sortes différenciées selon leurs rôles et leur relation avec les organes d'exécution. L'un fonctionne avec souplesse, l'autre de façon plus rigide (F. Jacob, *La Logique du vivant. Une histoire de l'hérédité*, Paris, Gallimard, 1970, p. 17).

3. « L'ADN ne présente que très peu d'éléments de syntaxe et à notre connaissance pas le moindre élément de sémantique qui permettent d'y voir une structure de langage, même formelle » (H. Atlan, *op. cit.*, p. 24).

4. Certaines instructions sont intégralement exécutées, d'autres restent des capacités ou des potentialités. Il ne s'agit pas de « programme »

organismes se compliquent, plus ils peuvent apprendre et se souvenir. Chaque homme résulte de son histoire. En revanche, les abeilles sont à peu près les clones les unes des autres [1].

Le génétisme a ainsi été tempéré par les partisans de thèses épigénétiques pour lesquels les gènes n'offrent que des potentialités actualisées par d'autres facteurs, auxquels s'ajoute pour chaque individu son histoire affective, sociale et culturelle. À l'appui de cette thèse, de vrais jumeaux génétiquement identiques à la naissance n'ont pas le même système nerveux. Dans le même sens, G. M. Edelman constate une intense sélection des groupes neuronaux selon des lois pour certaines génétiques, pour d'autres épigéniques : le répertoire secondaire des neurones dépend du milieu et des comportements qui « taillent effectivement par sélection divers circuits fonctionnels [2] ». La sélection s'effectue sur la base de l'expérience à un âge précoce, et elle continue durant toute la vie. Par exemple, les cartes du cerveau correspondant aux informations tactiles changent de frontière selon le nombre de doigts utilisés.

---

génétique puisque l'organisme contrôle l'activité des gènes, y compris celle des gènes de développement. Comme le fait remarquer Henri Atlan : « Puisque les mêmes gènes de développement dirigent le développement d'organismes aussi différents que ceux d'une mouche ou d'une souris, leur activité doit bien dépendre d'autre chose, qui ne peut être que leur environnement génomique ou cellulaire. »

1. « Avec le développement du système nerveux, avec l'apprentissage et la mémoire se relâche la rigueur de l'hérédité » (F. Jacob, *op. cit.*, p. 337).

2. G. M. Edelman, *Biologie de la conscience*, Paris, Odile Jacob, 1992, p. 103. De même : « La formation de l'anatomie initiale du cerveau est très certainement déterminée par les gènes de l'hérédité. Mais, une fois franchies les premières étapes embryonnaires, les connexions sont établies [...] par sélection somatique au cours du développement de l'individu. »

Dans le programme génétique d'un organisme complexe on distingue une part « fermée » et une part « ouverte », ce qui offre une certaine liberté de réponse. Un programme partiellement rigide possède par ailleurs des potentialités d'adaptation. Le programme laisse à l'organisme une capacité d'apprendre, mais il impose des restrictions sur le moment de l'apprentissage et sur ses conditions. Les gènes comportent une certaine indétermination qui permet à l'environnement d'agir. Mais dans quelle mesure ? Cette question a lancé un débat entre partisans du génétique et de l'épigénétique dans le cadre duquel les déterminations culturelles et même l'inconscient pourraient, selon eux, trouver leur place [1].

Peut-on adopter une position intermédiaire qui tiendrait compte à la fois du génétique et de la culture, considérée comme un facteur épigénétique ? Dans ce cas, l'armature biologique proposerait seulement des potentialités et des contraintes, ensuite développées et modélisées par la culture. L'interaction avec le milieu aère ainsi les étouffants déterminismes génétiques [2]. Toutefois, si l'épigénique se trouve en dehors du gène, il appartient

1. L'affrontement de ces thèses n'est pas nouveau : la théorie préformiste, dite de l'évolution, proposée au XVIIIe siècle par Charles Bonnet postulait une sorte d'emboîtement des germes. Dans l'œuf, l'être à venir existait préformé et cet homoncule se développait ensuite. Il possédait lui-même des cellules germinales qui contenaient d'autres homoncules et ainsi de suite ; à cette théorie s'opposa celle de Caspar Friedrich Wolff, première des théories épigénétiques. Puis virent le jour d'autres théories, selon lesquelles on distinguait deux parts non exclusives : l'une déterminée héréditairement et l'autre dépendant de l'environnement.

2. Là encore, il s'agit d'un débat ancien : l'interactivité dedans/dehors concerne chaque être animé, qui vit en équilibre instable avec son milieu. Claude Bernard écrivait à ce propos dans *Leçons sur les propriétés des tissus vivants* (1866, p. 6) : « Le phénomène

toujours à l'organisme, puis en extension à des facteurs ayant un effet sur l'organisme.

Il faut surtout ajouter que l'épigénèse n'a pas le même sens pour l'homme que pour l'animal [1]. Les animaux héritent de comportements innés qui leur permettent de faire face aux nécessités. L'homme en dispose sans doute aussi, bien qu'aucune expérience ne le prouve. Les quelques « enfants sauvages » répertoriés n'auraient pas vécu sans avoir passé au moins quelque temps en société. Il est improbable qu'il s'agisse de sujets « naturels ». On connaît l'expérience de Frédéric II, roi de Sicile : aucun des enfants qu'il aurait fait élever en interdisant de leur parler ne survécut. Il est vrai que ce fait historique a surtout la valeur d'un mythe scientifique, car d'autres facteurs que l'absence de parole ont certainement joué. Mais, depuis ce moment perdu dans les annales du Moyen Âge, une contre-expérience massive existe : personne n'oserait laisser délibérément un enfant hors de l'abri de la parole. Il existe des potentialités innées chez l'être humain, mais leur réalisation dépend d'un facteur qui ne l'est pas. Pour l'ensemble des animaux, les potentialités d'apprentissage se réalisent en fonction de leur génétisme. Pour l'homme, le contraire prévaut, de sorte qu'on ne saura jamais ce qui relève du seul bagage génétique chez un être dont les gestes les plus élémentaires dépendent de son rapport à l'entourage. Les potentialités des gènes restent lettre morte sans la parole.

---

vital n'est donc tout entier ni dans l'organisme ni dans le milieu : c'est en quelque sorte un effet produit par le contact entre l'organisme vivant et le milieu qui l'entoure. »

1. L'animal s'adapte à son milieu plutôt qu'il ne le transforme. En revanche, l'homme s'adapte en le transformant, et il n'est plus ensuite que le résultat de ce processus : il s'adapte aux transformations que d'autres générations ont apportées, et lui-même en apportera de nouvelles.

Le langage se situe dans le milieu extérieur, mais il représente plus qu'un facteur épigénétique parmi d'autres : le gène comme l'épigène ne réalisent leur potentialité que dans certaines conditions « culturelles ». Grâce à la culture naît le sujet d'une machine qui meurt sans elle. Le langage n'est pas un élément épigénétique qui rétroagirait sur les gènes [1]. Mais l'identification qu'il autorise conditionne la réalisation du code. Ce renversement de situation entre bagage inné et acquis différencie l'animalité de l'humanité. Aucune hérédité génétique humaine ne se développe en dehors d'une culture sans laquelle elle ne s'actualise jamais. Pour l'homme, la transmission héréditaire perd sa valeur absolue et devient relative. En revanche, la culture est une nécessité absolue.

Chez l'être humain, l'activité ne se vectorialise pas du dedans « inné » vers le dehors culturel. Cela veut-il dire qu'elle se vectorialise du dehors vers le dedans, accréditant ainsi les thèses des sensualistes [2] ? Il n'en va pas

1. La « rétroaction » ajuste ce que doit faire un système organisé en fonction de ce qu'il fait. Elle introduit dans le système les résultats de son activité passée. Ce n'est pas le cas de l'homme, puisque la culture le précède.

2. Selon les sensualistes, l'organisme n'est que cire modelable. Pour l'abbé de Condillac, le nouveau-né est un être indifférencié et passif, une sorte de « table rase » ou de « cire molle ». Tout ce qu'il apprend lui vient de ses sensations : « Il n'y a point d'idées qui ne soient acquises : les premières viennent immédiatement des sens ; les autres sont dues à l'expérience » (*Essai sur l'origine des connaissances humaines*, Paris, Galilée, 1973, p. 107). Leibniz s'insurgea contre ces thèses : « On m'oppose cet axiome, reçu parmi les philosophes, que rien n'est dans l'âme qui ne vienne des sens. Mais il faut excepter l'âme même et ses affections [...]. Or l'âme renferme l'être, la substance, l'un, le même, la cause, la perception, le raisonnement et quantité d'autres notions que les sens ne sauraient donner » (*Nouveaux Essais sur l'entendement humain,* reproduit dans *La Monadologie*, Paris, Delagrave, 1983, p. 209).

davantage ainsi. Car le seul préalable qu'autorise la culture, c'est la naissance du sujet. Dès l'apparition de la subjectivité, c'est activement et non passivement que le milieu extérieur est appréhendé [1]. Cette « prise » est d'autant plus active que le langage lui-même ne se réduit pas à une banque de données inerte extérieure au cerveau. Cette banque se subjective et s'actualise sous la pression du symbole, qui en fait un système inventif en expansion constante.

## Le langage inverse la perspective du système d'information

La théorie de l'évolution postule que les êtres vivants résultent de la formation spontanée [2] de quelques rares systèmes animés. Des animaux unicellulaires à l'homme, la biologie a d'abord décrit des systèmes de complexité croissante caractérisés par l'intégration successive de sous-systèmes à des ensembles plus vastes. À chaque découverte d'un nouveau niveau, une systématisation plus sophistiquée de la formation des êtres vivants a été envisagée. François Jacob [3] a montré que, depuis le XVIe siècle, un ordre plus élevé de la structure a été découvert à quatre reprises. Au début du XVIIe siècle, l'agencement des sur-

1. Au sens que Georges Canguilhem notait : « Le propre du vivant, c'est de se faire son milieu, de se composer son milieu » (« Le vivant et son milieu », *La Connaissance de la vie*, Paris, Vrin, 1965).

2. Elle leur reconnaît des traits généraux : ils sont constitués de cellules, ils utilisent les mêmes isomères optiques, leur acide désoxyribonucléique contient leur information génétique et leur énergie procède de réactions où les phosphorylations sont couplées à l'utilisation d'un composé chimique ou de la lumière.

3. F. Jacob, *La Logique du vivant*, *op. cit.*

faces visibles a permis d'établir une première structure, d'ordre un. À la fin du XVIIIe siècle, les relations des organes et des fonctions ont donné une structure d'ordre deux, qui s'intègre au niveau de la cellule. Au début du XXe siècle, la découverte des chromosomes et des gènes a permis d'établir une structure d'ordre trois. Enfin, au milieu du XXe siècle, la molécule d'acide nucléique a montré l'ordonnancement d'une structure de quatrième ordre.

L'interrogation sur la transmission de l'information s'est d'abord tournée vers des problèmes concernant le rapport entre le *germen* et le *soma*. August Weismann a montré que les cellules somatiques reproduisent des cellules somatiques, alors que les cellules germinales engendrent des cellules des deux types. Les cellules germinales ne sont pas produites par l'organisme. Le corps des vivants se greffe latéralement sur leurs cellules germinales, entourées « de milliards de cellules somatiques dont l'ensemble seulement forme l'unité supérieure de l'individu ». Comme les cellules germinales se reproduisent par scissiparité, à la manière des protozoaires, elles contiennent toujours la même substance héréditaire [1].

Les généticiens décrivent une structure logée dans les chromosomes ; ils attribuent à sa fixité la mémoire de l'espèce ; à ses changements, l'apparition d'espèces nouvelles. L'hérédité des êtres vivants repose sur les gènes [2],

1. Les individus se greffent sur les cellules germinales comme des excroissances : ce n'est plus la poule qui produit l'œuf, c'est, selon le mot de Samuel Butler, l'œuf qui a trouvé dans la poule le moyen de refaire un œuf.

2. La protéine est l'unité d'exécution chimique, le gène commande la reproduction d'une fonction et sa variation. Simple séquence d'ADN, le gène contient une information dont dépend la production d'une des protéines constituant l'être vivant. L'ADN humain contient entre 30 000 à 40 000 gènes représentant seulement 5 % de la séquence (on ignore le rôle des 95 % restants).

d'une part, et sur leur interaction avec des protéines, d'autre part. Cette transmission serait automatique, de sorte qu'Erwin Schrödinger a pu écrire que les êtres vivants, loin d'échapper aux lois de la physique, mettent en jeu « d'autres lois de la physique encore inconnues mais qui, une fois révélées, feront tout autant partie intégrante de cette science [1] ». Avec le code génétique, la matière et l'énergie sont subordonnées à une information qui unit les éléments, se mesure, se transmet et transforme ; la construction et la structuration de l'organisme deviennent ainsi un problème de communication.

Ces conceptions de la transmission biologique ont changé complètement lorsque, en 1964, James Watson et Francis Crick établirent qu'un ordre de succession d'un nombre fini de bases constituait le code d'instruction auquel la cellule obéit pour synthétiser les protéines. La biologie contemporaine a ainsi changé de langage : elle s'appuie moins sur la mécanique, la physique et la chimie classique que sur la théorie de la communication : message, information, programme, code, instruction, décodage [2]. Le message constitué par l'agencement de molécules chimiques le long d'un polymère détient le code de

1. E. Schrödinger, *What is Life ?*, Cambridge University Press, 1956, p. 67. Il écrit également : « La fibre chromosomique contient chiffrée, dans une sorte de code miniature, tout le devenir d'un organisme, de son développement, de son fonctionnement, [...] les structures chromosomiques détiennent aussi les moyens de mettre ce programme à exécution. Elles sont tout à la fois la loi et le pouvoir exécutif, le plan de l'architecte et la technique du constructeur » (*ibid.*, p. 18-19).

2. Cette nouvelle conception aurait convenu à Aristote, puisqu'elle admet qu'un logos se conserve et se transmet dans le vivant. Il faut cependant lever une ambiguïté à propos du terme « information », en distinguant celle qui est automatiquement efficace de celle qui réclame la conscience et oblige à un choix. L'information diffère de la conscience de l'information.

l'hérédité. Elle forme la structure d'ordre quatre qui détermine la forme, les propriétés et le fonctionnement d'un être vivant.

Ces quatre niveaux se valident et se déboîtent l'un de l'autre. À chaque niveau d'organisation on constate un changement brusque des méthodes comme des objets, et ce qui était vrai à un niveau inférieur ne l'est plus au niveau supérieur. Chaque niveau d'intégration comporte une nouvelle caractéristique qui agit sur les niveaux inférieurs, et la logique interne propre à chaque système se trouve ainsi infléchie. Le programme d'intégration augmente en fonction des capacités d'informations [1]. Plus récemment, d'autres biologistes (dont Henri Atlan) ont repris la même idée, en montrant que les systèmes « émergeants » ne sont pas la somme des systèmes dont ils proviennent, mais qu'au contraire ils modifient leur fonctionnement. Ce mode d'intégration se vérifie pour l'ensemble des êtres vivants, dont aucun n'échappe à sa vectorialisation réglée : la structure d'ordre quatre commande la mise en activité des trois autres.

Pourtant, l'être humain ne fait-il pas exception puisque, pour ce dernier, il faut penser une structure d'ordre cinq, c'est-à-dire un système d'information spécifique sans lequel les potentialités de l'ordre quatre restent lettre morte ? Le langage humain est à la fois une condition de l'identification qui permet les apprentissages et un système de dénotation du monde. Si cet appareillage est nécessaire pour mettre en activité le code génétique, on dira alors que le langage constitue un instrument d'infor-

1. Comme l'écrit François Jacob, « ce qui entraîne cette augmentation de programmes, c'est la tendance à accroître les interactions de l'organisme et de son milieu par quoi se caractérise l'évolution. L'instrument d'information le plus sophistiqué rétroagit sur les procédés d'information antérieurs » (*op. cit.*).

mation supérieur à celui des gènes. De sorte que le niveau d'intégration du langage d'ordre cinq [1] remanie la totalité des sous-ensembles intégrés antérieurs. En ce sens, François Jacob a écrit : « Comme les mécanismes régissant les transferts d'informations obéissent à certains principes, il est possible en un sens de voir dans la transmission d'une culture à travers les générations une sorte de second système génétique superposé à l'hérédité [2]. »

Mais s'agit-il d'une « superposition » ou d'un retournement complet d'orientation ? Le bagage génétique humain n'est pas simplement quantitativement supérieur à celui des animaux. Une inversion complète du système d'information se produit, car le génétisme ne se potentialise que grâce au langage. Ce retournement constitue beaucoup plus qu'une propriété « émergente » des architectures neuronales humaines : celles-ci ne s'expliquent pas par les propriétés des niveaux sous-jacents, ainsi profondément remaniés ou même contredits. Par exemple, la reproduction sexuelle de l'être humain est réorganisée par le langage, au point que le choix du genre masculin ou féminin lui-même ne dépend plus de l'anatomie. De même, le désir et la reproduction sexuelle ont comme condition certains signifiants. À l'information génétique, qui, avec la reproduction, introduit la sexualité et la mort, s'ajoute l'information apportée par le langage, qui rétroagit sur cette information génétique. La mort elle-même change de sens, au point que le signifiant de la mort du père et de la transmission de son nom devient

1. De même que « dieu », l'« âme », la « vie », puis l'« énergie » ont désigné ce qui n'apparaît pas dans la mise en mouvement de l'inanimé. De même la « psyché », le « sujet », le « langage » peuvent expliciter ce cinquième ordre, avec d'ailleurs des risques équivalents de pseudo-transcendance explicative si l'on ne précise pas que le langage est chose matérielle.

2. F. Jacob, *op. cit.*, p. 342.

une condition de la reproduction de la vie. Un homme qui n'a pas pris le nom de son père au sens du conflit œdipien n'éprouvera pas non plus le désir de donner ce nom à un enfant. C'est un fait : les hommes pour lesquels « le nom du père » fait impasse ont les plus grandes difficultés à procréer.

François Jacob a écrit : « L'être vivant représente bien l'exécution d'un dessein, mais qu'aucune intelligence n'a conçu. Il tend vers un but, mais qu'aucune volonté n'a choisi. Ce but est de préparer un programme identique pour la génération suivante. C'est de se reproduire [1]. » L'homme correspond-il encore à cette généralité ? Peut-on dire que, pour lui, chaque vie cherche à réaliser le programme que « l'hérédité trace dans l'enfant [2] » ? Dans l'espèce humaine, le désir d'avoir des enfants est si variable, soumis à des conditions symboliques si drastiques, et les exceptions sont si nombreuses, qu'il faut reconnaître que cet instinct de reproduction n'existe pas chez l'homme.

De sorte qu'à ce jour aucune expérience ne prouve que l'on puisse appliquer à l'homme ce qui vaut pour les animaux, à propos desquels, comme l'écrit F. Jacob : « Le message de l'hérédité ne permet pas la moindre intervention concertée du dehors [...]. Tous les phénomènes qui contribuent à la variation des organismes et des populations se produisent en toute ignorance de leurs effets [3]. » Pour l'homme, au contraire, sans le système d'information culturelle, le programme génétique reste lettre morte. Ce n'est pas tant que « le programme ne reçoit pas les leçons de l'expérience [4] », c'est que la subjectivation

1. *Ibid.*, p. 10.
2. *Ibid.*
3. *Ibid.* p. 11.
4. *Ibid.*

qu'autorise le langage conditionne la réalisation du programme [1].

Pour les animaux, les données génétiques sont hégémoniques et sous l'influence plus ou moins grande de facteurs épigénétiques. Chez l'homme, les déterminations génétiques actualisées par le langage laissent penser qu'à un moment donné de l'évolution humaine les nécessités de l'information se sont brusquement retournées en faveur de la culture, devenue une condition préalable. Il ne s'agit pas d'une condition épigénétique parmi d'autres, mais d'une condition *sine qua non*. Il faut mesurer la brutalité de ce changement de système d'information, dont la conséquence fut l'accroissement de la masse nerveuse, et surtout son indétermination fonctionnelle à la naissance, caractéristique unique parmi les espèces [2]. Ce changement de système n'a pu s'accomplir progressivement, comme pourrait le laisser penser l'augmentation du poids du cerveau selon les espèces de singes, puis chez les hominidés. L'accroissement de poids de la matière grise est une conséquence plutôt qu'une cause. Un supplément de matériel neuronique a été nécessité par un changement brusque du système d'information. Car il n'y a pas de transition entre un système d'information, où un signe dénote une chose, et un système linguistique,

1. Ce n'est qu'une fois cette condition réalisée que, « sans pensée pour le dicter, sans imagination pour le renouveler, le programme génétique se transforme en se réalisant » (*ibid.*, p. 319).

2. Dans d'autres domaines, il se produit aussi des glissements de terrain après lesquels le temps antérieur devient incompréhensible. Le monde chrétien, par exemple, ne pouvait plus comprendre l'animisme des Grecs et des Romains. Ou encore, après Descartes, la scolastique et la philosophie médiévale tombèrent assez rapidement dans l'oubli. Et qui peut encore imaginer aujourd'hui l'espace mental d'un vrai chrétien du temps passé, dont chaque instant avait un sens religieux ?

où un mot se définit par un autre mot avant de dénoter quelque chose.

Ce saut pourrait se comparer assez justement au passage de l'écriture idéographique à l'écriture alphabétique. Les deux systèmes d'information sont incommensurables l'un à l'autre, bien que le premier ait servi de base de lancement au second. Admettons un instant, pour donner un exemple, une hypothèse qui a été proposée pour expliquer la naissance de l'écriture alphabétique par « acrophonie ». Le vocable « aleph », par exemple, voulait dire « taureau » dans plusieurs langues sémitiques du pays de Canaan. L'aleph du protophénicien dessina d'abord la tête d'un taureau pour désigner la sonorité A. Puis, ce signe servit seulement à prononcer le son « A ». Mais qui songe encore aujourd'hui au taureau lorsqu'il lit la lettre A, qui tourne pourtant toujours vers nous sa tête et ses deux cornes pointées vers le bas ? Ce changement radical passe d'une désignation pictographique, où un signe indique une chose, à un système où un signe définit un son entrant dans la graphie d'un mot [1]. Le sujet de la sensation (celui qui voit un taureau) se métamorphose ainsi en un sujet qui doit refouler l'image pour se servir du son [2]. Ce processus vérifiable dans l'histoire de l'écriture est identique à celui qu'accomplit la parole : elle lie des sons entre eux pour produire du sens. Le système d'information se débranche de la sensation et se branche sur sa propre banque de données : la réalité n'est validée que grâce à cette banque. La valeur de vérité des mots dépend

1. G. Pommier, *Naissance et renaissance de l'écriture*, Paris, PUF, 1993.

2. Quoi qu'il en soit de cette hypothèse, elle illustre un procédé toujours vérifiable, celui du passage d'une écriture par dessin à sa phonétisation (écriture par rébus), puis à l'isolement de la seule valeur sonore du signe.

alors de la communauté de sens attribuée aux mêmes sons par un ensemble d'individus.

Grâce à ce branchement culturel externe, le sujet assure son identification, puis ses apprentissages. Quelle est la « part animale » de l'humain après cette date ? C'est problématique. Naturellement, nul ne doute de l'organicité du corps ; mais il s'agit d'un produit culturel. On ne peut imaginer la « nature » de l'homme à partir de ce qu'il est devenu. D'ailleurs, qui est cet homme « d'aujourd'hui » ? Si le retournement de son système d'information date de son identification comme sujet de la parole, qui commande ensuite un progrès infini, cet « homme d'aujourd'hui » existe depuis la première trace du totémisme, c'est-à-dire depuis l'attestation du premier tombeau [1]. Enterrer les morts signifie qu'il a fallu rendre hommage au père pour prix de l'appropriation violente du nom propre, selon la fantasmatique œdipienne. L'existence d'un tombeau signifie que les hommes qui le creusèrent portaient un nom grâce auquel ils parlaient. Le sujet s'assure de sa place dans son énoncé grâce au nom totémique, celui du père mort [2]. L'homme n'a pu brancher sa banque d'information hors de lui qu'à la condition d'en avoir le code d'accès, c'est-à-dire son nom.

1. L'équipe de l'anthropologue Eudald Carbonell vient de découvrir à Atapuerca (Espagne) un instrument funéraire datant de 350 000 ans av. J.-C. Voir *L'Anthropologie* (mai 2003).

2. On peut discuter à l'infini de l'universalité du complexe d'Œdipe, mais celle du totémisme dans son rapport au nom et au culte des ancêtres n'a été contestée par aucun anthropologue.

## Saut qualitatif de l'animal à l'homme

Un changement de système d'information représente un saut qualitatif prodigieux. Des neurophysiologistes comme J.-P. Changeux soutiennent qu'aucun changement qualitatif ne distingue le cerveau animal de l'humain. Les cellules nerveuses, les neurotransmetteurs, les hormones de l'homme ressemblent à ceux des autres vivants, dont les molécules appartiennent d'ailleurs aussi au monde inanimé : carbone, hydrogène, azote, oxygène. Le fonctionnement du système nerveux, uniforme et universel, ne serait pas spécifique non plus. Les seules différences constatables seraient quantitatives [1]. L'accroissement quantitatif impressionnant du cortex préfrontal n'aurait pas de résultat qualitatif observable en neurophysiologie : pas de nouvelle hormone ou de connexions neurophysiologiques d'un type nouveau. On devrait donc penser que l'homme est un primate un peu plus évolué que ses prédécesseurs. Ce point de vue justifie les analogies entre l'homme et l'animal.

Pourtant, le contraire ne s'impose-t-il pas de manière aveuglante ? Ce rêve que nous serions des animaux un peu plus perfectionnés oublie qu'un changement fonctionnel est un changement qualitatif. Si un morceau de bois sert à fabriquer un arc, les molécules du bois restent identiques, mais le changement qualitatif tire droit au but. L'aire de Broca du langage n'apporte-t-elle pas un changement qualitatif extraordinaire ? Ce langage exté-

1. Jean-Pierre Changeux écrit par exemple : « Aucune catégorie cellulaire, aucun type de circuit particulier n'est propre au cortex cérébral de l'homme. Les pièces et les vis de la machine cérébrale humaine sont puisées dans un répertoire très semblable, sinon identique, à celui de la souris. » Ou encore, à propos du cerveau : « Celui-ci est construit avec les mêmes pièces détachées que le cerveau du rat ou celui du singe » (*L'Homme neuronal, op. cit.*).

rieur à la machine lui assure une qualité nouvelle et oriente son fonctionnement au point qu'un accroissement quantitatif s'est imposé. En réalité, les neurosciences elles-mêmes montrent d'énormes différences qualitatives entre l'animal et l'homme : elles provoquent une rupture dans la chaîne de l'évolution. Le système connexionnel qui commande la conscience fonctionne selon des circuits inédits. La latéralisation cérébrale, qui n'est pas innée, témoigne d'un changement complet du système d'information et engendre une progression potentiellement infinie : ce changement qualitatif commande la croissance et les remaniements du système nerveux. En témoigne l'énorme croissance régulatrice du lobe préfrontal. Les neurophysiologistes mesureraient mieux ces différences s'ils acceptaient de prendre en considération le point de vue de la psychanalyse, qui permet de comprendre leur sens. Antonio Damasio déclarait par exemple récemment : « Ce que nous appelons “relations sociales” ou “culture” ne vient que de nos cerveaux. Ce sont les cerveaux qui produisent et véhiculent des comportements, des romans, des poèmes ou des lois [1]. » Mais un cerveau a-t-il jamais été autre chose qu'un ensemble de potentialités, inefficientes en dehors de la culture ?

1. Antonio Damasio, directeur du département de neurologie à l'université de l'Iowa, interview à *L'Express* du 13 juin 2004. Dernier ouvrage paru : *Spinoza avait raison* (éd. Odile Jacob).

# II

# L'EMPRISE DU CORPS PSYCHIQUE SUR L'ORGANISME

Un nourrisson ne comprend pas les mots qui s'adressent à lui. Il comprend seulement qu'on lui parle et qu'en retour son cri est entendu. Se trouve ainsi délimitée la condition essentielle de son humanisation, c'est-à-dire son existence de sujet. Il se rend compte aussi que quelque chose est interprété de son cri, quelque chose qu'il accepte ou qu'il refuse. Cette demande qui lui est faite s'appuie sur ses besoins et sur ses sensations, de sorte que s'ajoute à l'organisme un « corps psychique » correspondant à la demande des parents. Positif ou négatif, ce désir des parents sollicite et aliène constamment l'enfant, qui, pour être un sujet, doit refuser cette demande au-dessus d'un certain seuil. Les pulsions, qui sont le mode d'appropriation de ce corps psychique, décalquent leurs exigences sur un organisme qui les satisfait plus ou moins, ou même les refuse.

Ce point de vue freudien sur les premiers instants de la vie n'est qu'une hypothèse, dont les psychanalystes pensent qu'elle est largement confirmée par ses conséquences. En effet, les modalités de ces débuts entraînent différentes formes du refoulement de ce désir des parents, refoulement nécessaire pour que se dégage le désir. Et de ces modalités procèdent la structure et les formes de la psychopathologie.

La méthode hypothético-déductive évoquée à l'instant peut ne pas convaincre. Mais il existe aujourd'hui d'autres preuves substantielles apportées par les neurosciences (qui n'ont pourtant pas un tel souci). Les chapitres qui suivent détaillent ces preuves, à commencer par les effets du corps psychique pulsionnel. On l'a dit, la demande des parents est excessive, idéalisée, et elle est, au-dessus d'un certain seuil, insupportable et par conséquent refoulée. On apportera là aussi les éléments qui montrent que la pulsion est refoulée par la parole, selon un circuit dont on peut suivre la trace de l'hémisphère droit à l'hémisphère gauche. Les pièces démonstratives sont, pour certaines, connues depuis quelques dizaines d'années, mais, là encore, ces résultats bruts méritaient une lecture psychanalytique. Elle prend encore plus de force si l'on examine des cas limites, comme celui du langage des sourds-muets, ou certaines particularités de la langue et de l'écriture japonaises.

# 5

# LE CORPS PSYCHIQUE RECOUVRE LES AIRES ORGANIQUES DANS LE CERVEAU

## La pulsion hante les sensations

Lorsqu'on étudie la neurophysiologie humaine, rien n'est plus amusant que les planches de petits bonshommes dessinés sur le cerveau : les aires sensorielles et motrices découpent sur le cortex des sortes d'homoncules dont les formes s'étendent à proportion de leurs innervations [1]. Les organes moteurs possèdent leurs représentations, dont la surface dépend de leur nombre de neurones. Le corps sensitif possède d'énormes lèvres, des mains immenses, alors que le tronc et le sexe sont plus réduits. La carte de ces aires corticales a été dressée pour la première fois par Wilder Penfield [2]. Elle présente

1. Voir schéma 8, p. 411.

2. De 1940 à 1950, le chirurgien canadien Wilder Penfield pratiqua des opérations du cerveau sous anesthésie locale en interrogeant ses patients (il n'y a pas de récepteur de la douleur dans le cerveau). Le tronc, la main, le pouce, le visage, les lèvres, le pharynx s'étagent en partant du haut du sillon central. À l'aplomb du tronc, descendant la scissure verticale, se situe le pied, sous lequel on trouve les parties génitales. L'homoncule est à l'envers, et ses pieds sont coincés contre la face interne du lobe pariétal, près de son sommet, alors que le visage se place en bas, près du fond de la surface externe.

plusieurs curiosités : la zone du visage est sous celle de la main, au lieu d'être là où elle le devrait, à savoir près du cou. Et les parties génitales sont représentées sous le pied, alors qu'on les aurait attendues entre les cuisses. La zone correspondant aux lèvres et aux doigts occupe autant d'espace que celle du tronc dans son entier [1].

Notre ami neurophysiologiste nous apprend que ces aires corticales sont feuilletées [2] : de multiples aires corticales traitent chaque sensation, selon une hiérarchie partant d'une aire primaire [3]. N'est-on pas amené à penser

1. La cartographie de Penfield a été également dessinée chez un groupe de singes, et leur corps sensoriel ressemble sur certains points à celui des êtres humains. Leurs aires se présentent dans le même ordre et dans les mêmes proportions, et la localisation du sexe est située en dernier lieu et sous le pied. Il faut en conclure qu'il existe chez ces singes « quelque chose » qui ressemble à la pulsion. Cette « proto-pulsion » n'est pas la pulsion proprement dite, puisque la pulsion proprement dite n'apparaît qu'après refoulement de ce « quelque chose » par le langage. Cette « proto-pulsion » devrait correspondre aux rapports perceptifs que les animaux entretiennent entre eux et avec le monde, sur la base de leurs étayages par leurs besoins (elle n'est déjà plus instinctuelle).

2. Le cortex est formé de six couches superposées de cellules nerveuses (plus de 30 milliards pour l'ensemble du cortex). Les primates possèdent jusqu'à huit représentations feuilletées de la rétine, liées entre elles par des réseaux associatifs.

3. Sur le lobe pariétal droit, la circonvolution pariétale ascendante rétrorolandique est le siège de l'aire sensitive primaire (S1). Elle présente une projection de l'homoncule (voir W. Penfield, T. Rasmussen, *The Cerebral Cortex of Man*, New York, McMillan, 1957) subdivisée en bandes correspondant à des modalités différentes de la sensibilité. L'aire sensitive secondaire (S2) située dans la portion suprasylvienne de la pariétale ascendante comporte, elle aussi, une représentation somatique plurimodale. La reconnaissance de la forme et de l'orientation spatiale, de l'image corporelle et du monde extérieur se fait dans cet hémisphère droit. L'atteinte des aires pariéto-temporales droites (chez le sujet à hémisphère langagier gauche) correspond à diverses pathologies spatiales de même qu'à une pathologie hallucinatoire spécifique.

qu'un homoncule « psychique » s'apparie à ses doubles sensitifs et moteurs ? Il existe en effet un feuillet cortical propre aux hallucinations. Cette hypothèse s'impose à partir de sa conséquence. On ne peut expliquer autrement l'effet organique immédiat de certaines représentations psychiques : les paralysies, les anesthésies, les crampes montrent l'immédiateté de ce recouvrement. La doublure des aires sensori-motrices par une aire psychique trouve sa meilleure preuve dans la formation immédiate d'un symptôme organique chaque fois qu'un problème psychique ne trouve pas de solution dans l'action (au moins verbale) et régresse sur le corps. Chacun a expérimenté ces moments où une situation inextricable se traduit par une migraine, une crampe, une douleur gastrique, etc. À chaque éclair de l'inconscient répond presque aussitôt le tonnerre de l'effet organique. Les rêves et les hallucinations démontrent que le corps psychique peut aussi prendre une relative indépendance à l'égard des sensations et de la motricité de la veille. Il les dirige même pendant les accès de somnambulisme, prouvant que ce corps onirique sait séduire et commander l'organisme.

Les homoncules des aires sensitives et motrices ne se distinguent pas du corps psychique tapi dans les mêmes dimensions. Il n'a nul autre lieu où se mettre, et il s'y cramponne si bien qu'on ne le remarque pas : il faut déduire sa présence à partir de ses conséquences positives (la croissance et les apprentissages) et aussi de ses dégâts (les symptômes). Les organicistes pouvaient douter de ce recouvrement, mais ils en ont maintenant réalisé eux-mêmes la démonstration : l'imagerie médicale visualise les caractéristiques cinétiques de la neurophysiologie et elle corrobore le recouvrement de l'aire organique par celle du corps psychique. Les nouveaux procédés d'imagerie médicale, comme les tomographies par émission de positons (TEP), montrent par exemple qu'il suffit d'imaginer un geste pour que les aires concernées par ce mouvement s'illuminent, comme s'il était vraiment exécuté [1]. La représentation mentale d'une action contribue à mieux l'accomplir dans la réalité. Quand nous nous remémorons une scène, notre cortex visuel s'active comme si nous la percevions. L'imagerie par résonance magnétique (IRM) met elle aussi en évidence un circuit interactif entre les simulations psychiques et l'exécution motrice d'aires spécifiques. Tout le cerveau d'un nourrisson s'illumine quand il voit sa mère, alors que seule une partie brille lorsqu'il aperçoit un étranger.

## La preuve par le membre fantôme

Le recouvrement de chaque sensation par un investissement psychique représente l'actualité des pulsions [2]. Il existe des preuves plus récentes que celles des cartographies de cette doublure constante des perceptions par le corps psychique. Ce sont celles que l'on tire des douleurs associées à la sensation d'un « membre fantôme [3] ». Après

1. Decety et Grezes remarquent que l'accomplissement d'une action en pensée active les mêmes aires du cerveau que l'action effective : « L'imagerie motrice implique un ensemble de régions largement distribuées dans le cerveau qui sont les mêmes que celles engagées pendant l'exécution du mouvement » (J. Decety, J. Grezes, « Représentations mentales/neuronales et actions », *in* B. Lechevalier, F. Eustache, F. Viader (éd.), *La Conscience et ses troubles*, Bruxelles, de Boeck, 1998).

2. On continuera d'expliquer progressivement la notion de pulsion. On a préféré apporter d'abord certains faits qui témoignent de l'investissement psychique de sensations.

3. Le médecin américain Silas Weir Mitchell inventa l'expression « membre fantôme » à la suite de la guerre de Sécession. Au XVIe siècle, le chirurgien Ambroise Paré avait déjà remarqué la persistance de douleurs chez les amputés. Mais l'exemple le plus connu est celui de

amputation d'un membre, son « fantôme » peut s'agiter, toucher des objets, tendre la main, voire saisir un objet ou éprouver une douleur lorsqu'on le lui arrache. Il s'instaure parfois une douleur tenace, souvent incurable, qui peut durer plusieurs dizaines d'années (cette douleur ne s'installe pas dans la totalité des cas). L'explication la plus répandue de la douleur a été pendant longtemps que les terminaisons nerveuses effilochées, recroquevillées dans le moignon (les névromes), s'enflammaient, entraînant des pseudo-stimulations. De sorte que des chirurgiens eurent l'idée de sectionner le moignon toujours plus haut, afin d'éliminer les névromes. Mais dans l'immense majorité des cas la douleur a persisté ou s'est amplifiée.

On pensera d'abord que le problème réside dans la longévité des représentations cérébrales des membres amputés : leurs aires sensorielles et motrices restent intactes et poursuivent leurs activités. Mais cette explication ne suffit pas, d'une part, parce que la douleur ne concerne qu'une partie des cas et surtout, d'autre part, parce que le membre fantôme souffre comme s'il était lésé, alors qu'il n'en est rien. Si on ne peut expliquer la douleur par la persistance de l'activité corticale, il faut soulever l'hypothèse d'un recouvrement de l'aire de la perception par une aire psychique. On est d'autant plus amené à le faire que certains des patients amputés se plaignent souvent de douleurs dans des aires sensorielles sans

---

Lord Nelson, qui perdit un bras lors de l'attaque manquée de Santa Cruz de Tenerife. Nelson vit dans la souffrance de son membre fantôme la « preuve tangible de l'existence de l'âme » : si un membre fantôme survit, pourquoi n'en irait-il pas de même pour le corps après la mort ? Il eut ainsi l'intuition d'une adéquation de l'âme et du corps psychique. On ne développera pas ici que les travaux sur les membres fantômes furent cités par les psychiatres de l'âge classique, notamment Jules Séglas, afin d'expliquer les hallucinations motrices verbales, si importantes pour comprendre la naissance du langage.

rapport avec celles du membre disparu, le plus souvent le visage [1]. Le territoire cortical de la face est envahi par celui du membre amputé, et la douleur est d'autant plus forte que la colonisation est plus avancée.

Cette colonisation est-elle due à la plasticité des zones corticales ? En 1977, D. Patrick (University College, Londres) a montré que l'innervation d'un membre fantôme se déplace parfois d'un centimètre pour se réimplanter dans d'autres aires corticales, essentiellement celle du visage lorsqu'il s'agit de la main. On peut ainsi redessiner la carte complète d'une main fantôme sur l'aire du visage [2]. Une fois le membre coupé, le message sensoriel se dirige vers deux zones : l'aire faciale initiale, mais aussi l'aire de la main. Cette modification des cartes cérébrales expliquerait l'apparition du membre fantôme. Chaque fois que l'amputé sourit ou active ses nerfs faciaux, l'activité stimule l'aire de la main [3].

Mais est-ce bien la proximité de l'aire corticale du bras et de celle du visage qui engendre cette innervation ? Un phénomène analogue ne joue pas lorsque la jambe est manquante. Le visage a donc une importance particulière, qui tient à son rôle dans l'appréhension du monde, au même titre que la main. Ce phénomène reste inexplicable si l'on ne conçoit pas que la pulsion (le corps psychique) double la sensation. Si la sensation était seule engagée, il ne pourrait y avoir aucune correspondance entre des aires sensorielles aussi dissemblables. Ce phénomène s'explique grâce à la doublure des perceptions par

1. Voir les travaux de Herta Flor, de l'université Humboldt, à Berlin, et ceux de Vilayanur Ramachandran, notamment *Le Fantôme intérieur*, Paris, Odile Jacob, 2002.

2. V. Ramachandran, *op. cit.*, p. 51.

3. Voir également P. Giraud, A. Sirigu, F. Schneider et J. M. Dubernard, « Cortical Reorganization in Motor Cortex after Graft of Both Hands », *Nature Neuroscience*, vol. 4, 2001, p. 691-692.

les pulsions, qui peuvent interchanger leurs aires sensorielles dans la mesure où elles ont le même but (la jouissance) [1]. Seule la plasticité des pulsions explique le changement de territoire. Le membre amputé sert à « prendre » le monde extérieur, il est doublé par la pulsion d'emprise. De même, le visage, qui concentre sur sa surface la bouche, les oreilles, les yeux, le nez, « prend » le monde. Il faut donc penser que c'est une pulsionnalité commune, plutôt que la proximité des zones, qui engendre la douleur.

Un second argument important plaide en faveur de la pulsion : l'occupation de l'aire du visage par le membre fantôme se produit parfois quelques heures après l'amputation [2]. En un temps aussi bref, aucune recolonisation neuronale d'une aire par une autre ne s'est produite par bourgeonnement. Il existait donc déjà une autre connexion, jusqu'alors inhibée. L'amputation désinhibe des connexions prééexistantes masquées. La perception était constamment doublée par d'autres réseaux : ceux du corps psychique. En ce sens, V. Ramachandran [3] a exploré par imagerie médicale MEG quatre patients après leur opération et il a constaté que l'hémisphère droit avait été envahi immédiatement par les afférences sensorielles du visage.

1. On peut par exemple « manger des yeux », « emmerder quelqu'un », etc. Grâce à la vicariance des pulsions, les perceptions déteignent les unes sur les autres. Le philosophe John Locke écrivit à propos d'un aveugle de naissance : « Son ami lui demanda ce qu'était l'écarlate. Et l'aveugle de répondre que c'était comme le son d'une trompette. »

2. Démonstration faite au Massachusetts General Hospital par l'équipe du docteur David Borsook. Voir David Borsook *et alii*, « Acute Plasticity in Human Somatosensory Cortex, Following Amputations », *Society for Neuroscience Abstracts*, n° 1, 173.1, 1997, p. 438.

3. *Op. cit.*, p. 54.

Le troisième argument concerne certaines personnes qui sont nées sans bras et possèdent des membres fantômes non douloureux dont l'activité est liée à celle de la parole. L'acte de parler qui se déroule de manière faciale, en regardant l'interlocuteur, engendre un mouvement des « mains ». On parle toujours avec ses mains. V. Ramachandran cite le cas d'une jeune femme née sans bras et dont les mains fantômes s'agitent chaque fois qu'elle parle, mais ne bougent pas pendant d'autres activités : « Quand je parle, mes bras fantômes gesticulent [1]. » On notera à cette occasion que le langage des sourds-muets, exprimé avec les mains, est un doublon de la parole. Les mains se développent en même temps que le langage.

On conclura de ces différents arguments qu'il existe une énorme redondance des connexions entre corps psychique et perception. Mais la plupart des doublures restent invisibles tant que le membre est intact. Les redondances signifient que la vicariance de la pulsion lui permet de passer facilement d'une zone à une autre en gardant la même signification pulsionnelle : de la main qui appréhende au visage, qui, lui aussi, appréhende l'extérieur. Le doublage constant de la perception par l'innervation de l'aire psychique se manifeste par la douleur, lorsque son aire sensorielle jumelle disparaît.

La douleur résulte de la surimposition du corps psychique sur le corps sensoriel, désormais absent. Le premier doit faire le deuil du second, deuil d'autant plus cruel que la perte aura été traumatique. Le moment de l'amputation lui-même est un moment profondément traumatique, surtout lorsqu'il résulte d'un arrachement, d'un accident, d'une explosion ou d'une blessure de guerre. L'accident est traumatisant, et en outre il se cumule avec les traumatismes psychiques du passé. De sorte que, par ce bout psy-

1. *Ibid.*, p. 67-68.

chique, les équivalents pulsionnels fixent le traumatisme. Dans ce cas, la fixation pulsionnelle empêche le deuil : « Certains patients prétendent que la douleur qu'ils ressentaient dans leurs membres juste avant l'amputation persiste comme une sorte de souvenir de la douleur [1]. » La plupart des exemples de membres fantômes succèdent à un traumatisme violent tout à fait propre à engendrer une fixation. En revanche, la douleur du membre fantôme épargne ceux qui perdent leur membre sans traumatisme. Les bras des lépreux sont rongés progressivement et ils n'en souffrent pas. Par contre, si une gangrène atteint les mêmes lépreux et s'ils sont amputés, un membre fantôme apparaît à la suite de ce traumatisme chirurgical. On comprend mieux maintenant pourquoi la douleur du membre fantôme n'existe que dans la moitié des cas, à titre de « deuil psychique ». Elle n'apparaît pas pour l'ablation de certains organes qui n'ont pas de valeur pulsionnelle. Lors de l'ablation d'un pied, ou même d'un sein, aucun sein fantôme ne fait valoir ses droits [2]. On comprend mieux aussi l'erreur des chirurgiens qui sectionnent les moignons, montant parfois très haut jusqu'à la moelle cervicale, dans l'espoir d'arrêter les douleurs récurrentes. Ce faisant, ils créent une nouvelle duplication pulsionnelle du moignon manquant, dont il faut faire le deuil. En effet, « le fantôme émerge non du moignon, mais du visage et de la mâchoire [3] ». Il s'agit d'une hallucination du bras qui ressurgit au niveau du visage.

L'investissement psychique des sensations peut aussi se démontrer grâce au phénomène dit d'« héminégligence ». Après une attaque cérébrale, certains sujets prêtent peu

1. *Ibid.*, p. 79.

2. Le sein a une valeur pulsionnelle pour l'enfant, mais il en est dépourvu pour la mère.

3. V. Ramachandran, *op. cit.*, p. 56.

d'attention à ce qui se passe dans une moitié de leur champ visuel, le plus souvent gauche [1]. Ils ne se peignent plus à gauche, ne dessinent plus à gauche, ne mangent pas ce qui se trouve dans la partie gauche de leur assiette. Ils s'en moquent. Or l'héminégligence diffère de la cécité. Ces sujets voient parfaitement ce qui se passe à gauche, mais cette moitié de leur vision est désinvestie pulsionnellement. D'ailleurs, lorsqu'on attire leur « attention » sur des événements qui se produisent à gauche, ils peuvent les remarquer. Dès que les sensations bougent, ils le notent, parce que le sujet de l'attention est le sujet de la pensée et non celui de la pulsion. Si, par exemple, on leur montre une main immobile du côté gauche, ils la négligent, car ils n'investissent pas la sensation immobile, donc purement pulsionnelle. En revanche, si l'on agite les doigts, ils le remarquent, car la distinction d'une qualité fait intervenir la pensée.

Le phénomène de l'héminégligence mérite d'être rapproché d'une autre manifestation clinique qui pose un problème sans doute analogue : on sait toujours peu de chose de l'anosognosie, découverte par Anton Babinski en 1908. Il s'agit de patients paralysés d'un côté du corps et qui ne s'en rendent pas compte : ils continuent à tenir des propos qui ignorent complètement cette infirmité. L'héminégligence et l'anosognosie complémentent les leçons du membre fantôme. Dans l'expérience du membre fantôme, la pulsion survit et ne parvient pas à faire le deuil du membre amputé. En revanche, la pulsion se « désinvestit » complètement dans l'héminégligence, comme si les innervations pulsionnelles collatérales avaient été spécialement refoulées par le traumatisme.

1. Cette localisation préférentielle à gauche présente un grand intérêt, car elle correspond à la localisation cérébrale de l'image du corps psychique à droite.

Une bonne démonstration du recouvrement du psychique et de l'organique est apportée par la technique de guérison des douleurs des membres fantômes inventée par V. Ramachandran. Il utilise un jeu de miroirs qui surimpose l'image du membre sain à celle du membre manquant. Par le biais d'un *feed-back* visuel, l'image virtuelle du membre sain se surimpose sur le membre amputé, de sorte que le membre fantôme semble ne plus l'être : il s'anime correctement sans mal, alors qu'il était auparavant douloureux [1]. Mieux encore : en utilisant ce système de miroirs pendant plusieurs semaines, le membre fantôme disparaît. L'aspect normal du bras entre en concordance avec la sensation du membre manquant. Ce dispositif permet de faire « bouger » le membre fantôme comme s'il était redevenu normal. Cette mise en mouvement diminue peu à peu la douleur, jusqu'à la faire disparaître. Le miroir amène le patient à revendiquer comme sienne la partie de son corps dont il niait auparavant la disparition. De sorte que, comme V. Ramachandran l'écrit : « C'était probablement le premier exemple dans l'histoire médicale d'amputation réussie d'un membre fantôme [2] ! » Il attribue ce succès aux signaux contradictoires qui arrivent au cortex. Mais on évoquera plutôt un deuil réussi de la pulsion : la sensation visuelle ranime les ramifications nerveuses collatérales pulsionnelles, permettant ainsi de faire le deuil du sensoriel auquel la pulsion était accrochée.

1. V. Ramachandran, *op. cit.*, p. 75.
2. *Ibid.*, p. 77. Selon Ramachandran, un *feed-back* visuel permettrait de guérir environ la moitié de ceux qui font l'expérience de la boîte aux miroirs. Selon lui, la douleur serait seulement une « opinion » qui devient obsolète lorsque le patient voit son membre fantôme bouger normalement. La contradiction entre sa sensation visuelle et la sensorialité traumatique ferait disparaître la seconde.

## Cet investissement pulsionnel fonctionne comme un précurseur de la conscience

Ces observations donnent une indication sur un phénomène plus général : les sensations ne deviennent conscientes qu'en fonction de leur « investissement » pulsionnel. Freud a fréquemment employé la notion d'investissement sans l'expliquer en détail. On peut comparer l'investissement à l'attention, à laquelle il ressemble sur un point : il faut un acte subjectif spécifique pour « investir » une perception et la rendre ainsi consciente. Mais, d'un autre point de vue, il arrive que de grands efforts d'attention n'arrivent pas à investir une certaine représentation. Par exemple, la plupart de nos contemporains investissent mal la nouvelle monnaie, l'euro, même s'ils font très attention. L'euro n'a pas accumulé de couches suffisantes d'événements psychiques pour que sa valeur soit investie. L'investissement a donc un sens supplémentaire, celui de la signification [1] prêtée à un symbole, à une scène ou à un acte, qui comporte plusieurs profondeurs. N'importe quelle perception peut être investie ou désinvestie, selon notre façon de la considérer. Ainsi, lorsque l'amour pour une personne s'éteint, sa présence est plus ou moins rapidement « désinvestie », au point de devenir parfois indifférente. Autre cas de figure : l'acte sexuel n'a pas le même investissement pour un adulte que pour un enfant. L'acte sexuel des adultes ne correspond à aucun investissement pour l'enfant, pour lequel la pulsion et la parole sont les seuls instruments de jouissance jusqu'à l'adolescence. En ce

1. Cette signification diffère de l'intellection. Signification veut dire que, selon un mode de jouissance actuelle, un sujet comprend ou ne comprend pas un événement. L'euro n'a pas le même investissement de jouissance que le franc : il reste pour certains incompréhensible.

sens, la sexualité des adultes traumatise les enfants « inconsciemment », parce qu'elle correspond à une jouissance qui les dépasse. Ils ne peuvent l'intégrer et, s'ils subissent une séduction (même seulement fantasmatique), ils ne la comprennent pas. Ce qu'un souvenir de séduction comporte d'inconscient ne leur apparaîtra que plus tard, quand ils seront confrontés à leur tour à une jouissance identique.

De même, pour les enfants (et souvent pour beaucoup d'adultes), les meurtres et les actes de violence ne sont pas beaucoup plus investis dans la vie que dans les fantasmes ou dans les films. Il arrive aussi qu'au contraire certains investissements soient plus forts dans l'enfance qu'à l'âge adulte : l'investissement du monde des objets reste largement animiste (pulsionnel) pour les jeunes enfants. L'animisme du monde recule au fur et à mesure que la raison progresse. Le savoir le justifie et le dilue (par exemple, une phobie du toucher sera remplacée par les connaissances sur les infections et l'hygiène). L'âge adulte ne refoule que précairement les investissements de l'enfance, en en apportant d'autres. De sorte que les investissements peuvent progresser ou régresser, selon les circonstances. Le mode de jouissance infantile est refoulé par le mode de jouissance de l'adulte (qui reste un enfant déguisé).

L'investissement pulsionnel de la sensation a beaucoup d'importance pour situer la conscience. On montrera que, en fonction de l'investissement, nous traçons automatiquement des lignes de partage entre ce qui nous plaît et ce qui nous déplaît : ce jugement est préalable à la conscience, qui opère sur ce premier investissement de la sensation par la pulsion.

# 6

# L'ORGANISME GRANDIT DANS L'ALLER ET RETOUR PULSIONNEL

Notre ami neurophysiologiste nous a facilement suivis jusqu'ici, mais nous allons lui demander maintenant de nous faire un instant crédit. Nous ne croyons pas plus que lui aux « fantômes » et nous lui proposons une thèse qui en rende compte. Nous nous plions ainsi à la méthode hypothético-déductive selon laquelle nous sommes amenés à élaborer une certaine hypothèse pour rendre compte de faits qu'il peut vérifier comme nous. D'ailleurs, nous doutions, nous aussi, de ces hypothèses que la neurophysiologie corrobore aujourd'hui. Freud a toujours lui-même considéré la théorie des pulsions comme le mythe scientifique de la psychanalyse : il sort aujourd'hui de son indétermination.

## Le « corps psychique » pousse le corps à grandir

On pourrait croire que les aires corticales superposent deux territoires distincts : d'un côté, l'organisme, de l'autre, le corps psychique, chacun menant ses activités propres, avec de temps en temps quelques interférences. La mécanique organique suivrait ainsi son petit bonhomme de chemin, non sans avoir à l'occasion quelques ennuis à cause des élucubrations mentales de son compagnon de route. Mais un phénomène comme l'attrition tend plutôt à prouver que le corps psychique précède et modèle l'organisme. Ce sont ses exigences insatisfaites qui poussent à parler, à se mettre debout, à réaliser des rêves qui nous précèdent et dont nous sommes à chaque instant les enfants. Tiré en avant par un désir qui le précède, le corps grandit et s'humanise : la croissance d'un enfant procède de ce qui est attendu de lui, d'une image idéale dont il dépend au-delà de son vouloir, ou même contre lui [1]. Sous la tutelle de cette image idéale, il avance, sa vie durant, inégal à cet autre lui-même, cette *psyché* qui l'appelle en avant de lui [2].

Pour en mesurer la portée, on conjecturera que le corps psychique dépend de la pulsion, elle-même modelée par la demande maternelle. L'Autre maternel désire idéalement que le corps de l'enfant comble son propre manque, et il cherche à réaliser ce vœu en s'étayant sur ses besoins, d'abord ceux qui passent par la bouche, puis les autres. Cette armature désirante des besoins lance la mécanique de la pulsion [3]. Dès leur naissance, les nourrissons chipotent avec la nourriture, dont ils sentent bien qu'elle leur agrippe le corps pour d'autres motifs que le « bien » qu'elle avoue [4].

1. Selon de récentes statistiques de l'OMS, seul un enfant sur dix survit à son abandon.

2. Bien que l'étymologie et la multiplicité de sens ne soient pas des preuves, il se trouve qu'en français le mot *psyché* allie le miroir, l'âme et le psychisme : cette *psyché* tire l'organisme en avant grâce à l'hameçon des mots de la demande, matérialité avec laquelle il suffit de commencer à jouer pour s'identifier.

3. Le désir d'enfant de la mère correspond à son vœu d'avoir un pénis. L'équation symbolique de ce désir s'écrit : phallus = enfant (selon le *penisneid* freudien). Du point de vue du père également, le désir d'enfant apaise l'angoisse de la castration maternelle (de sa mère). Là aussi, enfant = phallus. Le désir paternel correspond au vœu de donner le pénis en même temps qu'à celui de léguer le nom du père.

4. Jamais l'instinct des animaux ne rencontre un pareil paradoxe. Ils ne refoulent pas leurs instincts, bien au contraire !

Pour la clarté, résumons en quelques lignes ce qui différencie le psychisme humain dans son premier rapport à la perception. Que perçoit d'abord l'enfant qui crie ? S'il crie, c'est qu'il a faim, dira-t-on. Et l'on pensera que sa première perception privilégiée sera le sein, qui sera ainsi son premier objet de désir. Mais ce sein est aussi l'instrument de réalisation du désir de la mère : il médiatise sa demande d'avoir un pénis, qui serait cet enfant gavé de lait. Ce sein veut le remplir, le gonfler, en faire un phallus à la place du manque de pénis maternel : cette différence entre le phallus et le pénis donne au sein une valeur hallucinatoire. Le phallus est le symbole du manque maternel, alors que le pénis et le clitoris sont des organes qui incarnent ce symbole. De sorte que le sein, destiné à faire de l'enfant un phallus, sert à réaliser un objectif impossible, dont la seule réalisation sera hallucinatoire. Le sein est auréolé par plus que lui-même : ce « plus » précède la perception et fait de l'hallucination un événement premier. Le nourrisson commence par halluciner son objet de désir pendant des heures de rêve, hallucination d'origine qui oriente ce qu'il perçoit durant la veille. Il veut ce qui est voulu de lui, et c'est ce qu'il perçoit : le reste du monde se dessine à partir du sein, ou plutôt du manque premier qu'il représente. C'est l'hallucination de remplir ce vide que la pulsion orale poursuit, puis les autres pulsions.

Aspiré par ce vide, le premier dessin du corps pulsionnel sur le cortex se décalque pour commencer sur la demande maternelle orale, à laquelle s'ajoutent progressivement les différentes pulsions. L'homoncule cortical présente d'énormes lèvres, surface qui n'est pas proportionnelle à l'innervation labiale, mais à l'immensité de la demande maternelle. Pour sa part, la représentation cérébrale du sexe est réduite, et l'on pourrait s'en étonner : c'est que la génitalité trouve sa place sur le corps psychique seulement en dernier lieu, grâce à un renversement de la dernière chance. Par ordre d'entrée en scène, l'aire sensorielle buccale prend une grande extension, alors que la petite dernière, qui correspond au sexe, ne couvre qu'une surface minime. Comme objet de l'Autre, le corps pulsionnel est d'abord une bouche et un anus, et il naît comme sujet à part entière grâce au sexe. La jouissance génitale survient tardivement à titre d'issue de secours de la demande maternelle : la mère a voulu l'enfant comme symbole du phallus, et cet enfant s'en défend en retournant cette demande de phallus en jouissance de son pénis (ou de son clitoris). Le sujet s'adonne à l'onanisme contre toute demande extérieure, le plus souvent en secret, d'ailleurs [1].

Ces considérations neurophysiologiques sur les traductions corticales de la libido donnent toute leur portée à l'invention freudienne de la pulsion. La pulsion, *Trieb* [2], fut d'abord pour Freud une « présupposition provisoire et passablement obscure ». Elle apparaît comme une force psychique étayée sur les besoins et les orifices correspondants du corps : la bouche, l'anus, les yeux, les

1. Cette conversion, qui va d'une identification au phallus à la jouissance du pénis, renverse la perversion polymorphe de l'enfant. La jouissance du rapport sexuel s'offre dans ce retournement. Son érotisme doit continuer à payer un droit de passage à la bouche chaque fois qu'il s'actualise en rapport sexuel.

2. Le terme de « pulsion » faisait partie du vocabulaire des romantiques allemands. Il avait déjà été utilisé en philosophie par Fichte, dans le sens d'un effort accompli par l'élan vital du « moi » pour remplir une infinité et s'y réfléchir. Peut-être Freud a-t-il été inspiré par ce philosophe lorsqu'il a distingué les « pulsions du moi » des « pulsions sexuelles ». Freud a d'abord considéré la pulsion comme un motif récurrent, mais vague, de l'organisation psychique : il l'introduit sans grand préambule dans *Trois Essais sur la théorie de la sexualité* (1903), avant de la systématiser dans la *Métapsychologie* (1914), où elle se présente tout armée.

oreilles, etc. Du « dedans » organique est donc modelé à partir du dehors, c'est-à-dire, on l'a dit, à partir de l'interprétation des besoins corporels par la mère en fonction de son propre manque [1]. Le corps grandit sur cette limite « psychosomatique » en constante extension [2]. La frontière pulsionnelle constitue cette limite [3], sur laquelle le psychique se retourne en organique. Au-delà des moyens qu'elle emploie (la nourriture, l'excrément, etc.), la pulsion figure l'énigme de ce que représente le corps pour qu'une telle demande lui soit adressée. Une demande toujours plus grande, quoique obscure, aimant le corps du dehors – « psychiquement », si l'on veut –, alors que son effet se matérialise « physiquement ». L'énigme de la pulsion aspire le corps à être plus grand que lui, à se développer, à se reproduire. De sorte que les pulsions imposent une pression trop forte à l'organisme et qu'elles sont rejetées au-dessus d'un certain seuil.

1. La pulsion se définit ainsi – pour reprendre un mot de Lacan – comme « l'écho d'une parole dans un corps ».

2. Avec une incroyable intrépidité (car il n'en avait pas de preuves à l'époque), Freud alla jusqu'à écrire : « Nous pouvons donc bien en conclure que ce sont elles, les pulsions, et non pas les excitations externes, qui sont les véritables moteurs des progrès qui ont porté le système nerveux, avec toutes ses potentialités illimitées, au degré actuel de son développement » (« Pulsion et destin des pulsions », *Métapsychologie*, Paris, Gallimard, 1969, p. 17).

3. Lorsque Freud écrit que la pulsion est un « concept limite entre le somatique et le psychique », ce n'est pas le concept qui serait limite : au contraire, il s'agit du concept de la limite, de ce qui se produit sur cette frontière, si l'on peut appeler ainsi le retournement du psychique en somatique, sans lequel il n'y aurait pas de psychique.

## Lorsque le corps psychique exagère, il est rejeté « au dehors »

Si la pulsion s'enclenche à partir de ce que la mère attend de l'enfant, cette perspective n'est pour ce dernier un plaisir que jusqu'à un certain point, au-delà duquel ce « bien » incestueux se retourne en son contraire [1]. Cet excès engendre un « refoulement primordial », plus compréhensible si on le conçoit comme un « rejet » [2]. Les soins apportés par la mère à l'enfant sont un plaisir, jusqu'à ce qu'ils deviennent un déplaisir (à cause de la tonalité incestueuse qu'ils prennent). Ce déplaisir latent dans le plaisir qualifie la jouissance. Dès que le plaisir pulsionnel vire au cauchemar, les pulsions sont rejetées : elles investissent et animent ainsi le monde des sensations [3].

Dans le régime de croisière des névroses, le rejet pulsionnel s'illustre par les vomissements, la défécation, les cris, l'envie brutale d'uriner dans certaines situations, etc. : autant de réactions qui sont loin d'être seulement le fait des enfants [4]. Ce rejet est facilement compréhen-

1. C'est le cas dans l'anorexie mentale du nourrisson, dont notre ami neurophysiologiste ne contestera pas qu'il démontre l'investissement de la pulsion orale par la demande maternelle.

2. En 1917, Freud parle d'un « refoulement » de la pulsion (« Pulsion et destin des pulsions », *Métapsychologie*, *op. cit.*). Mais, quatre ans plus tard, il précise, dans *La Dénégation*, qu'il s'agit plutôt d'un rejet (*Ausstoßung*).

3. Le phénomène des hallucinations est incompréhensible si l'on ne conçoit pas ce collage permanent de la pulsion aux perceptions, ou plus exactement au système perception-conscience. L'hallucination se produit à l'occasion d'un décollement de la perception et de la pulsion, qui reconstitue alors seule une « fausse perception » (c'est normalement le cas dans les rêves, lorsque la perception s'arrête).

4. La base organique pulsionnelle offre au symptôme une position de repli régressif (par exemple, une femme abandonnée peut se mettre

sible : par exemple, pour la pulsion orale, lorsqu'un dégoût engendre des vomissements. Mais, fait majeur, il en va de même pour le visuel. Il s'agit du rejet du fait d'être visible (passivement). L'enfant rejette sur le monde l'excès de la pulsion scopique qui l'instrumente. De sorte que l'ensemble de ce qui est visible est ensuite investi de ce qui a été rejeté, imposant une sorte d'anthropomorphie constante de la perception. Quelque chose comme une pelure de notre corps habille le monde. On comprend de cette façon que la pulsion double l'ensemble des territoires sensoriels [1]. Elle forme l'armature du corps psychique, et par ce biais elle contamine l'ensemble de ce qui est perçu. Une force anime ainsi les perceptions, celle d'une sorte de revenant pulsionnel qui correspond à l'investissement psychique de ce qui a été rejeté au dehors lors du refoulement originaire (pour cause de demande incestueuse en excès).

Le sujet rejette à l'extérieur la part incestueuse de l'investissement psychique de son corps, et son propre anthropomorphisme investit chaque chose. Cette « perception fausse » donne sa base à l'animisme de la pensée enfantine ou aux religions dites primitives. C'est elle aussi qui explique que, lorsque l'investissement pulsionnel se détache de la réalité des perceptions, les hallucinations se déchaînent. La part anéantissante de la jouissance

---

à vomir, conformément à la théorie sexuelle infantile de l'enfant oral, ou bien être prise de colites, de diarrhées, etc.). Comme ces symptômes résultent d'un rêve incestueux, ils sont autopunitifs et douloureux, bien qu'ils mettent en jeu une jouissance.

1. Les dessins des enfants montrent l'investissement pulsionnel de leurs sensations. Les enfants dessinent les mêmes corps dans toutes les cultures, en fonction de leurs classes d'âge. Leurs graffitis anthropomorphes doivent leurs imperfections non à la maladresse ou à une maîtrise insuffisante, mais aux représentations du corps pulsionnel. Les maisons, par exemple, seront anthropomorphes : elles auront des yeux et une bouche.

a été rejetée, et cette pellicule de néant, de « rien », recouvre la chose perçue, fidèle en cela à son étymologie latine [1]. Minée par son « rien », la vérité de la chose reste au-delà de sa perception et donne l'impression qu'il est impossible de connaître la « chose en soi ».

Ce qui a été rejeté au dehors concerne une partie intime qui ne reste pas statique et elle fait retour, avec toute la puissance de la faute, celle d'avoir refusé ce que la mère demandait. C'est une sorte de double idéal qui a été rejeté, c'est-à-dire psychiquement tué, et il fonctionne comme un revenant. Un fantôme, en effet. La part de nous que nous avons rejetée avec la pulsion constitue une forme de meurtre de notre jumeau. La croyance universelle en un monde magique anthropomorphique, l'imagination animiste spontanée des enfants ou la puissance du culte des morts dans toutes les cultures sont autant de démonstrations de la colonisation du monde des sensations par les pulsions rejetées [2]. Les hallucinations en sont la preuve pathologique. Son propre anthropomorphisme investit chaque perception de l'homme : la sensation grouille de la jouissance pulsionnelle en excès qui aurait pu le submerger et l'avaler s'il ne l'avait rejetée. L'âme qu'il perçoit en chaque chose, c'est lui-même qui fait retour sur lui et risque d'engloutir ce lui. N'importe quelle manifestation de cette part rejetée « veut dire quelque chose », elle parle au sujet de sa

1. *Res*, qui veut dire la « chose » en latin, a donné en français le mot « rien ».

2. Parmi les nombreuses remarques de Freud sur l'anthropomorphisme du monde, on note, par exemple : « [...] nos perceptions intérieures de processus affectifs et intellectuels sont comme des perceptions sensorielles, projetées au dehors et utilisées pour la formation du monde extérieur, au lieu de rester localisées dans notre monde intérieur » (*Totem et Tabou*, 1912, Paris, Payot, 1971, p. 78).

faute [1]. Nous vivons dans un monde qui nous dit toujours quelque chose. Mais quoi ? Nous parlons pour répondre à cet univers habité dès l'origine par le symbole.

Au cours de leurs terreurs nocturnes, les enfants craignent le retour des démons qui habitent les cercles extérieurs. La propre monstruosité de leur identification au phallus leur revient du dehors. Les pulsions travaillent la plus modeste sensation que double une entité qui nous ressemble. C'est notre jumeau idéal que nous avons rejeté, tué. Les enfants craignent que l'esprit du mort surgisse de chaque chose. Le vivant fait retour à l'endroit même où il y a du mort. Tout un monde de revenants potentiels peuple ainsi l'univers, déployant sa doublure phobique. L'angoisse d'un retour possible de la vie surgit partout où le meurtre de notre double s'est perpétré [2]. Partout, la sensation du vivant a d'abord porté en elle une menace d'au-delà. Le meurtre a été commis partout où la perception porte, et à sa place même un revenant pouvait surgir, qu'il fallait exorciser : tel est le premier sens des mots.

1. Cette part qui est dehors « parle » parce que l'inconscient pulsionnel répond de la demande de l'Autre : elle est « structurée comme un langage », comme l'a souligné Lacan.

2. La première idée de la « vie » fut celle d'une vie après la mort. Presque tous les peuples ont d'abord compris la « vie » comme une vie dans l'au-delà, au point que, durant des millénaires, cette deuxième vie leur parut être la vraie, à laquelle ils devaient sacrifier la leur.

## Le corps psychique se modèle dans le tourbillon pulsionnel qui va du « dedans » au « dehors » (et retour)

On peut maintenant situer plus clairement le « corps psychique ». Il se présente d'abord comme un emboîtement de corps pulsionnels disparates, en lutte constante pour la maîtrise de l'organisme. Le corps psychique se localise dans le recoupement spatial de « ce qui entre » et de « ce qui sort » : il intersecte la violence des pulsions allant du dehors au dedans (par exemple, la pulsion orale) avec celles qui vont du dedans au dehors (par exemple, la pulsion anale). Ce corps belligérant ne pourrait-il trouver la paix grâce à une sorte d'image globale de soi [1] ? Mais cette image est justement l'insupportable perfection d'un idéal incestueux, rejeté aussitôt dehors.

De sorte que, décalqué sur les aires du corps organique, le corps psychique possède les particularités étranges de la pulsion, d'abord extérieure avant d'être intérieure. Ce faux frère prend ses ordres au dehors ! Il ne recouvre pas son aire corticale par la voie de connexions nerveuses internes : il transite par l'extérieur. Son homoncule se dessine en fonction des sensations. Il fait retour de l'extérieur en suivant à l'envers le chemin du refoulement originaire, qui rejeta sur le monde la signification phallique du corps. « Intérieur rejeté » qui revient à toute force sur l'organisme, le corps psychique le considère comme sa proie [2].

1. Sa formation existe bel et bien : c'est l'identification au phallus maternel (moi idéal). Mais alors se pose un autre problème, celui de l'appartenance de cette image, qui objective celui qui en est le support.

2. C'est pourquoi les hallucinations se produisent « au dehors » en cas de défaut de refoulement dans les psychoses. Ce rapport en miroir du corps psychique avec l'extérieur pulsionnel est largement démontré par les expériences de V. Ramachandran. Voir le chapitre précédent.

Quelque chose d'intérieur au corps, vissé sur l'organisme, se trouve dans un rapport spéculaire par rapport à l'extérieur. Notre fantôme intérieur répond à l'appel de son jumeau extérieur, qui miroite dans les sensations [1].

Ce rapport en miroir a une grande importance théorique, car il montre « physiquement » que le refoulement de la pulsion s'accomplit selon un retournement d'espace analogue à celui qui est nécessaire pour l'appropriation de l'image du corps par le sujet de la conscience, lorsqu'il est devant un miroir. Le trajet du refoulement « latéralise » le corps humain, qui devient gaucher ou droitier. La latéralisation du cerveau humain ne fait pas partie des données naturelles (au même titre que la position du cœur à gauche, du foie à droite, etc.). Les fonctions d'un hémicorps sont toujours nettement privilégiées dans le rapport au monde, et l'origine psychique de cette latéralisation n'est plus guère mise en doute. Les neurophysiologistes comparent spontanément la latéralisation manuelle gauche/droite et la latéralisation du langage dans les hémisphères cérébraux [2].

On peut maintenant compléter les premières remarques faites à propos de la latéralisation dans le passage de l'imitation à l'identification. Pour expliquer l'intégration des apprentissages, nous avions proposé une expérience préalable : regardez-vous dans un miroir et essayez de vous couper une mèche de cheveux. Votre maladresse vous donnera une intuition de la nécessité de la laté-

1. Les expériences faites par V. Ramachandran grâce au miroir pour la rééducation des membres fantômes démontrent cette position de l'image du corps psychique par rapport au rejet de la pulsion.

2. Les gauchers manuels ont généralement un hémisphère langagier dominant gauche, rarement droit, parfois langagier bilatéral. Voir, par exemple, Julien Barry, *Neurobiologie de la pensée*, *op. cit.*, p. 246.

ralisation : pour exécuter un acte que vous avez appris, il faut refouler l'image qui, en face de vous, vous reflète. Il faut passer de l'imitation à l'identification (soi-même faisant cet acte). Ce mouvement suppose un retournement d'espace qui latéralise le corps dans son trajet. Cette *imprimatur* définitive de l'organique par le corps psychique commence avec le refoulement des pulsions et elle se traduit du même coup par la latéralisation des aires cérébrales. La représentation du corps dans l'espace et l'utilisation de cet espace par le corps s'organisent selon cette division entre la droite et la gauche qui procède du refoulement. La physique du miroir illustre l'obligation d'une latéralisation gauche/droite, mais naturellement l'expérience physique du miroir ne fait que donner une intuition de ce processus. Le sujet « se voit » d'abord dans l'Autre maternel, il copie, puis s'approprie par retournement ce corps externe, comme le montrent les cartographies cérébrales. La cartographie cérébrale rend compte de la torsion d'espace qui accompagne le refoulement, nécessaire pour qu'un sujet se sépare du désir de l'Autre.

L'image corticale du corps possède en effet une caractéristique notable [1], celle de se dessiner sur le cortex selon une carte inversée du corps entier. Il s'agit d'une inversion de haut en bas, les pieds en l'air, qui se produit selon un retournement simple d'espace, comme dans un appareil photographique. Ce corps est ainsi simplement un objet reflété, c'est un « il », pas encore « je ». Comme on l'a déjà montré, ce « il » pris dans une image doit être refoulé pour accéder au « je ». Le refoulement complet apparaît sous la forme d'une latéralisation, qui ajoute une

1. La notion d'aire sensori-motrice est encore autre chose que celle d'image, qui, du point de vue de la neurophysiologie, a été inventée par Lord Russell Brain et Henry Head.

torsion de droite à gauche. On se rend compte assez simplement que ce retournement d'espace refoule l'image du « il » objectivé : nous oublions très vite à quoi nous ressemblons. En tant que « je », notre reflet est toujours nouveau et surprenant. Nous aimons voir des photos de nous ou nous regarder dans les miroirs, à proportion de cette sorte d'oubli.

Notre situation de droitier ou de gaucher nous semble toute naturelle, et il nous échappe complètement qu'elle s'est installée après une torsion dans l'espace. Mais, si nous subissons un certain type de choc psychique, nous ressentirons un vertige physique qui nous rappellera que la terre tient sous nos pieds autant grâce au refoulement qu'aux lois de la pesanteur. L'identification amène à distinguer la gauche de la droite, parce qu'elle impose la torsion d'un retournement d'espace [1].

Certaines difficultés d'apprentissage de l'écriture corroborent ces remarques sur le refoulement : la dyslexie est souvent associée à une « gaucherie ». Dans l'apprentissage de l'écriture, tout se passe comme si les lettres étaient d'abord lisibles en miroir dans l'Autre, en face du sujet. L'enfant les trace donc, pour commencer, à l'envers. Au fur et à mesure qu'il se les approprie, elles se remettent d'abord à l'endroit, puis elles se retournent de droite à gauche (contre l'Autre), pour ensuite s'écrire normalement de gauche à droite, lorsque l'appropriation subjective complète s'est accomplie. Tous les enfants sont dyslexiques pendant un certain temps, celui qui correspond à la période de refoulement du désir de l'Autre. Cette organisation de

1. L'expérience du miroir est surtout utile pour donner l'illustration « physique » de la naissance de la grammaire. La syntaxe qui régit l'usage du signifiant s'acquiert dans le passage de l'imitation à l'identification. La latéralisation du corps humain correspond à l'engagement du sujet dans la langue maternelle (ou plus exactement au passage du langage reçu à l'acte de la parole).

l'espace par le refoulement marque profondément le corps, au point d'en faire celui d'un droitier ou celui d'un gaucher. Cette spatialisation porte à conséquence pour les apprentissages et elle engendre des proliférations synaptiques cérébrales assez vite irréversibles, car ce qui touche au refoulement est vital pour l'existence du sujet.

## À partir d'une inadéquation constante à la demande maternelle s'impose une perpétuelle expansion

Le corps psychique naît du rêve de satisfaire malgré tout la mère. La demande maternelle s'appuie sur l'envie du pénis qu'elle n'a pas, mais le corps de l'enfant ne saurait venir à la place de ce rien. Le si puissant corps psychique résulte du refoulement d'un « rien », force d'un vide avide de tout. La pensée peine à comprendre le « rien », et encore plus à appréhender que ce « rien » aspire à l'être. Et pourtant, c'est bien à cette place que nous naissons. Le corps psychique procède de ce « rien », collé comme une sangsue à l'organique justement parce qu'il n'est rien. L'hallucination qui fait crier sans raison l'enfant dès sa naissance dénote cet appel. Les représentations hallucinatoires, puis la pensée, refoulent ce goût du vide qui colle à tout et demeure en avant de tout. Par le biais de la demande maternelle, la pulsion s'est mise à ventouser le corps, et elle a continué depuis. Elle insiste indéfectiblement, d'une part parce qu'elle apporte jusqu'à un certain point du plaisir, et d'autre part parce que la demande maternelle continue d'exiger satisfaction : c'est une carnassière, en éternel défaut de sa demande d'origine, et elle transmet ce tourment à l'organisme. Nous n'en finissons jamais avec la demande maternelle.

L'imposition du corps pulsionnel sur l'organisme le fait carburer au vide, dont il a horreur. Elle engendre une activité constante qui modifie le terreau sur lequel elle prend racine. Le terreau devient autre chose, et l'on ne peut savoir ce qu'aurait été le corps humain sans cette métamorphose. L'*Alien* du lien à l'Autre contamine l'organisme et le fait proliférer : le corps s'ébroue, s'anime. L'activité s'enclenche pour se débarrasser de cette aliénation qui l'engendre. Le corps psychique reste inadéquat aux aires sensorielles auxquelles il se surimpose, parce que la demande pulsionnelle maternelle d'origine reste insatisfaite. Ce défaut transfuse grâce au recouvrement des aires corticales. L'aire pulsionnelle n'arrive jamais à obtenir la jouissance qui la satisferait, de sorte qu'elle ignore le repos : elle ne dort jamais. Un rêve extrême l'agite à chaque instant et l'organisme encaisse ce retard. Un manque travaille les sensations, et nous ressentons ce défaut dans la moindre action. L'être humain ignore ainsi jusqu'à son dernier jour la plénitude et le repos de l'âme. Feuilletée sur la même aire, la représentation organique ne s'harmonise pas avec sa sœur psychique. L'organisme subit une tension constante : jamais de repos avec son jumeau psychique, ce faux frère toujours insatisfait ! De jour comme de nuit le psychique contamine l'organique du discord qui le traverse lui-même : le travail de son refoulement retentit sur la chair en une emprise instantanée. L'organisme résiste à sa demande, qui l'exploserait, s'il l'écoutait. Les homoncules organiques et psychiques superposent des surfaces qui ne se correspondent pas. La croissance du cerveau et du corps résulte de cette discordance.

À cause de cette dysharmonie, l'être humain grandit, apprend. Il croît sous sa contrainte, mais il refuse aussi ses excès, dont il ne s'accommode que symptomatiquement. Dans certaines marches frontières, les assemblées de neurones se soulèvent : elles ne reconnaissent plus la suzeraineté de qui les a d'abord légitimées. C'est que le suzerain prescrit des règles auxquelles l'organisme n'arrive pas à souscrire : le suzerain donne des ordres contradictoires. Il dit que le plaisir devient déplaisir au-dessus d'un certain seuil, que la jouissance du corps peut finir par l'exploser, qu'il faut à la fois aimer et haïr, qu'il faut s'interdire ce qui est bon, et il exige le respect de cette loi sans même l'avoir promulguée auparavant. De sorte qu'aucune adéquation, sinon symptomatique, ne s'établit entre la logique du psychisme et celle de ses vassaux organiques. Cela ne décide pas d'une souffrance et d'une dysharmonie obligatoires. Mais cela signifie que, lorsqu'un problème psychique ne trouve pas la solution de ses contradictions à son propre niveau (le langage) et qu'il se rétracte sur le corps, le symptôme organique en résulte. N'en déplaise à Leibniz, l'harmonie ne règne pas entre le corps et l'âme. L'organisme forme des symptômes à la mesure de sa résistance aux injonctions du corps psychique. Le vissage par le symptôme de l'organique et du psychique donne à ce discord son assise spatio-temporelle. Notre organisme grandit au défaut de la signification phallique. Il garde ainsi par-devers lui son étrangeté, la relative obscénité de cette vêture honteuse, son *habitus* ontique.

## 7

# LES SENSATIONS PULSIONNELLES SONT POUSSÉES VERS L'ALAMBIC DE LA PAROLE

Les activités pulsionnelles viennent d'être localisées dans les aires corticales droites. Quelles relations entretiennent-elles avec celles de la parole, isolées à gauche depuis Paul Broca [1] ? Lorsqu'ils décrivent les fonctions du cerveau, les neurophysiologistes disent souvent que le lobe droit préfère l'image, l'affectif, et plus encore le sensoriel. Le lobe gauche, quant à lui, prend en charge des activités supérieures, comme la parole, la capacité de compter, l'abstraction en général. L'imagerie médicale montre en ce sens que l'arithmétique sollicite l'hémisphère gauche, alors que l'hémisphère droit adore les ana-

1. Dans sa célèbre communication de 1861, Broca notait : « Le développement plus précoce de l'hémisphère gauche nous prédispose, dans nos premiers tâtonnements, à exécuter avec cette moitié du cerveau les actes matériels et intellectuels les plus compliqués, parmi lesquels il faut certainement compter l'expression des idées au moyen du langage, et plus particulièrement du langage articulé. » En 1874, Karl Wernicke fit la même démonstration en s'appuyant sur une pathologie. De même furent localisées une zone d'agraphie en 1881 et une zone de cécité verbale pure en 1892 (alexie). Parallèlement, dès 1876, de nombreux travaux montrèrent un lien entre les lésions de l'hémisphère droit et des troubles de la perception de l'espace.

logies et les comparaisons chères à l'identité de perception des pulsions. Robert Sperry [1] a systématisé ces propriétés : l'hémisphère « dominant » est un virtuose de la logique et de l'analyse sérielle. Quant à l'hémisphère droit, il permet une appréhension spatiale du monde, globale et intuitive. Il se cantonne dans le « substantiel » : il analyse et produit préférentiellement des images, alors que l'hémisphère gauche se spécialise dans des opérations « différentielles » à la fois verbales et abstraites.

On vient de voir que les pulsions s'accrochent aux sensations et qu'elles font subir à l'organisme une pression constante. Plusieurs résultats des neurosciences montrent que cet excès pulsionnel se vectorialise vers les aires du langage. Les expériences de R. Sperry établissent une vectorialisation qui va du sensoriel au langagier. On sait qu'il réalisa ses observations avec des sujets dont les deux hémisphères cérébraux, c'est-à-dire celui de la pulsion à droite et celui du langage à gauche, avaient été séparés chirurgicalement. Certaines expériences ont consisté à faire tenir à un sujet *split brain* un objet familier dans la main droite ou dans la main gauche, alors qu'il ne peut les voir. On lui demande ensuite de les nommer, selon qu'ils sont tenus dans la main droite ou dans la main gauche. On constate que la main droite (qui correspond au lobe gauche) peut « parler » : le sujet nomme l'objet qu'il tient, alors que la main gauche sait le reconnaître, mais le sujet ne peut le nommer. L'information tactile gagne l'hémisphère droit, mais le décodage verbal ne s'effectue pas à gauche. La vectorialisation est ainsi démontrée,

1. R. Sperry, « Mental Unity Following Surgical Disconnection of the Cerebral Hemisphere », *The Harvey Lectures Series,* 62, 1968. Robert Sperry, prix Nobel de médecine et de physiologie en 1981, est surtout connu pour ses observations après séparation des hémisphères cérébraux.

même si cette preuve ne dit pas encore qu'il s'agit d'une symbolisation du pulsionnel par le verbal [1].

D'autres travaux corroborent la vectorialisation droite/gauche de la pulsion vers la parole. Chaque hémisphère traite les perceptions séparément, comme le montrent d'autres expériences réalisées grâce aux sujets *split brain*. Lorsqu'on leur présente par exemple l'hémi-visage d'une personne connue, ils complètent spontanément cet hémi-visage de sa moitié manquante. Cette expérience est encore plus probante si l'on présente l'hémi-visage à un seul hémisphère à la fois, en cachant un œil, puis l'autre. On s'aperçoit alors d'une caractéristique essentielle : l'hémisphère dominant peut nommer le visage recomplété qu'il perçoit, tandis que l'hémisphère non langagier n'y parvient pas, bien qu'il puisse le reconnaître. Les tests de Robert Sperry, et ensuite ceux de Karl Popper et John C. Eccles [2], montrent que les expériences de l'hémisphère non langagier ne deviennent conscientes qu'après leur transmission à l'hémisphère dominant. Cette expérimentation suggère fortement que la conscience humaine est toujours verbale. Si, par processus associatif, l'hémisphère dominé évoque un certain type de sensation, ce « souvenir » n'accède pas à la conscience, qui réclame l'hémisphère langagier pour s'actualiser. De même, si les activités oniriques qui se déroulent dans l'hémisphère droit ne peuvent être transposées à l'hémisphère gauche, elles ne seront pas mémorisées : la mémoire suppose une conscience langagière préalable [3].

1. Les messages s'échangent entre les deux hémisphères grâce à des liaisons dont le corps calleux (environ 200 millions de fibres nerveuses à conduction rapide) constitue la plus importante.

2. K. Popper, J. C. Eccles, *The Self and its Brain*, New York, Springer, 1977.

3. Les effractions subliminales ne peuvent, au mieux, que préparer la conscience.

Robert Sperry a conclu de ses expériences qu'il existe une reconnaissance sensorielle indépendante de la nomination et qu'il faut distinguer deux qualités de la conscience : l'une sensorielle, l'autre verbale. Il suffirait de faire un pas supplémentaire pour décrire une « conscience primaire » indépendante du langage et branchée directement sur la perception, pour l'homme comme pour l'animal [1]. Cette hypothèse suppose que les réactions non verbales se distinguent des manifestations verbales, les unes pouvant fonctionner sans les autres, comme si, par conséquent, il s'agissait de centres organiques innés. Cependant, cette hypothèse est échafaudée à propos de sujets dont le procès d'hominisation a déjà été réalisé, c'est-à-dire une fois faite la bipartition entre les hémisphères de la pulsion et du verbal.

Or cette bipartition n'est pas innée, comme le montrent les propres expériences de Sperry sur les enfants. Après *split brain*, on constate que, contrairement aux adultes, les enfants peuvent dire ce que tient leur main gauche, et ils savent comparer les objets tenus dans chaque main, comme si la coupure entre les hémisphères ne s'était pas produite. Quand la séparation des hémisphères précède la puberté, le cerveau se réorganise comme si la latéralisation avait été acquise non à la naissance, mais après l'opération. Les neurochirurgiens ont noté une grande plasticité du cerveau après *split brain* jusqu'à un âge allant de douze à vingt-trois ans.

1. R. Sperry écrit à ce propos : « L'un des hémisphères, le gauche, qui est l'hémisphère dominant ou majeur, possède le langage et est normalement bavard. L'autre, l'hémisphère mineur, est muet et ne peut s'exprimer qu'à travers des réactions non verbales » (R. Sperry, *Brain Bisection and Consciousness : Brain and Conscious Experience*, New York Springer Verlag, 1966, p. 298-313).

Cette dernière observation laisse penser que la latéralisation des hémisphères cérébraux correspond à une nécessité du refoulement. Les traces mnésiques différentielles du langage se localisent dans l'hémisphère gauche pour 98 % des droitiers. Les transferts de dominance langagière de l'hémisphère gauche à l'hémisphère droit restent possibles durant les dix premières années de la vie. Cette plasticité de l'aire langagière montre que la localisation elle-même n'est pas innée et ne peut se comparer à d'autres latéralisations du corps humain. Elle accrédite l'hypothèse de sa dépendance au refoulement. En effet, le refoulement n'est complètement réalisé qu'à la fin de la phase de latence [1], lorsque l'adolescence touche à son terme et que la dimension traumatique de la sexualité se découvre dans toute son ampleur. Quand le désir sexuel se confronte aux conditions de sa réalisation, l'enfance se clôt sur un refoulement massif et brutal [2]. Il n'est pas étonnant qu'à cet âge aussi le *split brain* ait soudain des conséquences différentes. Cette observation signifie que, si le chiasme intracérébral gauche-droite n'est pas le lieu du refoulement, ce qui se passe à son niveau le reflète cependant presque aussitôt. Le chiasme intracérébral « incarne » au sens fort le refoulement, puisque, lorsque la structure psychique passe un cap irréversible, cette incarnation le devient également.

En supplément de ces importantes expériences concernant l'articulation du sensoriel et du verbal, Robert Sperry a noté chez les opérés *split brain* qu'une assez bonne récupération de la conscience succède à la sépara-

1. La sexualité infantile impose au sujet des problèmes complexes qu'il ne peut pas résoudre, parce que certaines données concernant la génitalité lui font défaut. Cette mise en suspens des problèmes définit la phase de latence.

2. Ce refoulement constitue en arrière de lui l'« amnésie infantile ».

tion des hémisphères cérébraux. Tout se passe comme si ces patients possédaient deux cerveaux, qui réhabilitent chacun pour son compte certaines fonctions manquantes. Il aurait donc fallu en conclure qu'elles ne sont pas dirigées par des centres prédéterminés. Mais Robert Sperry a voulu préserver une conception organiciste en conjecturant que la reconnaissance sensorielle et la conscience verbale étaient habituellement simultanées dans les deux hémisphères, bien qu'inapparentes tant qu'ils n'étaient pas séparés [1]. Cette tentative d'unification est-elle vraiment utile ? Car il ne s'agit pas de centres organiques, mais de la réalisation d'une fonction : la duplicité de localisation procède de la conjonction disjonctive de l'inconscient pulsionnel et du conscient verbal ainsi mise en œuvre. Lorsque les neurophysiologistes parlent des préférences du lobe droit pour l'image et l'affectif et du lobe gauche pour les « activités supérieures », on peut réduire ces qualifications intuitives à des fonctions, si l'on considère que la pulsion subsume les qualités « droites », que le lobe gauche va symboliser (ou encore refouler). Cette relation complexe du conscient et de l'inconscient est le motif effectif de la latéralisation cérébrale. Tant que les deux têtes de cette hydre ne sont pas sectionnées, l'une reproduit l'autre, en profitant de la latéralisation cérébrale, ou par n'importe quelle autre voie intra-hémisphérique.

C'est la fonction qui compte : chacun des deux hémisphères possède des aires qui pourraient réceptionner la sensation ou la verbalisation. Cette répartition entre les deux hémisphères peut s'inverser : le côté droit peut tenir le rôle du côté gauche et inversement. Cette répartition atypique paraît souvent aléatoire, ou bien elle succède à

1. Voir R. Sperry, « Mental Unity Following Surgical Disconnection of the Cerebral Hemispheres », *op. cit.*

des accidents. Mais, quel que soit le cas de figure, une distribution fonctionnelle des aires s'impose toujours. Tout se passe comme si le corps devait répartir entre deux lieux le rapport contrarié entre image et signifiant. La plasticité des localisations possibles (qui ne sont pas innées) montre que la seule règle est celle qu'impose cette contrainte. La disjonction entre l'image et le mot utilise l'anatomie, le plus souvent grâce au chiasme droite/gauche [1]. Cette latéralisation répond à un impératif : celui de disposer d'aires distinctes qui maintiennent une différence de niveau entre le pulsionnel (à droite) et sa symbolisation (à gauche). La double localisation observable en imagerie médicale corrobore l'hypothèse selon laquelle le trajet allant du lobe gauche au lobe droit correspond au refoulement du pulsionnel par la parole. Cette jonction des aires corticales sensori-motrices et de l'aire du langage différencie qualitativement l'homme de l'animal : chez ce dernier, le relais entre sensation et symbolisation n'existe pas.

D'autres observations faites à partir du *split brain* corroborent cette vectorialisation. Robert Sperry commença sa carrière de chirurgien en tentant d'interrompre des crises d'épilepsie paroxystiques par séparation des deux hémisphères cérébraux. Les crises s'arrêtent ainsi, au moins provisoirement. Le fait qu'elles reprennent montre qu'en réalité le cerveau met seulement la répartition cérébrale droite/gauche au service d'une fonction, celle du refoulement du pulsionnel par sa symbolisation. Si les crises cessent pendant un temps, c'est grâce à l'isolement du signifiant (à gauche) par rapport à l'image (à droite).

1. Les deux hémicerveaux communiquent grâce à plusieurs millions de fibres qui traversent le corps calleux. Voir B. D. Maclean, « Sensory and Perceptive Factors in Emotional Functions of the Tribune Brain », *in* M. Clynes, *Emotions, Their parameters and Measurement*, New York, Raven Press, 1975.

Il existe des crises d'épilepsie d'origine organique qui sont déclenchées par l'hypersynchronie de plusieurs assemblées de neurones. Le même résultat se produit aussi à la suite d'une surchauffe psychique, lorsque la différence de potentiel entre le désir et sa réalisation s'abolit : dans ce cas se produit également entre plusieurs assemblées de neurones une synchronie qui provoque une crise [1]. Dans l'hystérie, certaines images « réalisent » momentanément le désir par le biais d'un symbole. Par exemple, une odeur, une musique, la vue d'une certaine scène, une situation particulière, la rencontre d'un objet phobique actualisent, par le biais détourné de leur symbole, un souvenir de désir du père, voire un fantasme de séduction. Un symbole formalisé par une image (à droite) réalise une jouissance et rend par conséquent inutile un refoulement par la pensée (à gauche). Dans ce cas, l'hypersynchronie entre la droite et la gauche déclenche une crise d'épilepsie [2]. La réalisation du désir inconscient abolit la différence de potentiel entre le pulsionnel et le langagier, hypersynchronie dont le résultat sera une perte de conscience. Beaucoup plus couramment, des absences, des évanouissements ou des pertes de mémoire hystériques (par exemple des oublis de noms propres : on « voit » mentalement la personne que l'on ne peut nommer) se produisent dans des circonstances analogues. La percep-

1. Voir S. Freud, « Dostoïevski et le parricide » [1928], trad. fr. J.-B. Pontalis, *in* Dostoïevski, *Les Frères Karamazov*, Gallimard, Paris, 1973.

2. Cette réalisation du désir trouve sa contre-expérience dans l'orgasme sexuel, dont nombre d'auteurs ont noté la similarité neurophysiologique avec la crise d'épilepsie. J.-P. Changeux compare l'orgasme à une variété de crise d'épilepsie réflexe (*L'Homme neuronal, op. cit.*). De même, voir R. G. Heath, « Pleasure and Brain Activity in Man. Deep and Surface Electro Encephalograms During Orgasm », *Journal of Nervous Mental Diseases*, 154, 1972, p. 3-18.

tion « réalise » brusquement le symbole, et ce dernier met en équivalence synchrone la pulsion et le signifiant. La décharge hypersynchrone d'assemblées de neurones habituellement déphasés engendre une perte de conscience, comme lorsqu'il existe une cause organique. Dans l'un et l'autre cas, l'enjeu est la « conscience ».

Enfin, dans de récentes expérimentations encore plus fines, l'imagerie médicale montre la dissociation entre le pulsionnel et le langagier en un point crucial, celui de la formation des mots. En effet, les mots sont d'abord constitués avec des sons « pulsionnels », sons qui ont ensuite une signification en termes langagiers. La formation de l'acte langagier se distingue du lieu où, en quelque sorte, les sons sont engrangés. L'aire de Broca s'illumine lorsque quelqu'un se met à parler, mais elle brille également si nous cherchons un mot, si nous essayons de séparer les voyelles des consonnes ou si nous imaginons des rimes. Selon un processus distinct, le noyau dorso-latéral-préfrontal choisit les mots, tandis que la région motrice prépare leur prononciation : le mot est séparé de l'acte associatif. Les « traces mnésiques » de son diffèrent de la parole.

# 8

# LA PAROLE, TRAVAILLEUSE DE GAUCHE, REFOULE LA PULSION, JOUISSEUSE DE DROITE

Chacune pour son compte, les pulsions poussent le corps à égaler l'immensité de l'unité phallique. S'il fallait leur obéir, la bouche ne cesserait de dévorer, le regard de se perdre dans l'infini, l'excrément d'infecter l'univers… L'excès de cette poussée constante menace l'organisme. L'activité sexuelle les soulage, car la génitalité inverse un moment cet appétit d'infini. C'est parce qu'il a une telle fonction, sans rapport avec la reproduction, que l'érotisme humain a un tour aussi débridé. Mais le sexe ne soulage que provisoirement la violence pulsionnelle. Un dispositif plus pratique et plus ordinaire peut aussi la calmer : l'acte de parler.

## Particularité du son parmi les pulsions

Comment la parole effectue-t-elle ce refoulement de l'excès pulsionnel ? Émissaires du désir maternel, les objets pulsionnels poussent le sujet vers l'impossible. Cependant, il en existe un avec lequel l'enfant peut jouer. Le son est d'abord une sensation pulsionnelle comme les autres perceptions : elle est investie de la part de nous-mêmes que nous rejetons. Un cri nous ressemble, il est lourd de ce que nous rejetons [1]. Le monde que les enfants perçoivent les inquiète, parce que la part d'eux-mêmes qu'ils y ont rejetée l'investit. Il est peuplé de doubles, de revenants angoissants qui habitent leurs perceptions et les font crier sans raison : elles leur font répéter le rejet. Chacun se souvient de cet animisme de l'enfance, source de terreurs nocturnes et des premières phobies. Un simple cri dans sa nudité doit sa puissance d'évocation au refoulement originaire.

Le cri premier rejette au-dehors l'excès de jouissance supporté par l'enfant. Il lui est demandé d'être plus qu'il ne le peut, et son cri projette sur l'ensemble des choses cette réclamation menaçante dont elles garderont toujours la couleur. « Ce qui est dehors », c'est cette violence rejetée par le cri, matrice des sons qui vont nommer ce dehors. Le cri, le son isolé, le simple bruit porte toujours en lui une puissance plus grande que lui, au point de devenir parfois persécutant [2]. Les mots, qui sont formés avec les sons premiers, se souviennent de la souffrance latente du cri.

Mais nous pouvons aussi jouer avec les sonorités, les sons : apprendre à babiller, puis forger des mots. Dans l'armée des pulsions, l'une d'entre elles les trahit : le son rompt leurs rangs en forgeant des mots. C'est un renégat capable de se renier lui-même au point de faire du sens. Il reste contaminé en arrière de lui par le cri premier dont il provient et sa trahison programme en avant de lui l'infinité du vocabulaire. Expertes en trahison, les lettres métamorphosent la jouissance mélodique pour produire

1. C'est pourquoi l'inconscient travaille en ultra-plat à la surface sonore des mots : il risque à tout instant d'imploser dans chaque son.

2. Lors de certaines crises psychiques – pas nécessairement psychotiques –, le moindre son agresse.

du sens. Chaque perception correspond secrètement à une note de musique, laquelle se débrouille ensuite avec ses sœurs en gamme pour dire quelque chose. Parmi ses perceptions, l'homme en domestique une : la matière sonore, qui le protège des autres sensations. Les mots exorcisent l'angoisse latente de la perception. Un mot sait porter son ombre sur l'éclat d'une chose : il refoule la violence qui l'engrosse. Longtemps, les hommes récitèrent des formules magiques ou des prières pour amadouer le réel. Abracadabra ! Ma peur recule à l'instant où je découpe en tranches le son de la première voyelle. Le concept ne dérive d'aucune façon du percept, dont au contraire il protège.

Le cri peut exprimer n'importe quelle perception qui est aussi sa sœur et lui fait confiance. À l'avant-garde de nos systèmes de défense, les sons prennent sur eux les petites sensations qui pourraient nous submerger. Ils opèrent une double métamorphose. Tout d'abord, les pulsions peuvent converger vers la sonorité. En effet, les pulsions s'échangent facilement entre elles, d'une part parce qu'elles ont le même objectif, d'autre part à cause de leur excès. La pulsion pousse vers un plaisir qui va jusqu'au déplaisir et, dès que l'une d'entre elles va trop loin, une autre prend le relais du plaisir. Elles passent ainsi d'une sensation à l'autre jusqu'à la porte de sortie des traces mnésiques de sons. Le son peut ainsi, à lui seul, capitaliser la poussée pulsionnelle de l'ensemble des autres sensations, lui l'expert en littéralité qui sait retourner la force de l'adversaire pour le contrer. Et le son devenu signifiant claque derrière lui la porte du refoulement. Le procès de symbolisation ainsi enclenché se potentialise aussitôt à l'infini, car chaque mot garde par-devers lui une valeur sonore qui appelle à son tour la formation d'une phrase [1]. Le son métamorphosé en mot devient le maître sans partage des autres pulsions, dont il passe les excès à la moulinette du sens.

L'univers des sensations capitalise les pulsions pour jouer de la musique, puis faire du sens avec ce son. Lorsque le pare-excitation des mots écrante la jouissance, notre intercesseur, le son, fait sens, devient lisible. La pulsion vocale anime les sons, dont la violence s'estompe au fur et à mesure qu'ils veulent dire quelque chose. Le sens refoule le son : nous oublions la musique de notre voix pour nous faire comprendre. Et le mouvement de recherche du sens se poursuit, car cette musique reste l'armature secrète de la parole : la mélodie des phrases exprime la nostalgie de la signification que le corps aurait dû avoir s'il avait été à la hauteur de son amour.

L'univers des sensations passe ainsi tout entier par la porte étroite du maître du vocabulaire. « Moi, l'alchimiste subtil, je dirige ! – dit-il – Regardez-moi fabriquer la langue avec le lait de ma mère : ces quelques milliers de mots, ce sont ses grumeaux, son caillé, son vomi ! Toi qui me neurophysiologises et m'endocrinologises, tu voudrais oublier mon empire. Mais ne vois-tu pas que je suis toujours le premier sur tes propres cartographies ? Moi qui commande de jour comme de nuit la constance des pensées, les prémonitions, les hallucinations magiques, comment peux-tu m'oublier ? »

1. Dans la production de la parole, on ne peut isoler le son et le sens. Comme l'écrit F. de Saussure : « La langue est comparable à une feuille de papier : la pensée est le recto et le son est le verso » (*Cours de linguistique générale*, Paris, Payot, t. II, 4., § 1). À un moment donné du déroulement d'une parole, le son forme un sens « conscient », mais au même moment le son continue de garder sa puissance pulsionnelle, qui reste « inconsciente » dans le conscient.

## Le son associé au son échappe à sa propre pulsionnalité

Déguisées en sensations, les pulsions assiègent l'homme sans qu'il puisse s'en défendre. La voix fait exception à cet assaut généralisé parce qu'elle sait s'associer à la voix. Le cri se souvient du cri, le babillage renvoie ses notes les unes aux autres, et plus tard un mot se définit par un autre. Un mot lui-même est chose vivante, toujours quelque peu obscène et en devenir. Corps nu qui se tortille, chaque mot cherche à se couvrir d'un autre mot. Le cri exprime la violence d'une sensation ressentie, mais il ne la calme pas. En revanche, dès qu'elle s'associe à un autre cri et devient musique, la chose perçue détourne et divise sa violence grâce à cette bifurcation sonore. Le dédale musical la calme, lui fait perdre le souvenir de ce qu'elle dénotait. Chanter berce [1].

Les mots refoulent la force pulsionnelle des images [2]. Mais ils sont eux aussi fabriqués, d'une part, avec leur propre image auditive et, d'autre part, avec l'image des objets qu'ils évoquent. Les mots résonnent avant de raisonner. Leur résonance retentit continûment et cet écho oblige à raisonner pour arraisonner cette musique de fond, ce continuum en abyme. Avec la perception, le

1. Dans le *Dictionnaire de musique*, Jean-Jacques Rousseau voulait définir la naissance de la musique par cet aphorisme : « Des plaintes et des cris devenant chants. »

2. Une amie voyageait récemment en métro, un bouquet à la main. Une petite fille assise en face d'elle se pencha pour sentir le parfum des fleurs. Après un temps de réflexion, elle lui demanda : « Quel nom vas-tu donner à tes fleurs ? » Le mot « fleur » ne lui suffisait pas. Il fallait trouver une dénomination plus précise, pour circonscrire enfin cette grâce, ce parfum : l'acte de nommer s'imposait, en quelque sorte pour éviter une trop grande ivresse de l'odeur. Un mot manquait encore pour apprivoiser la beauté des fleurs.

choc des pulsions s'impose avant que les mots ne viennent refouler leur force. La perception trouve le refuge d'un mot qui, en donnant la main à un autre mot, divise l'angoisse. Le mot charrie peut-être encore avec lui quelques étincelles pulsionnelles susceptibles d'allumer d'autres foyers, mais le feu brûle maintenant plus loin dans le verbe, géniteur de la conscience. Comme une sorte de pompier pyromane, la parole transporte seulement plus loin les braises de l'incendie qu'elle disperse. Car un mot isolé ne protège qu'un instant : à titre d'entité sonore, lui aussi n'est qu'une chose pulsionnellement explosive. Les mots eux-mêmes sont également des choses susceptibles d'être perçues à leur tour comme les autres choses, toujours dangereusement diffluentes [1]. Seuls parmi les autres sensations, les mots échappent à leur nature de chose, parce qu'ils se définissent par d'autres mots : ils perdent ainsi leur valeur sensationnelle. Les mots se purgent de leur pulsionnalité anéantissante lorsqu'ils s'adossent à d'autres mots ; ils échappent ainsi à l'univers sans toi(t) des choses et construisent un autre monde : notre maison.

Ce n'est pas simplement l'association d'un mot à un autre qui spécifie la symbolisation de la pulsion. Il faut insister sur la caractéristique principale : la discrimination d'une qualité. Un mot qualifie un autre mot, et la conscience commence avec la distinction d'une caractéristique, puis d'une autre, et cet isolement d'un trait écrante la perception. La réalité de la pensée se sépare du réel extérieur, dont elle protège : elle distingue une qualité de la chose décrite, amenuisant ainsi d'autant sa force pulsionnelle [2]. Elle filtre trait par trait

1. Tel est le destin des mots dans certaines psychoses.

2. En termes freudiens, le processus primaire des pulsions, qui cherche une identité de perception, « se déboîte » en processus secondaire, fonctionnant sur le principe d'une identité de pensée.

et relègue derrière cette grille une luminescence qui empêcherait la perception (des perceptions directes éblouiraient la conscience, parce que l'excès des pulsions rejetées les investit). Comme le mot qui nomme est encore une sensation, il faut le deuxième tour d'une qualification de cette nomination pour que le discours identifie la chose nommée. Son être se dissocie ainsi du réel, avec lequel il n'entretient plus dès lors qu'une relation approximativement dénotative. Ce processus qualifie la « symbolisation », ou encore le refoulement de la valeur pulsionnelle du son isolé. Le sujet se protège de l'excès pulsionnel en décrivant ses sensations : il récupère ainsi au niveau de la phrase la jouissance perdue lors du refoulement. L'objectif pulsionnel de réaliser un être phallique se reconstruit « dehors », dans la maison ontique que bâtit chaque phrase. La persécution du son s'arrête ainsi et devient nostalgie musicale. Bien mieux : la chaîne phrasée des sons protège des autres pulsions, que le son sait échanger dans sa propre monnaie.

Le corps psychique colle aux sensations par le biais des pulsions, et lors de chaque perception l'angoisse de la castration maternelle fait retour. En effet, les pulsions n'ont pas d'autre fonction psychique que d'en finir avec l'angoisse de castration en comblant la mère. Le rapport des hommes au réel les angoisse à cause de cette insistance indéfinie qui réclame la nomination pour pallier son innommable. Le babillage, puis les mots viennent protéger de ce réel [1]. En contrepoint des appétits du « Ça [2] », les mots tendent leurs réseaux : ils symbolisent les perceptions, au sens où le sujet de leur grammaticalité se sépare désormais de celui du corps psychique, dont il

1. « Lorsque quelqu'un parle, il fait plus clair », écrivit Freud (*Trois essais sur la théorie de la sexualité*, Paris, Gallimard, 1987).

est ainsi exilé. Loin du monde, il appréhende la réalité grâce aux filets des mots qui prennent sens grâce à l'Autre. En parlant, la jouissance impossible du corps se métamorphose en jouissance de la parole, érotisme sans fin de la pensée écopant le trop-plein de la pulsion. L'acte de parler refoule l'excès de jouissance pulsionnelle, et il devient ainsi lui-même une condition de la jouissance du corps.

## Où l'on retombe sur un vieux débat : la relation de l'image et de la pensée

Les images, qu'elles soient visuelles, acoustiques, olfactives ou autres, piègent la pulsion, qui les enflamme aussitôt. L'image ne pense pas, elle glisse vers d'autres images [1] qui s'enflamment à leur tour. Tout arrêt sur image représente un danger : une image, qu'elle soit intérieure ou extérieure, oblige presque aussitôt à former une pensée, même si cette pensée parle d'autre chose que de l'image. Le différentiel de la pensée échappe à l'image pulsionnelle. Contrairement aux thèses de ces premiers éclaireurs de l'« homme machine » que furent Épicure et Lucrèce, l'image n'est pas la substance de la pensée. Une pensée quelconque s'énonce sous la forme « ceci est cela » : elle définit un terme par un autre et discrimine une qua-

2. Dans la deuxième topique, Freud abandonne la notion de lieu inconscient (terme qui ne qualifie plus que des processus) pour lui préférer le terme de « Ça ». Le « Ça » désigne l'ensemble de l'économie pulsionnelle.

1. Elles fonctionnent à l'analogie, elles invoquent l'identité de perception : la coupole du Panthéon, par exemple, fera penser à celle de Saint-Marc, à Venise, à celle de Sainte-Sophie, à Constantinople, ou encore à un pudding, à un sein, etc.

lité entre plusieurs sensations, auxquelles par conséquent elle échappe.

Aristote soutint que « la pensée est impossible sans image ». Son aphorisme donne l'intuition qu'un impossible participe du rapport à l'image : elle nous impressionne, dans tous les sens du terme. Devant elle nous pourrions rester sans voix, ce qui nous arrive d'ailleurs parfois. En elle se réfléchit notre être irréfléchi, notre être irréfléchissable, toujours étrange. Toute image miroite, reflète cette part de nous qui nous angoisse, et cette part inconcevable engendre une pensée qui « réfléchit » à sa place. L'extension de notre rapport au sensible nous aveuglerait si nous le soutenions sans cette médiation. Cette imminence de l'aveuglement oblige à parler, précipite la naissance du concept, dont nous espérons qu'il va mettre un terme à cette impossibilité. Nous qui savons nous voir dans un miroir, contrairement à la plupart des animaux, nous ne le supportons qu'à la force d'une pensée qui sait dire « je » et s'extrait du « il » du reflet. Nous réfléchissons pour cesser de nous réfléchir. Nous pensons pour « exister », malgré tout. Les signifiants naissent au forceps de cet impossible. Parce que chacune d'entre elles est grosse d'une captation narcissique mortifère, toute image (visuelle, sonore, etc.) engendre de la pensée.

Lorsque Aristote énonce que « la pensée est impossible sans image », cet aphorisme gagne encore en magnitude s'il avoue son ressort : « L'impossible de l'image nous fait penser. » Un impossible commande la perception, et la nomination des choses soulage de cette angoisse, non parce que le mot serait adéquat à la chose, mais parce que le mot se définit par un autre mot. La vision ne peut prendre conscience de ce qu'elle voit sans s'y réfléchir et s'y aveugler. Pour que la perception devienne consciente, il faut la nommer, puis nommer cette nomination, et enfin que le semblable de la parole légitime cette opération. Ce double écran de la phrase protège le sujet de sa perception du monde, dangereuse pour lui à cause de son investissement par la pulsion rejetée. La « conscience primaire » de l'homme est une conjecture vérifiée le temps d'être reniée. Est-ce trahir Aristote qu'écrire « l'impossible de l'image fait penser » ? C'est en tout cas rester fidèle aux élaborations sur l'image qui lui ont succédé dans l'histoire des idées. Cette poussée muette des perceptions à partir desquelles la pensée germine explique la longévité de l'adage aristotélicien : « Il n'y a rien dans l'intellect qui n'ait d'abord été dans les sens [1]. » Si l'aphorisme a résisté aux critiques qui firent valoir que l'on imagine facilement ce que nul ne perçoit, c'est que les perceptions obligent à penser, même si cette pensée ne les concerne pas forcément [2]. Le rationalisme cartésien, en particulier, s'est distingué en prenant ses distances avec l'image [3].

La conscience (et finalement la science) ne conquiert son empire sur le réel qu'en reniant la sensation (toujours

1. De même que sa longue postérité parmi laquelle on compte, entre autres, les sensualistes, Locke et Condillac.

2. Kant déclarait qu'il allait au concert non pour écouter la musique, mais parce que les idées lui venaient ainsi plus aisément.

3. Descartes écrivit, par exemple, dans *Dioptrique* : « Nous devons considérer qu'il y a plusieurs autres choses que les images qui peuvent exciter notre pensée, comme par exemple les signes et la parole qui ne ressemblent en aucune façon aux choses qu'elles signifient. » Descartes n'exprime plus une relation d'engendrement, ou même une relativité de l'image et de la pensée. C'est d'une rupture qu'il s'agit, lorsqu'il écrit par exemple dans *Dioptrique*, à propos de son fameux morceau de cire : « Sa perception ou bien l'action par laquelle on l'aperçoit n'est point une vision, ni un attouchement, ni une imagination et ne l'a jamais été, quoiqu'il semblât auparavant, mais seulement une inspection de l'esprit » (R. Descartes, *Œuvres*, Paris, Vrin, 1964-1974).

trop pulsionnelle). Les images s'opposent à la pensée. La mémoire peut associer des images, mais, pour que ces analogies sensorielles produisent une pensée, l'un de leurs termes doit qualifier abstraitement l'autre, en niant l'image globale au profit de cette qualité partielle. Qualité n'est pas substance. Lorsqu'elle est nommée, toute sensation se divise entre sa valeur pulsionnelle et le signifiant qui l'arraisonne, en faisant raisonner l'une de ses qualités avec une autre. La mémoire humaine s'organise en fonction du refoulement de l'image au profit de la littéralité de ses traits caractéristiques. L'encodage des mots métamorphose les images : tapis à gauche, dans l'aire de Broca, derrière la scissure de Rolando, ils traduisent les sensations à condition de les trahir. Pour l'essentiel, ils les grammaticalisent de telle sorte qu'un sujet en est conscient. Il cesse alors d'être fasciné par la brillance pulsionnelle des choses et, dans cet exil, se creuse la temporalité propre à l'être humain. La parole donne toujours l'impression d'être approximative par rapport à ce qu'elle décrit. L'homme se sent séparé de ce qu'il perçoit. La plénitude des sensations lui échappe : elle a précédé, ou sera pour plus tard, mais pas pour maintenant. De sorte que le temps existe à son tour. De la grandeur excessive des sensations aux mots qui la qualifient approximativement, le sujet s'installe dans sa spatio-temporalité. Le projet pulsionnel se décalque sur les sensations au point que l'être humain perdrait le sentiment du temps et de l'espace sans son refoulement, comme le montrent par exemple les vertiges névrotiques, les paralysies, les cécités hystériques, etc. L'organisation spatio-temporelle se fonde à proportion de la symbolisation de la pulsion.

## La symbolisation de la pulsion

Le grand mot de « symbolisation » signifie qu'un son se définit par un autre son, opération qui peut dénoter une certaine chose [1]. Ce « sens » peut être celui de la dénotation ou de la performance. La « dénotation », c'est-à-dire l'acte locutoire qui désigne une chose, peut être quelconque ou même inexistante. Dans une phrase musicale, le son est renvoyé au son sans aucune dénotation, mais avec production d'un sens énigmatique. Avec ou sans dénotation, toute phrase est performative : elle produit au moins son sujet. L'acte de parler pour ne rien dire de précis, comme c'est souvent le cas, soulage au moins de la tunique de Nessus de la pulsionnalité. Grâce à la parole, instrument spécifique qui écrante, fixe au-dehors et reconduit le refoulement, celui qui nomme passe d'une position passive à une position active : il naît ainsi un sujet de cette nomination [2]. Cette performance de l'existence du sujet est le premier bénéfice de la symbolisation. Le langage n'est pas une entité tapie dans un coin du cerveau, où elle se livrerait aux activités supérieures de la symbolisation. Il est constitué d'éléments matériels qui sont d'abord des sensations dont le traitement dépend de

1. Dans son cours de linguistique générale publié en 1916, Ferdinand de Saussure définit la langue comme un « système de signes ». Il n'emploie le mot « signe » qu'avec répugnance : « Si nous nous en contentons, c'est que nous ne savons pas par quoi le remplacer » (*op. cit.*, t. I, 1, § 1). Cette répugnance se comprend dès qu'il devient clair que le rapport du signifiant au signifié ne fait sens que dans l'association du signifiant au signifiant. Dans le mouvement de la parole, la notion de signe devient alors secondaire, sinon inutile.

2. « Un phénomène psychologique est conscient lorsque le sujet peut l'exprimer par le langage » (Jean Delacour, « Science et conscience », *Pour la science*, 302, 2002).

l'acte d'un sujet qui n'appartient pas au stockage des traces mnésiques de sons eux-mêmes.

La poussée destructrice de la pulsion inscrite sur le cerveau à droite se négative en phrases du côté opposé, grâce à l'évidage des différentiels de sons. Le rapport contrarié de l'aire sensorielle au corps psychique se dialectise grâce au langage. Loin d'assaisonner des incompatibilités dont on ne sait se débrouiller, le mot « dialectique » signifie ici que le travail du néant (du sujet) dans l'être (de ce qu'il perçoit) le pousse à nommer. Le sujet soutient son existence en refoulant la signification psychique de l'image : le moulin à parole – côté gauche – refoule l'image – côté droit. Le mot qui nomme une sensation forme une pellicule protectrice contre l'excès de la pulsion, et cette « connexion » s'effectue grâce à la sorte de chiasme du refoulement : le sens incestueux de l'image du corps s'échange contre les mots et leur signification. La formation des mots passe les sons à la moulinette, et ce hachis sonore se recompose en un énoncé : l'irréalisable corps pulsionnel se stabilise un instant en corps de phrase. D'un corps à l'autre, et avant de dénoter une chose ou un concept, la phrase signifie l'existence du sujet qui énonce. C'est d'ailleurs souvent le seul but de la parole : « Mais oui, je suis là ! M'entendez-vous ? »

La parole refoule la pulsion grâce à un système dans lequel les sons annulent leur propre valeur pulsionnelle en s'associant les uns aux autres pour signifier : ce différentiel s'écrit à gauche dans la cartographie cérébrale (alors que son origine sensorielle refoulée est à droite) [1]. En ce sens, il serait plus précis de désigner la localisation gauche de l'aire de Broca comme le lieu des oppositions

1. Si l'homme fonctionnait sans avoir à refouler ses pulsions, il passerait directement de la sensation à la motricité avec l'aide d'un archivage.

des sons entre eux, c'est-à-dire du marquage d'un différentiel, plutôt que comme celui des « traces mnésiques de sons ». Lorsque les mots s'unissent entre eux pour faire des phrases, leur valeur sonore s'estompe derrière leur sens. La parole refoule donc la jouissance pulsionnelle, et le chiasme du lobe droit (sensoriel) au lobe gauche (différentiel de sons) réalise ce processus [1]. La parole ou la pensée font naître le sujet de l'activité, qui refoule la passivité pulsionnelle. Le sujet se divise entre ce que la pulsion exige et ce qu'elle devient une fois refoulée.

On comprend mieux maintenant l'importance de la bouche sur les cartographies cérébrales. Si les aires sensorielles étaient proportionnelles à leur importance fonctionnelle (et au désir inconscient), la surface principale devrait revenir à l'aire visuelle, ou auditive. Mais l'homme prend d'abord connaissance du dehors par sa bouche. On croit voir avec les yeux. En réalité, on mange du regard, et le monde s'organise d'abord en fonction de critères gustatifs. L'alchimie du visible organise son festin à l'étalon du comestible. Ses goûts et ses dégoûts roulent d'abord dans la bouche et s'apaisent avec le mot, lui aussi fils de l'oralité. Sur les cartographies cérébrales, l'hégémonie des lèvres témoigne de la grandeur de la jouissance orale et de la grandeur conjointe de ce qui la refoule, car la jouissance et son refoulement s'accomplissent par le même orifice. La demande de l'Autre souffle le corps, elle le gonfle comme un ballon en commençant par la bouche,

1. Pour le dire en termes psychanalytiques avec un sous-titrage neurophysiologique, le refoulement primordial porte son effet à droite, et il correspond au processus primaire freudien (la disparité entre les aires sensorielle et psychique engendre la recherche d'une identité de perception). Et les impasses de cette recherche d'une identité de perception engendre à gauche la production de pensées, qui correspond au processus secondaire freudien (celui de l'identité de pensée).

elle qui va trahir sa propre oralité en parlant ! De la nourriture au son, et du son au mot, ce qui se mange se retourne en ce qui se dit. La demande adressée au corps de l'enfant inverse son trajet et repart du corps vers l'extérieur : le sujet cesse d'être parlé pour parler [1].

1. Le mot « bouche » enserre lui-même et son contraire : l'ouvert et le fermé sont signifiés en un seul vocable.

9

# DU CORPS PULSIONNEL AU CORPS DES PHRASES

## La pulsion s'ajoute à la perception avant de devenir consciente (système perception-pulsion/conscience)

Les animaux sont dotés d'un système perception-conscience. Il leur faut prêter attention à ce qu'ils perçoivent pour en tirer les conséquences : leurs perceptions ne sont pas directes. Quant aux perceptions de l'homme, elles sont de plus investies par ses pulsions dont il lui faut se protéger. Loin d'être une sensation pure, la perception première est toujours déjà doublée par la pulsion et répond de la demande maternelle. Cette demande investit tout percept, ainsi source d'angoisse : tel est le premier affect des enfants devant le monde. De sorte qu'une pensée de ce qu'ils perçoivent sera pour eux la condition de la conscience. On pourrait croire qu'un tel processus n'intervient qu'après l'acquisition du langage, mais c'est dès le début de l'existence que fonctionne un processus analogue à la pensée sur un point, lorsque les sons s'associent aux sons. Un enfant qui pleure a peut-être d'abord une raison. Il pleure ensuite parce que ses larmes le font pleurer [1]. Le cri concerne autant une expérience douloureuse actuelle que le souvenir de cris antérieurs. Le cri se souvient d'un autre cri, de même qu'un mot est qualifié par un autre qui qualifie ainsi l'objet, « alors qu'autrement et à cause de la souffrance nous ne pourrions en avoir aucune notion qualitativement claire » [2]. L'association d'un cri à l'autre qualifie un objet déjà différent de celui des sensations directes. Ce détournement de la souffrance grâce aux associations sonores particularise la conscience humaine, qui, dès lors, diffère de la conscience directe. Le refoulement de la sensation pulsionnelle grâce à la parole devient ainsi une question de survie. Une fois accomplie l'entrée dans la parole, la « sensation pure » devient ce dont nous nous exilons : nous abandonnons le mythe d'un paradis originel, celui de notre improbable animalité. Nous en gardons la conviction qu'il existe des sensations immédiates, en oubliant que cette certitude est proportionnelle au refoulement.

La conscience écrante le monde et coupe le sujet de perceptions désormais « intellectualisées » par le langage. Nos sensations deviennent conscientes en même temps que la pensée qui les qualifie nous en protège, de sorte que l'exil du monde dont nous parlons devient notre vécu ordinaire. Nous vivons dans un retrait de la jouissance immédiate du corps et des perceptions. Le corps minimal, toujours adé-

1. Pour Freud, la naissance de la pensée résulte d'un double processus psychique : un premier processus dit « primaire » compare une perception actuelle à celles dont le sujet se souvient. Comme l'identité de perception ne fait que déplacer le problème, un « processus secondaire » s'enclenche sur le modèle d'une « identité de pensée » (« ceci est cela »). Cet enclenchement se produit grâce au son (*Esquisse pour une psychologie scientifique*, Paris, PUF).

2. *Ibid.*, p. 377. Freud appelle « investissement moteur du langage » le cri qui se souvient du cri, « la première catégorie des souvenirs conscients se trouve par là créée ».

quat à lui-même, dont profite le plus petit des vivants, fait défaut à l'être humain. La conscience du monde des animaux se contente d'un système perception/conscience. Pour l'homme, le refoulement de la pulsion impose un système perception-pulsion/conscience.

## Au commencement est le verbe. Mais qu'est-ce que le verbe ?

Ne serait-ce que grâce à un modeste babillage, la naissance du « je » de l'énonciation refoule la violence du corps pulsionnel. Mais ce refoulement ne signifie pas une disparition ! Ce corps pulsionnel qui, le premier, poussa l'organisme vers l'humanité maintient ses objectifs. Alors même qu'il est refoulé, ce moi idéal cherche à s'imposer chaque fois que le « je » a un ennui là-haut, dans le monde où l'on fait des phrases. Ce moi d'origine continue d'exiger tout, comme lorsqu'il représentait l'absolu de la demande maternelle. Il se comporte comme cet alien qui, dès l'origine, se colla sur l'organisme et le força à grandir. Il reste ensuite la plaque tournante entre le dehors, où l'on parle bien, et la machine organique, qu'il vampirise. Il continue de réclamer ce qui lui fut refusé. De sorte qu'un travail de refoulement s'impose à chaque instant. Pour protéger son organisme d'un corps psychique plus grand que lui, le sujet associe des traces mnésiques de sons que la parole métamorphose en sens. Le coup d'État permanent de la pensée assure le contrôle du « je » sur l'arlequin pulsionnel [1].

Dès la naissance, la question de l'être se pose en même temps que celle du néant, car le sujet est sommé d'« être »

1. L'univers nouveau de la réalité psychique se crée ainsi, porteur de son propre monde de sensations et de sa propre objectalité.

à la place d'un phallus qui n'est pas. Mais comment « être » en même temps que « ne pas être » ? La formation des phrases solutionne élégamment ce dilemme. Cette contradiction, subie par un corps qui ne saurait la résoudre sans se morceler, se translate aux phrases qui la reconduisent dans l'infinie progression du verbiage. Chaque phrase s'organise autour du verbe être (comme l'ont montré les grammairiens de Port-Royal). Elle se structure sur le modèle d'un « ceci est cela » et elle fait copuler ainsi un mot avec un autre. Le mot ne désigne une chose que lorsqu'il est défini par un autre mot dans une phrase organisée par un verbe, déboîté de quelque façon du verbe être. Si vous dites par exemple : « Je mange, » ce verbe se décompose entre le « je » et le terme qui complète l'être : « Je suis mangeant. » Dans la parole, le verbe « être » s'élide facilement. Comme le phallus, il est corrélatif au néant. Je peux dire aussi bien : « Le ciel est bleu », que : « le ciel, bleu ». La totalité de l'être auquel l'homme ne saurait pulsionnellement atteindre sans exploser se duplique dans son parlé : sa parole, c'est son être déplacé. Elle présente une totalité de l'être plus économique, quoique de moindre jouissance, que le gavage pulsionnel ou la décharge sexuelle [1]. L'excès de jouissance de l'« être », d'abord rejeté à l'extérieur, puis écranté par le mot, se retrouve enfin dans le verbe « être », qui unit un mot à l'autre. L'être phallique, qui menaçait le sujet, se trouve désormais ligoté entre deux mots (« ceci est cela »). Le néant de l'être phallique rejeté s'est fait verbe, et son sujet lui survit ainsi. La grammaticalité de la

1. C'est pourquoi la parole est l'instrument de jouissance le plus ordinaire, dont le premier message est de dire « je suis ». On sait que dans un sens analogue Descartes déduisit l'être de la pensée quelconque (suivant en cela ses amis les grammairiens de Port-Royal). Une pensée, c'est de l'Être mis à l'abri dehors, entre les mots. Le « je » s'y reflète, soulagé.

phrase met de la sorte en tension externe le refoulement originaire.

Dans une psychanalyse, la translation de l'angoisse de castration du corps au niveau du corps des phrases se mesure au frémissement de l'inconscient à la surface des paroles, dans leurs ruptures, leurs lapsus, leurs syncopes. On ne peut isoler deux processus qui seraient, d'une part, le conscient, d'autre part, l'inconscient. L'inconscient cherche à réaliser l'être phallique grâce à la grammaire, et agir sur le corps des phrases, c'est agir sur le corps. Inutile d'aller chercher l'inconscient dans des aires corticales « affectives » ni d'ailleurs dans les traces mnésiques de sons de l'aire de Broca : ses ingrédients se présentifient dans la tension grammaticale, quand ça parle à quelqu'un, dans l'entrechoc des mots, dans ce qui les ligote au poteau du verbe être. En parlant, chacun oublie au fur et à mesure le trop d'être de son corps, en même temps que le trop d'être des sensations qui reflètent ce corps. C'est pourquoi toute sensation se traduit automatiquement en pensée [1] : la signification incestueuse, qui risquait d'anéantir le corps, file désormais à vive allure sur les autoroutes de la pensée. Les neurotransmetteurs de l'homme carburent au néant. Trouvera-t-on la trace d'une telle propulsion dans les neurones [2] ?

1. Il n'existe pas de « conscience primaire » de l'homme semblable à celle des animaux. S'il fallait décrire une « conscience primaire » de l'homme, ce serait celle d'un chaos angoissant, d'objets phobiques, de monstres dévorants, premiers témoignages du rejet de la pulsion, monde semblable à celui des enfants ou à celui qui hante certaines formes de folie.

2. « Au commencement était le Verbe », lit-on dans la Genèse. Un matérialiste pourrait s'amuser de cet aphorisme, car l'univers n'apparaît pas parce qu'il est nommé. C'est qu'il n'aurait pas considéré la différence entre mot et verbe. L'univers apparaît grâce au verbe, parce que celui qui nomme naît lui-même comme sujet lorsqu'il parle.

## Le « sujet » jaillit de l'interlocution

Pour échapper à la pulsion, « ça » pense tout seul, quelqu'un pense. Le sujet apparaît sur la ligne de fuite de cette pensée au moment où il parle à quelqu'un. Un seul signe acoustique entre dans la composition d'un grand nombre de signifiants, qui prennent sens en fonction de leur adresse au semblable. Le son [li], par exemple, peut représenter un meuble (lit), un dépôt dans un tonneau de vin (lie), une modalité du verbe « lier » ou l'impératif du verbe « lire », selon le contexte. Il peut aussi être la syllabe d'un mot en cours de formation. Cette amphibolie tombe lorsque [li] se ligote dans une phrase adressée à quelqu'un, *in praesentia* ou *in effigie*. Effective ou mentale, la présence de l'autre actualise les sons en signifiants. L'autre de la parole nous révèle ce que nous pensons [1].

Le sujet avance en funambule sur le fil de ses phrases. Les mots calment son angoisse et retournent le néant de son corps en être du verbe. Celui qui parle se débarrasse au fur et à mesure qu'il s'exprime du carcan de la signification phallique. La pensée se reconduit au fur et à mesure qu'elle résorbe l'angoisse : sa paire ordonnée nivelle la contradiction de l'être et du néant que porte toute sensation. La pensée donne un sujet à des sensations qui, n'eût été le verbe, l'auraient annulé. Les mots qui le délivrent ne sont pas à lui, ne sont à personne : ils appartiennent à une langue utilisée par un ensemble de semblables. Le semblable vers lequel court la pensée dégage la perception de sa potentialité onirique. Si je contemple un bel objet ou un paysage impressionnant, sa

1. Dans *La Parole intérieure* (Paris, 1881), M. V. Egger écrivait déjà : « Avant de parler, on sait à peine ce qu'on a l'intention de dire, mais [...] ensuite on est plein d'admiration et de surprise de l'avoir dit et pensé si bien. »

beauté pourrait me captiver jusqu'à l'angoisse si j'en restais trop longtemps le témoin solitaire. En revanche, si quelqu'un m'accompagne et si je lui parle de mon émotion ou d'ailleurs d'autre chose, alors ma perception se civilise. La dimension excessive de la beauté se refoule à proportion de ce transfert.

## L'interlocuteur porte alors le double poids de l'être et du néant, de l'amour et de la haine

L'être du sujet, déplacé par l'énonciation des phrases, dépend du mode et de la temporalité de ses liens avec les autres. Voir le monde sans en parler ou sans en entendre parler devient vite une expérience douloureuse. Si l'homme cessait de s'adresser à ses semblables, il perdrait en quelques jours les repères spatio-temporels de ce corps dont il n'est locataire que grâce à la parole. Le bail se paye en mots. Si un homme ne trouvait plus à qui s'adresser, il tomberait dans son image, au risque de s'y noyer. En se mettant à parler, la question de l'être et du néant se joue désormais entre le locuteur et l'allocutaire. La parole porte en elle cet enjeu mortel hégélien : elle reconduit le refoulement au moment même où elle s'adresse au semblable. Le néant qui double la perception des choses se dialectise ainsi en agressivité à l'égard du semblable. Mais, au même moment, le semblable à qui la parole s'adresse authentifie le processus du refoulement grâce auquel le sujet existe. C'est pourquoi parler réclame une forme de reconnaissance qui, comme elle implique l'être, qualifie la sorte d'amour abstrait profondément ambivalent qui lie l'homme à l'homme.

La dialectique de cette ambivalence a une conséquence : l'accroissement du savoir. Lorsque quelqu'un parle à quelqu'un, il parle en même temps de quelque chose. La parole est duplice. Parler demande l'amour, et cette réclamation ne s'effectue jamais si bien qu'en parlant d'autre chose, selon une voie indirecte. On parle d'autre chose que de l'amour qui motive la parole [1]. Cette duplicité engendre une extension de la dénotation. Il faut toujours en dire plus, puisqu'en parlant d'autre chose on n'aura toujours pas parlé de l'essentiel : de l'amour. Celui qui parle s'acharne à décrire dans le détail un objet quelconque, alors qu'une tout autre pensée l'obsède. De sorte que l'accumulation des qualités de la chose effectivement décrite va donner une information plus grande que celle qui aurait été apportée par un simple signe. Le langage humain paraît moins direct et moins pratique qu'un système de signes univoques. Mais finalement il amène un stockage d'informations beaucoup plus étendu, dans l'ordre du savoir conscient.

Ce n'est pas tout ; car avec cette extension des connaissances un autre savoir, inconscient, se révèle lui aussi en parlant. Lorsque nous cherchons à nous exprimer, notre parole en dit plus que ce que nous voulions dire. Nous formulons des opinions qui peuvent nous surprendre nous-mêmes. Nous forgeons parfois de toutes pièces des versions romancées des événements et de notre vie, ou même nous mentons sans intention préalable, ou en croyant que nous avons dit la vérité. En surplus de cette prolifération inventive que la parole ajoute à nos ruminations intérieures, il faut compter les lapsus, les fautes de grammaire, les erreurs involontaires, ainsi que les mots d'esprit, les moqueries, l'autodérision, les plaintes, les agressions plus ou moins ouvertes : ces manifestations nous échappent. Elles ne faisaient pas partie de nos pensées solitaires. La parole ajoute donc à la pensée cette masse d'infor-

1. L'amour est l'un des destins de la pulsion (voir S. Freud, *La Métapsychologie, op. cit.*).

mations qui continuent souvent de nous être énigmatiques une fois proférées. Nous sentons bien que, dans ces excès, petits et grands, se trouve tapie notre intention la plus profonde : nos fictions, nos erreurs, nos mensonges disent notre vérité inconsciente. Inutile de chercher une localisation cérébrale de l'inconscient, elle se trouve dans l'acte locutoire des pensées ordinaires [1]. On en tire l'importante conclusion que l'acte de former des mots n'accomplit que le premier temps du refoulement. Un deuxième temps se boucle au moment de l'adresse de la parole à quelqu'un.

1. La psychanalyse expérimente au quotidien la reconduction du refoulement par la parole. Le dispositif psychanalytique dérobe deux amarres habituelles de l'allocution : l'analyste n'est pas visible, et il s'exprime avec parcimonie. Grâce à cette baisse de tension de la parole, le refoulé fait retour par des lapsus, des fautes de grammaire ou de logique. Dans la mesure où ces formations de l'inconscient sont équipotentielles aux symptômes, l'action sur la parole les soulage.

# 10

# LES MODIFICATIONS CORTICALES DE LA PULSION À LA PAROLE

## Indices neurophysiologiques du refoulement de la pulsion par la parole

Le refoulement du son par le sens a de multiples conséquences cliniques, et il a aussi des traductions corticales. De manière générale, l'imagerie médicale montre que le cerveau opère avec constance une distinction entre la représentation de choses ou de personnes et la représentation de mots qui les désignent [1]. La « représentation de chose », c'est la perception investie par la pulsion. La « représentation de mot » résulte du refoulement de la représentation de chose grâce au mot. Le rapport du conscient à l'inconscient se trouve ainsi défini [2].

1. Tout lecteur de Freud reconnaîtra aussitôt dans ces termes l'écart entre représentation de chose (*Sachevorstellung*) et représentation de mot (*Wortvorstellung*). Les neurosciences aident ainsi à élucider les passages obscurs de cette terminologie controversée.

2. Freud écrivit dans une lettre à Karl Abraham, en 1914 : « Tous les investissements de choses constituent le système inconscient, le système conscient correspond à la mise en relation de ces représentations inconscientes grâce aux représentations de mots qui rendent possible l'accès à la conscience » (*Correspondance 1907-1926. S. Freud-*

La répartition interhémisphérique correspond aux nécessités du refoulement, selon lesquelles les représentations de choses (à droite) sont refoulées par les représentations de mots (à gauche). L'image est pulsionnelle, lieu idéal de la représentation narcissique incestueuse [1]. Elle capitalise les représentations de choses (qui peuvent avoir d'autres sources pulsionnelles). Le refoulement fait passer la représentation de chose à la représentation de mot, la pulsion au signifiant. Refouler ne signifie pas que ces représentations disparaissent, mais qu'elles sont contenues (comme l'eau d'un barrage) et transformées en d'autres représentations (comme l'eau donne l'électricité). La double localisation entre image et signifiant correspond à la disposition droite/gauche.

La dimension pulsionnelle qui investit la sensorialité des représentations de choses apparaît mieux au moment des hallucinations, lorsque la représentation pulsionnelle s'affranchit des perceptions dans certaines psychoses. L'hallucination psychotique correspond à un moment de levée du refoulement de la pulsion (elle prend donc effet à droite). La pulsion revient alors de l'extérieur, c'est-à-dire du lieu premier de la demande de l'Autre, sous forme hallucinatoire. Les moments délirants succèdent aux phénomènes hallucinatoires : leurs constructions verbales cherchent à les rationaliser et à les compenser. Ils sont lisibles à gauche, comme la parole normale. L'imagerie médicale

---

*K. Abraham*, Paris, Gallimard, 1994). On lira de même dans *Métapsychologie*, en 1915 : « La représentation consciente comprend la représentation de chose plus la représentation de mot qui lui appartient. La représentation inconsciente est la représentation de chose seule. »

1. C'est pourquoi les premières religions du père ont banni les images.

montre que le délire verbal et les hallucinations ne correspondent pas aux mêmes localisations [1].

Dans une autre dimension, la conservation des capacités musicales de l'hémisphère cérébral droit est, par exemple, compatible avec les aphasies qui frappent l'hémisphère gauche. Nombre de musiciens devenus aphasiques (parfois à la suite de graves lésions organiques) conservent l'intégrité de leurs dons artistiques [2]. Des travaux récents montrent que, dans une mélodie, ce qui relève strictement du musical se situe à droite, tandis que les éléments signifiants de la musique se localisent à gauche [3]. Cette observation vaut aussi pour les phrases, qui ont également une musique. Si l'on écoute la musicalité des paroles, elle forme des unités mélodiques, indépendamment du fait qu'elle signifie quelque chose. Ces caractéristiques de la musique des phrases se situent à droite, alors que le sens des mots qui les composent se dégage grâce aux différentiels de gauche.

D'autres résultats de l'imagerie cérébrale corroborent cette relation de la pulsion (sensorielle) au signifiant

1. Il serait intéressant d'observer les changements de localisation dans les psychoses maniaques : les moments hallucinatoires et délirants devraient se succéder à intervalle bref.

2. Dans son article intitulé « Grand embarras de la parole avec conservation des autres facultés intellectuelles », Bouillaud notait en 1865, à propos d'un célèbre musicien : « Voici donc une personne qui ne peut ni prononcer ni écrire d'elle-même les mots d'un discours mais qui compose et écrit un morceau de musique » (cité par B. Lechevalier, F. Eustache, Y. Rossa, *Les Troubles de la perception de la musique d'origine neurologique*, Paris, Masson, 1985).

3. M.-C. Botte, S. McAdams, C. Drake, « La perception des sons et de la musique », *in* B. Lechevalier, F. Eustache, F. Viader (éd.), *Perceptions et Agnosies*, Bruxelles, Éditions de Bœck, 1995, p. 55-100. De même, H. Platel, S. Faure, F. Eustache, « Neuropsychologie et imagerie cérébrale fonctionnelle », *L'Année psychologique*, 96, 1996, p. 641-675.

(symbolique). Une expérimentation d'imagerie cérébrale par caméra à positons montre que, lors de la détection d'une différence de hauteur tonale, on observe non seulement une activation des aires frontales et temporales spécialisées dans les sons, mais aussi des aires occipitales de la vision [1]. L'audition engendre en même temps une réaction visuelle, « inconsciemment », selon les auteurs. Ils n'ont sans doute pas voulu évoquer l'inconscient freudien, mais ce terme tombe juste, puisque cette connexion témoigne du refoulement allant du symbole à la verbalisation. Il existe d'autres expérimentations de translations cérébrales que les chercheurs ne s'expliquent pas : elles correspondent aux connexions de la sensation et du signifiant, activant respectivement l'aire droite et l'aire gauche ; leur conjonction illustre le retour du refoulé, qui va du symbole à la verbalisation. Certains messages enregistrés grâce à l'hémisphère gauche ne sont restitués que par le truchement du droit. Des études en tomographie par émission de positons montrent que la mémorisation d'une liste de mots active le cortex frontal gauche (encodage), alors que leur restitution stimule une aire située à droite sans que les chercheurs comprennent le sens de cette stimulation, qu'ils considèrent comme « inconsciente » [2]. Ils ont raison, en effet, parce que les signifiants (à gauche) ont évoqué des symboles visuels (à droite).

Comme le montre l'imagerie médicale, les aires cérébrales activées par la pensée sont celles du langage. De sorte qu'il semble que la parole ajoute seulement à la pensée un acte (comme l'écrivit saint Bonaventure). Cela

1. H. Platel *et alii*, « The Structural Components of Music Perception – A Fonctional Anatomical Study », *Brain*, 115, 1997.

2. H. Platel *et alii*, « Contributions of Frontal and Medial Temporal Regions to Verbal Episodic Memory : a P.E.T Study », *Neuro Report*, 8, 2001.

veut-il dire que l'aire de la conscience est celle du langage et qu'il faut donc situer l'inconscient ailleurs ? Non, car comme on le verra la parole consciente elle-même est porteuse de ce qu'elle refoule pour s'exprimer.

## Aucune trace du « sujet » sur la cartographie corticale

Celui à qui « on » parle localise en retour le « je » de la parole. Lorsque nous rencontrons quelqu'un, cela nous laisse rarement indifférent. La présence d'autrui nous fait de l'effet. Parce que la rencontre d'un semblable nous impressionne pulsionnellement, une injonction à parler ou à penser s'impose : l'aire du langage refoule cette impression. Quel est ce pouvoir de dévoilement détenu par le semblable à qui nous parlons ? Lorsqu'il nous écoute, sa présence physique se manifeste. Son apparence, son regard, l'ensemble des sensations éveillées par cette présence nous sollicitent. Dès qu'il se tient dans le même espace que le nôtre, son corps fait trou. Cette présence abrupte allume l'incendie pulsionnel et la pensée se précipite, augmente son débit, bourgeonne sur elle-même pour colmater cette brèche. L'inconscient flambe lors de la rencontre du prochain, en fonction de la force de cette présence, c'est-à-dire de l'éveil des pulsions. Cette présence d'autrui nous force à penser, et éventuellement à parler.

La perception des choses devient consciente à la condition des mots qui les désignent, mais ces mots ne font sens qu'au moment où ils sont associés dans une phrase adressée à un semblable, réel ou fictif. Une perception, celle de la chose, devient consciente grâce à une autre perception, celle d'un semblable. Le « sujet » naît chaque fois que la pulsion se métabolise en parole, c'est-à-dire lorsque des traces mnésiques de mots se mettent à signifier grâce à l'autre de la parole. Le « sujet » ne procède ni de l'aire psychique pulsionnelle ni de l'aire psychique du langage, mais la différence de potentiel entre ces deux aires produit de la parole (donc du sujet) dans le rapport au semblable. Le « sujet » est cette étincelle qui pense et parle dans cette tension. La subjectivité se réalise dans cette bizarre position d'extraterritorialité au moment même où elle s'exprime. Les traces acoustiques s'actualisent en signifiants dans l'acte locutoire ou dans ce que l'on pourrait appeler une pensée locutoire [1], à l'instant même de l'adresse à l'autre qui dynamise ce qui devient un sujet. L'étincelle qui active la machine jaillit en dehors de la machine : elle résulte de la différence de potentiel qu'instaure la proximité de deux corps ; chacun d'eux reflète l'autre, mais s'en différencie pourtant. Cette différence dans la mêmeté fait briller cette étincelle de la subjectivité, dont la parole est le combustible.

Le sujet qui pense et qui parle semble paradoxalement se trouver à l'extérieur des traces mnésiques qu'il utilise. Un esprit éclairé considérera cette thèse comme une version moderne de l'animisme, inacceptable par la raison. Mais, avant de l'invalider, il faut rappeler comment se constituent l'intérieur et l'extérieur pour le sujet humain (dont c'est la première expérience psychique). La délimitation du dehors et du dedans procède du refoulement originaire. L'enfant est désiré à la place du phallus que la mère aurait voulu avoir (*penisneid*) : cette représentation du corps, rejetée à cause de sa valeur incestueuse constitue le dehors, alors qu'en même temps l'instance qui rejette, le sujet, s'institue elle-même comme le

1. Car, n'en déplaise à Descartes, la pensée n'est jamais solitaire. Lorsque « je pense », ma pensée répond à quelqu'un, s'adresse à lui ou met en scène une activité qui le concerne.

dedans de cette opération. Notre corps lui-même fait d'abord partie de cet extérieur, et telle est bien l'expérience subjective que nous avons de notre organisme : nous ne sommes pas notre corps, nous l'avons seulement. Nous sommes locataires de cette entité qui se trouve à distance de nous [1]. L'« extérieur » par rapport auquel le sujet se situe est aussi son propre corps (précision qui devrait rassurer le lecteur éclairé et le neurophysiologiste) [2]. Le sujet de la conscience est « extérieur » au monde en général (dont sa propre organicité) : on ne trouve trace de ce sujet dans aucun centre cérébral, dont il se démarque en négatif [3]. En pensant ou en parlant à quelqu'un se forment des phrases dont le sujet est celui de cette conscience. Le double écran de la phrase protège le sujet de sa perception du monde, dangereuse pour lui dans la mesure où la pulsion l'investit. Le sujet résulte de cette mise en tension circulaire. Le sujet « actualise » sa perception en croisant deux trajets : le premier va de l'aire sensorielle au lobe gauche qui la symbolise (la rend consciente) grâce aux traces mnésiques de mots. Le second valide ces mots grâce au semblable, qui est lui aussi perçu pulsionnellement. Il s'agit de deux temps, mais cette temporalité est instantanément croisée : le semblable nous fait parler, bien que nous ayons l'impression de lui parler.

1. Une statue taillée dans le marbre ne saurait renier sa minéralité, bien que son auteur lui soit extérieur. Pour l'être humain, le rapport du sujet à son organicité est plus complexe, car son « intériorité » subjective se crée en même temps que l'extériorité, qui est à la fois le monde et son propre corps.

2. Il ressemble dans cette mesure au « sujet transcendantal » des philosophes de la conscience.

3. Cette négativité a donné pendant des siècles l'impression que l'âme diffère du corps, dont elle n'est que locataire, selon une croyance dont la force est proportionnelle au refoulement.

Étant donné que la parole se réalise grâce à la présence de quelqu'un en parlant de quelque chose, il existe ce double chiasme entre les deux lobes. Pour dévider le stockage des mots de gauche, il faut la mise en tension de l'image de droite. Tout se passe comme si le sujet qui forme des pensées, dont il énonce certaines en phrases, se trouvait à l'intersection des connexions entre les images de droite et les signes acoustiques de gauche. La mise en tension du sujet de la conscience réclame deux localisations sensorielles (la chose et le semblable) et une symbolisation vectorialisée entre deux points allant des traces mnésiques de mots à l'interlocuteur [1]. Entre le lobe droit et le lobe gauche, le chiasme intracérébral présente une sorte de métaphore incarnée du chiasme qui se forme entre les traces mnésiques de son et la présence qui conditionne la parole (donc la conscience) [2].

Une expérimentation adéquate localisera peut-être un jour l'excitation d'une « aire de l'attention » qui balise ce processus, mais l'on ne saura rien de son acte de naissance. L'activation de l'attention dont le sujet procède se trouve au-dehors, dans l'entre-deux des acteurs du langage et du réel qu'il écrante. Le neurophysiologiste ne trouve dans le cerveau que des traces de ce processus. L'organisme ne peut livrer un secret qu'il ignore. Le cerveau enregistre bien les signes des mots qui le font grandir, mais, considérés en dehors de leur dynamique, ils restent incompréhensibles. Les traces mnésiques de

1. La mise en tension de cette vectorialisation correspond à la décharge de la libido, qui va de la pulsion à la réalisation du fantasme.

2. Assez bizarrement (mais c'est un fait), il existe dans le cerveau un chiasme anatomique qui connecte l'aire sensori-motrice et celle du langage. Lorsque les neurophysiologistes examinent cette distribution, ils constatent sans l'expliquer cette caractéristique qualitative unique du câblage cérébral humain.

sons ne disent rien de la réalisation de la parole. Le cortex incarcère les traces par contumace. Lorsqu'on enregistre leurs influx électriques, lorqu'on isole leurs neurotransmetteurs, on ignore encore comment ces sons prennent sens : les deux tiers des effecteurs de cette production se trouvent en effet hors de l'organisme. Le refoulement se reconduit en parlant, et la machine neurophysiologique ne garde qu'une trace partielle d'un processus dont un effecteur, l'allocutaire, se trouve en dehors d'elle et dont elle ne garde du matériau principal, la parole, que la carcasse sonore. Le refoulement lui-même s'accomplit dans l'acte et ne s'inscrit donc pas dans le cerveau, mais dans la prise de sens du signifiant entre parlants [1]. On trouvera une partie du matériel utilisé : des câbles, des connexions corticales de gauche à droite et retour. L'étincelle se propage grâce à une machinerie extra-cérébrale dont le câblage interne, les tuyaux, les fluides sont à la fois le résultat et une partie. Les nerfs et les neurotransmetteurs câblent des stimuli qui se déclenchent dans l'oubli du corps (où l'on en trouve pourtant trace). Les jonctions associatives dépendent d'une contrainte extérieure au niveau cortical. En amont, la contrainte à parler résulte de la différence de potentiel entre corps psychique et organisme. L'enchaînement des mots refoule la pulsion et soulage le corps. En aval, la concaténation de signifiants à partir de sons dépend de la relation à autrui. Sans doute localisera-t-on un jour encore plus finement les

1. *Le Monde* du 6 mars 2004 annonce la découverte des aires corticales et des processus du refoulement freudien (article d'Hervé Morin du 24/1/2004 : « Le refoulement freudien sous l'œil de l'imagerie par résonance magnétique ? »). Dans le numéro du 9 janvier 2004 de la revue *Science*, Michael C. Anderson annonce : « [...] nos travaux apportent le premier modèle neurobiologique de la forme volontaire du refoulement proposé par Freud. » Le mot « volontaire » suffit pour indiquer qu'il s'agit de tout autre chose.

quelques dizaines de sons de la langue. Mais cette découverte ne dira pas comment un sujet usine avec eux des phrases grâce à l'interlocuteur.

La biochimie du bois n'explique pas le feu. Il en va de même de la parole lorsqu'elle embrase les sons et les consume : si un observateur la réduisait aux traces mnésiques qui l'objectivent dans l'aire de Broca, il méconnaîtrait l'étincelle qui l'enflamme et son jaillissement entre un sujet et ses semblables. Les traces mnésiques de mots ressemblent au bois prêt à brûler. Ou plutôt elles sont comme un bois qui n'a pas encore germé ni crû ; un bois qui ne grandira qu'à la chaleur du feu qui va le brûler. La forêt croît grâce à l'incendie qui va la réduire en cendres. La parole s'étend comme cet incendie : elle engendre le matériau qu'elle flambe.

# 11

# LES EXCEPTIONS DU LANGAGE DES SOURDS-MUETS ET DU JAPONAIS CONFIRMENT LA RÈGLE

## Que nous apprend le langage des sourds-muets

Certains problèmes de l'apprentissage de la parole montrent que la symbolisation de la pulsion par le langage suit une vectorialisation cérébrale de la droite vers la gauche. Lorsqu'un sourd-muet de naissance s'exprime en langage visuel, l'imagerie par émission de positons montre que l'aire de Broca gauche reste indifférente, alors que s'allume sa symétrique dans l'hémisphère droit. Mais, lorsqu'une personne qui connaît la langue orale aussi bien que celle des sourds-muets s'exprime [1], l'hémisphère gauche s'allume pendant l'emploi de la parole ordinaire, alors que son symétrique à droite s'illumine lors du langage gestuel. Cette expérience reflète la dimension sensorielle pulsionnelle de l'image gestuelle dans l'hémisphère droit, alors que la symbolisation prévaut dans l'hémisphère gauche.

Symbolisation veut dire que les oppositions des signes entre eux annulent leur dimension d'image au profit d'un sens : pour la parole, la musique des mots s'oublie

1. Par exemple parce que ses parents sont sourds-muets et qu'elle a appris leur langage.

au profit de ce qu'elle veut dire. Le différentiel de la lettre à la lettre donne un sens, non chaque lettre. Lorsque la parole s'énonce seulement par une gestuelle, l'image reste au premier plan. Cela ne signifie pas que les sourds-muets parlent un langage de signes pulsionnels, mais que pour eux le différentiel signifiant s'établit uniquement lors de la communication avec un interlocuteur qui les voit. C'est ce dernier qui confère une valeur différentielle aux signes. Ainsi, le langage gestuel des sourds-muets diffère d'un langage de signes : le passage de l'image au sens résulte de l'association des images entre elles, et il se réalise entièrement dans la relation à l'allocutaire. Son « élocution » est commandée par une grammaire comme dans le langage oral. Chaque geste devient, sous le regard de l'autre, un signifiant qui renvoie à un autre signifiant, pour quelqu'un qui en légitime le sens.

Dans la langue parlée ordinaire, la symbolisation s'accomplit par des oppositions sonores ne retenant que leur différence : son effectuation est essentiellement intracérébrale et se localise à gauche. Il faut ajouter que ce langage ordinaire parle lui aussi avec les mains et qu'il attend, comme celui des sourds-muets, une légitimation « extracérébrale » de son sens par l'allocutaire. Dans la langue parlée, chaque mot prend d'abord un sens grâce à des oppositions intrasyllabiques et de syllabes composées de consonnes et de voyelles par le locuteur lui-même [1]. La symbolisation s'appuie sur cette opposition : une consonne se situe toujours par rapport à un élément voca-

1. Voir B. Laks, « Phonologie et cognition », *in* Y. Michaux (dir.), *Le Cerveau, le langage, le sens*, *op. cit.*, p. 245. Selon les définitions actuellement admises en phonologie, on peut définir une structure syllabique universelle comme un système de dépendance entre une attaque consonantique et une « rime ». Cette rime comprend le nucleus syllabique, c'est-à-dire le noyau vocalique qui régit toute la syllabe et une coda consonantique.

lique qu'elle délimite (elle le refoule). Dans la parole, le son de la voyelle se ferme grâce à la consonne, qui apparaît comme la lettre principale pour la symbolisation, puisque la symbolisation consiste à passer du son au sens [1].

L'aire de Broca enregistre moins des traces mnésiques de mots que des différentiels sonores. Le rôle de la consonne par rapport aux voyelles importe pour l'enregistrement de ces différentiels : les consonnes ferment une sonorité, alors que les voyelles s'ouvrent indéfiniment. En 1982, M. Kimura [2] a montré que les voyelles sont également perçues par les deux hémisphères (durée 100 à 300 ms), alors que les consonnes (40 à 60 ms) ne sont perçues que par l'hémisphère gauche (aire de Broca). L'hémisphère droit comporte lui aussi une dimension langagière, mais il est musical plutôt que syllabique. Les résultats bruts de Kimura signifient que le lobe droit est organisé par la pulsionnalité musicale de la voyelle, alors que le lobe gauche enregistre les différentiels. La surface sensorielle de la voyelle (sa couleur) est beaucoup plus élevée que celle de la consonne, qui fait coupure dans cette surface. L'hémisphère dominant « symbolise », au sens où la consonne fait coupure dans la jouissance vocalique du lobe droit. Cette caractéristique porte à conséquence, dans l'apprentissage des langues, en fonction de la surface des voyelles (musicales).

Chaque son comporte une sorte de bifurcation interne entre sa valeur musicale pulsionnelle et le sens qui l'unit différentiellement à un autre son. Pendant une lecture, par exemple, les indices graphiques (images) sont traités

1. C'est sans doute pourquoi, lorsqu'il s'agit d'écrire ce qui est dit, les écritures sémitiques ont été ou sont encore purement consonantiques. Il ne convient pas d'écrire la voyelle, dont le son évoque une infinité de la jouissance.

2. M. Kimura, *The Neutral Theory of Molecular Evolution*, Cambridge, Cambridge University Press, 1983.

par l'hémisphère droit, tandis que les différentiels linguistiques (symbolisation) font appel aux compétences de l'hémisphère gauche. Cette répartition complexe de la lecture, qui se trouve en quelque sorte « démontée » entre sa dimension pulsionnelle et ce qui la symbolise, ne se vérifie pas dans la langue parlée [1]. Des expériences déjà anciennes et corroborées depuis montrent que cette symbolisation verbale entraîne une latéralisation stricte à gauche.

## Contre-démonstration de la langue et de l'écriture japonaises

Cette latéralisation est vérifiée seulement pour les idiomes dont le syllabisme repose sur un système d'opposition entre voyelles et consonnes. Il existe en effet quelques langues dans lesquelles la voyelle a un rôle de premier plan. Cette caractéristique exceptionnelle se rencontre au Japon et dans quelques îles de Polynésie. Dans les langues indo-européennes ou sémitiques, l'information est discriminée par des consonnes. Les voyelles jouent un rôle limité, et les syllabes consonantiques détachent les sonorités de manière prépondérante pour l'attribution du sens. Dans le japonais, au contraire, la langue voyellise fortement. L'attaque consonantique ne peut

1. Les neurosciences fournissent aujourd'hui des informations fines qui montrent cette division interne au langage entre sa composante pulsionnelle et sa symbolisation. Juan de Mendoza écrit par exemple : « Il existe désormais de bonnes raisons de penser que les aspects formels de la phrase (lexique, syntaxe) relèveraient d'un traitement effectué par l'hémisphère gauche, alors que la composante prosodique du message serait sous la dépendance de l'hémisphère droit » (J. L. Juan de Mendoza, *Deux hémisphères, un cerveau*, Paris, Flammarion, 1996).

jamais être double, et les groupes de consonnes internes sont extrêmement contraints. On se rend mieux compte de cette structuration lorsque le japonais importe un mot étranger en l'organisant selon sa propre syllabisation. Par exemple, « film » est syllabisé « filumu ». Ou encore « sprint » sera syllabisé « spurunutu ». La quantité de voyelles est multipliée par rapport aux langues occidentales. Des oppositions de groupes de voyelles portent le sens. De longues phrases sont constituées d'un enchaînement de sons essentiellement vocaliques. On observe alors une hémidominance cérébrale droite, contrairement à toutes les langues syllabiques consonantiques.

Le chercheur japonais Tadanobu Tsunoda, qui a poursuivi ses recherches depuis 1955 à l'université de Tokyo, a testé pendant plusieurs années des sujets de langue maternelle japonaise. Il a remarqué une sollicitation beaucoup plus importante de l'hémisphère droit que chez ceux qui parlent d'autres idiomes. Soumis aux mêmes tests, les sujets de langue maternelle japonaise présentent une organisation cérébrale différente de celle des sujets dont la langue maternelle n'est pas le japonais. Il en a conclu que la latéralisation des hémisphères cérébraux dépendait de l'apprentissage de la langue maternelle. À titre de contre-expérience, Tsunoda a appliqué ces tests à vingt Japonais émigrés des deuxième et troisième générations, dont dix-huit avaient appris avant l'âge de huit ans une autre langue que le japonais (leur langue maternelle avait été l'espagnol, le portugais ou l'anglais). Leur latéralisation cérébrale correspondait à celle des Occidentaux. D'autres expérimentations faites avec des Japonais élevés à l'étranger, mais ayant parlé le japonais jusqu'à l'âge de neuf ans, ont fait apparaître la dominance latérale droite typique des Japonais. De plus, six autres Japonais d'origine étrangère (deux Américains et quatre Coréens) élevés au Japon dans la langue japonaise présentaient cette dominance « japonaise ».

Dans ce cas, la création de sens (le refoulement) va s'appuyer, en supplément des maigres consonnes, sur l'opposition de certains groupes de voyelles ou même de voyelles entre elles, voire sur le contraste des mots entre eux, autant que sur une opposition à l'intérieur de chacun des mots par le biais des consonnes. Dans ces conditions, le lobe droit va garder un rôle de premier plan, car les voyelles sont purement pulsionnelles, au sens de la prévalence de leur sensorialité. On rejoint là le cas précédemment mentionné du langage des sourds-muets. L'hémisphère gauche traite de préférence les syllabes consonantiques de la plupart des langues, alors que l'hémisphère droit a un faible pour les images, dans ce cas celle des voyelles, dont la couleur reste tributaire de la pulsion.

Naturellement, lorsque le refoulement ne se produit que faiblement par le truchement des liaisons intracérébrales, il va se renforcer par d'autres voies, d'abord parce que les mots s'opposent entre eux, ensuite et surtout parce que le sens va s'établir définitivement au moment de l'adresse de la parole à un semblable, comme dans le cas du langage gestuel des sourds-muets. Les structures linguistiques communes des langues « voyelliques », comme le japonais, et du langage des sourds-muets corroborent l'hypothèse selon laquelle la latéralisation corticale est au service d'un refoulement du pulsionnel symbolisé « intracérébralement » par les oppositions binaires plus marquées du consonantisme.

Le refoulement se produit selon deux paliers qui régulent son effectuation. Il existe d'abord une sorte de cliquet interne au moment de la formation des mots, lorsque la jouissance voyellique rencontre le point d'arrêt consonantique (ou plus exactement le différentiel que creuse la consonne). Cette première limitation intraverbale se produit au moment où les traces mnésiques intracérébrales sont activées : elle s'effectue au cours du passage de l'aire pulsionnelle à celle des différentiels sonores. Son efficacité porte un coup d'arrêt important à l'effusion sonore, mais elle n'est que momentanée. En effet, chaque mot, tant qu'il reste isolé, ne « tient » pas : il peut rapidement se décomposer en une polyphonie évocatrice de sens multiples.

C'est à un deuxième niveau, au moment de l'accomplissement d'une phrase, lorsque la parole s'adresse à un autre, que le refoulement se trouve complètement établi. À titre de fonction de premier plan, le lien social assure le refoulement. Lorsqu'une phrase est entièrement développée et qu'un interlocuteur légitime son sens, sa signification refoule la valeur sonore pulsionnelle de chaque mot isolé. L'autre à qui la parole s'adresse détient la lourde charge de légitimer le sens en reconduisant le refoulement, lequel va fortement s'appuyer sur le semblable : cette caractéristique ne compte sans doute pas pour rien dans une importante hiérarchisation du lien social au Japon, de même que dans un recours aux cultures étrangères pour légitimer ce lien (techniques, mode, etc.).

## Les conséquences sur l'écriture

Lorsque le refoulement du pulsionnel par la parole ne repose pas sur l'opposition du pulsionnel et de sa symbolisation intraphonétique (quand les consonnes opèrent à l'intérieur même des masses sonores), il faut s'attendre à d'autres conséquences, en plus de la latéralisation cérébrale et du renforcement du lien social qui viennent d'être examinés. Ces conséquences sont démonstratives si l'on considère l'écriture japonaise, qui a d'abord emprunté ses caractères au chinois. Cet emprunt fait partie des nécessités d'une légitimation par une autorité extérieure, ci-dessus mentionnée. La civilisation chinoise a ainsi joué à l'égard du Japon le rôle d'un Autre de référence, et elle continue de le faire puisque les Japonais utilisent toujours des calligrammes chinois pour écrire des mots nouveaux. Cependant, l'écriture chinoise est monosyllabique, consonantique et tonale, alors que la langue japonaise est plurisyllabique et fortement voyellique. Il existe ainsi un épineux problème de transcription dont la difficulté majeure n'est d'ailleurs pas immédiatement évidente, puisqu'il concerne la symbolisation de la pulsion dans l'écriture d'une langue pulsionnelle. L'extraterritorialité du chinois n'a pas suffi pour solutionner le problème d'écriture d'une langue à la pulsionnalité débridée. L'écriture japonaise ne parvient à faire face à cette difficulté que grâce à une sorte de dédoublement technique. L'écriture en général accomplit un refoulement de la pulsion, comme le montre son histoire : elle annule le pictural au profit du sens. Les écritures ont d'abord été des dessins, elles furent pictographique et idéographique, puis cette graphie s'est phonétisée. Le sens des lettres liées entre elles refoule le dessin pulsionnel. C'est pourquoi les premières écritures alphabétiques ne mentionnaient pas la voyelle, trop pulsionnelle [1].

Le japonais rencontre un problème spécifique de formalisation écrite. Il a fallu introduire deux modalités d'écriture : le *kana* et le *kanji* (outre que l'écriture chinoise d'origine constitue potentiellement une troisième modalité). Le premier système est plutôt phonétique, tandis que le second est idéogrammatique, ou sémantique, au même titre que l'écriture chinoise. Le *kana* n'est pas phonétique au même sens que les écritures alphabétiques, il est plutôt syllabique. Le *kanji* existait dans la Chine ancienne et ses idéogrammes possédaient un usage sémantique sans correspondant sonore précis qui lui permettait d'être lu dans les différentes langues chinoises.

1. Voir G. Pommier, *Naissance et renaissance de l'écriture*, *op. cit.*

Mais ce n'est pas le cas en japonais, où les caractères *kanji* ne correspondent qu'à un seul son (puisqu'il n'existe qu'une seule langue japonaise).

Quoi qu'il en soit, les deux écritures usuelles du japonais présentent une dissociation étonnante : celle de l'idéogramme visible et celle du phonogramme par définition sonore [1]. L'idéogramme « se voit » comme un dessin, puis se phonétise en pensée : la conceptualisation du lecteur va refouler la valeur pulsionnelle du dessin. C'est le cheminement inverse pour l'autre écriture, phonétique, qui présente une symbolisation déjà accomplie puisque l'on ne perçoit plus aucun dessin. Mais cette symbolisation reste très approximative en japonais, du fait de l'excès voyellique. D'un côté, l'écriture idéogrammatique montre du pulsionnel (ce qui se voit), de l'autre, l'écriture phonétique relève d'une symbolisation préalablement réalisée (la lettre phonétique ne montre aucune image).

Cependant, aucune de ces formalisations écrites ne résout le problème de transcription de la langue japonaise, du fait, nous l'avons vu, de sa profusion vocalique. D'où la solution de cette sorte de dédoublement binoculaire de l'écriture. Tout se passe comme si l'un des systèmes apportait un complément à l'autre et comme si, « en dehors » du sujet, l'écriture était chargée d'un travail équivalent à celui du passage du lobe droit au lobe gauche. Si elle accomplit cette tâche, on mesure à quel point l'écriture est importante au Japon. Le chiasme organique intracérébral est remplacé par le chiasme du passage du *kana* au *kanji* (tout lecteur en *kanji* surimpose mentalement en *kana*, et réciproquement). Les effets distincts des deux sortes d'écriture par rapport à la latérali-

1. M. Grossman, T. Nakada, « A Letter is a Letter is a Letter : Pure Alexia for *Kana* », *Neurology* 56, 2001, p. 699-701.

sation corticale corroborent ces remarques. Chacun des systèmes fonctionne avec son hémisphère préférentiel. On ne s'étonnera pas de trouver une forte prédominance du *kana*, phonétique, à gauche, et du *kanji*, pictographique, à droite. On constate aussi que, à la suite de certaines lésions de l'hémisphère gauche, apparaissent des difficultés à lire et à écrire en caractères *kana*, tandis que l'usage du *kanji* est préservé. L'expérience inverse a également confirmé cette disposition [1].

On corrobore par la même occasion l'hypothèse de ce chapitre : si la latéralisation fonctionnelle du cerveau dépend de la langue apprise dans les premières années de la vie, cela signifie non seulement que la parole modèle une fonction, mais aussi que cette fonction crée l'organe, n'en déplaise aux organicistes, qui voudraient faire dépendre la fonction d'un organe génétiquement prêt à l'emploi à la naissance. L'inscription des aires sensitives pulsionnelles à droite et du différentiel verbal à gauche n'est pas innée, mais procède d'un modelage corporel par le langage. Cela n'implique toutefois pas que l'inconscient se situe à droite et le conscient à gauche, car les images, les représentations de choses ne deviennent inconscientes que dans leur relation au refoulement.

1. Les travaux de Tsunoda précédemment cités ont été validés par des recherches plus récentes, notamment du point de vue de leurs conséquences sur l'écriture. Voir par exemple Y. Dong *et alii*, « Essential Role of the Right Superior Parietal Cortex in Japanese Kana Mirror Reading », *Brain* 123, Oxford University Press, 2000, p. 790-799 ; ou encore K. Nakamura *et alii*, « Participation of the Left Posterior Inferior Temporal Cortex in Writing and Mental Recall of Kanji Orthography », *Brain* 123, Oxford University Press, 2000, p. 954-967.

# III

# S'IL EXISTE UN INCONSCIENT, COMMENT DÉFINIR LA CONSCIENCE ?

Au début de son œuvre, Freud considéra que certains phénomènes comme les rêves, les lapsus, les mots d'esprit et, par extension les symptômes, témoignaient d'un refoulement traumatique qui faisait ainsi retour. Ces « formations de l'inconscient » étaient des preuves de seconde main de l'existence de l'inconscient, dont la force était d'ailleurs pressentie depuis l'Antiquité. Au fur et à mesure que la recherche psychanalytique a étendu ses investigations, ses vérifications cliniques, ses conséquences culturelles – en un mot, son empire –, cet inconscient a pris de plus en plus d'importance. Qui doute encore de la puissance des déterminations inconscientes ? De sorte que, aujourd'hui, c'est l'existence et le fonctionnement de la conscience qui sont devenus une question. Tout à sa découverte, Freud n'en a jamais traité spécifiquement, ce que n'ont pas davantage fait la plupart de ses successeurs. On ne peut pourtant pas définir la conscience comme ce que l'inconscient n'est pas, et encore moins la considérer comme une évidence, remise au bon soin du sensible !

Il se trouve que la conscience est l'un des problèmes majeurs de la recherche neuroscientifique, qui n'arrive à en préciser ni le centre ni les processus. Certaines fonctions paraissent importantes, mais aucune ne capitalise les qualités de la conscience. Paradoxalement, ces recherches posent des problèmes dont la psychanalyse peut tirer le plus grand profit pour s'assurer de ce que sa pratique sous-tend : que le sujet de l'inconscient est le même que celui de la conscience (et que l'on ne saurait découvrir l'un sans reconnaître l'existence de l'autre). Pour montrer la nécessité de cette articulation, on partira des recherches les plus récentes sur la conscience de la vision, qui présente un gros avantage. Chacun peut vérifier facilement qu'il voit continuellement toutes sortes de scènes sans en avoir forcément conscience et sans les mémoriser. Il peut aussi garder le souvenir de détails infimes pour leur valeur symbolique, qui peut réapparaître parfois beaucoup plus tard en rêve, encore une fois sous forme d'images. Cette « conscience », acte d'un sujet, s'établit grâce à une base de données mémorisées à son insu. C'est donc tout aussitôt que la question de l'inconscient se pose, car comment s'organise la mémoire humaine ? Il n'est nul besoin d'une longue expérimentation pour reconnaître que les symboles d'événements plus ou moins traumatiques lui donnent ses plis. Qu'est-ce qu'un symbole ? Et pourquoi la fonction du symbole distingue-t-elle radicalement la conscience humaine de celle des animaux ? Une fois ces questions discutées, on abordera dans les pages qui suivront les malentendus du mot inconscient, qui n'a pas le même sens pour les neuroscientifiques que pour les psychanalystes. En atteste l'empoignade à propos du sens des rêves, controverse à l'occasion de laquelle certains scientifiques n'ont pas fait preuve de la plus grande rigueur. Cette discussion aura toutefois été utile, car le terrain est désormais dégagé pour se demander d'où provient l'éclair sporadique de la conscience et quelle en est la tour de contrôle. Une tour de contrôle est en effet nécessaire, car si le conscient fonctionne au même pas que l'inconscient, toute conscience humaine sera tributaire du mal du désir qu'elle refoule : elle est en même temps conscience des perceptions et conscience morale.

# 12

# LA CONSCIENCE DE LA VISION PEUT-ELLE FONCTIONNER COMME UN MODÈLE DE LA CONSCIENCE ?

La perception n'a rien d'automatique. Il faut faire attention pour être conscient d'une sensation. Il existe une connexion plus ou moins lâche entre la perception et la conscience [1], que chacun peut expérimenter empiriquement. Plus facilement que d'autres sensations, la vision permet d'examiner les rapports de la conscience à la perception. La neurophysiologie corrobore ce fait. Semir Zeki, professeur de neurologie au British College de Londres, a montré dès 1973 que des aires distinctes traitent différentes caractéristiques sensorielles. Ces expériences infirment l'idée d'une communication directe entre les sensations et leurs réceptions cérébrales [2]. Le

1. Selon le système que Freud appelait « perception-conscience » (*L'Interprétation des rêves*, Paris, PUF, 1970, chap. VI).

2. Le nerf optique se termine en une « patte d'oie » à partir de laquelle la perception brute se disperse : la couleur, la forme, la profondeur, le mouvement sont analysés dans des sites différents. L'aire visuelle se subdivise entre plusieurs sous-ensembles. À partir d'un centre primaire V1 situé dans la scissure calcarone, les potentiels visuels gagnent des centres spécialisés pour le mouvement (V5 et M), la couleur (V4) et la forme (V4). Un champ pariéto-occipital est spécialisé dans la perception de l'espace, et un autre dans la forme (S. Zeki : « La construction des images dans le cerveau », *La Recherche* 21, 222, 1990, p. 712-721).

message visuel, avant d'être acheminé vers le cerveau, passe le filtre d'un algorithme de compression [1] qui exige, pour que l'image puisse être reconstituée, un mode d'emploi et des lexiques consignés dans des mémoires. Les données de la perception brute sont relativement faibles par rapport aux renseignements qui parviennent finalement au cortex [2].

Cette reconstruction de l'image suppose un tri des pièces qui accèdent à la conscience. La perception ne se réduit pas à un phénomène passif, même d'un point de vue physiologique. Elle est d'autant plus active que nos images mentales anticipent les perceptions en nous préparant à recevoir certaines informations. À toutes les étapes de la chaîne visuelle les sensations se connectent en arrière avec le souvenir, en avant avec l'intentionnalité. L'identification des objets puise dans des répertoires différents selon les individus et leurs besoins personnels. Le présent s'habille avec le passé et la compréhension de ce qui se perçoit dans l'actuel ne nécessite qu'un minimum d'informations, auxquelles s'ajoutent les données déjà mémorisées. Des connexions avec des assemblées de neurones différentes de celles de la perception conditionnent la conscience. Nous reconnaissons nos sensations autant que nous les percevons. Nous vivons dans un *remake* [3]. L'image est reconstituée ou même anticipée subjectivement en fonction de ces renseignements. Ce « remontage » présente un intérêt dès lors qu'on

1. Le nerf optique comporte seulement en amont 1 million de fibres pour 130 millions de photorécepteurs dans la rétine. Ce million de fibres dessert en aval 250 millions de cellules dans le cortex.

2. Le corps genouillé conditionne le message visuel, dont 90 % des données ne sont pas rétiniennes à sa sortie, mais viennent d'autres aires du cerveau : 50 % apportent les instructions du cortex destinées à traiter le message selon les souvenirs et les intentions.

3. Roger Shepard, professeur de sciences à l'université de Stanford, considère en ce sens la perception comme une hallucination dirigée.

ne le considère pas comme une opération de filtrage, mais comme une symbolisation du pulsionnel.

Voir à partir du déjà-vu rehausse l'importance de la période de notre vie pendant laquelle nous avons appris à voir. Lorsqu'un aveugle de naissance recouvre la vue après une opération, il continue de subir un handicap, parce qu'il ne dispose pas des données permettant la reconnaissance des objets. Les enfants opérés tardivement de la cataracte rencontrent des difficultés, car ils n'ont pas accompli le travail gigantesque de connexion des images à d'autres aires corticales pendant leurs premiers mois. La capacité visuelle récupérée est du même ordre que l'aptitude à parler une langue étrangère apprise après la langue maternelle [1].

Avec Christopher Kock, Francis Crick a abordé le problème de la conscience en examinant d'abord la conscience visuelle. Ces auteurs ont cherché dans le néocortex des neurones particuliers dont la fonction aurait été, non la vision, mais la conscience de la vision [2]. Parmi les couches de neurones concernées, les plus superficielles ne font que donner une réponse locale aux stimuli. Mais les cellules des couches 5 et 6 se projettent directement en dehors du système cortical lui-même et elles ont de plus une propension insolite à la décharge en rafales. Ils ont donc attribué à ces cellules une fonction de conscience de la vision. Pour être consciente, la perception réclame l'activité d'autres aires permettant sa symbolisation [3].

1. L'imagerie cérébrale révèle que l'apprentissage d'une deuxième langue fait intervenir des aires différentes de celle de la langue maternelle. Toutefois, une interpénétration est possible en cas d'assimilation parfaite.

2. F. Crick, C. Kock, « Towards a Neurobiological Theory of Consciousness », *Seminars in the Neurosciences*, vol. 2, 1990, p. 263-275.

3. Notre vision procède en termes de description symbolique. Si l'on s'imaginait que la vision projette à l'intérieur du cerveau une sorte d'écran neuronal interne de l'extérieur, il faudrait mettre un autre petit être dans le cerveau pour voir cette image, etc.

C'est d'ailleurs l'expérience ordinaire : pour avoir conscience de ce que l'on voit, il faut ajouter à la vision un acte particulier. Sans cet acte, le sujet s'oublie dans un rêve éveillé : il part dans le décor, comme s'il était absorbé par ses sensations. Où se trouve-t-il lorsqu'il flotte dans cet état onirique ? Il est absorbé par les associations que provoquent les sensations, jusqu'à ce que la pensée se tisse et identifie la perception. Cette identification utilise un archivage qui permet de compléter des données partielles. Pour passer par exemple de la vision plane fournie par la rétine à une vision en trois dimensions, le néocortex connecte une mémoire qui ajoute la profondeur [1]. Le présent dépend de la mémoire : tout présent est un présent remémoré. La reconnaissance d'un objet se produit en fonction d'un module d'archives auquel il est immédiatement référé (ce calcul cérébral est d'ailleurs souvent entaché d'erreurs). Cette reconnaissance d'ensemble prévaut sur l'événement actuel. Chaque instantané visuel fixe le sens d'une scène en négligeant ses détails. Son intégration se produit grâce à ce sens plutôt que grâce à des qualités propres au visuel. Le souvenir convoqué par le sens complète la vision lorsqu'elle est fragmentaire. Mais le contraire n'est pas vrai : les lésions de certaines aires associatives de la vision éliminent la conscience de la perception en même temps que celle de l'imagination et même

1. Un cercle vu par la rétine peut par exemple aussi bien représenter un cercle que la projection d'une ellipse : nos souvenirs lèvent cette ambiguïté en introduisant une profondeur en trois dimensions. De plus, au message visuel brut se substitue une collection de tableaux qui consignent les données en provenance des quatre demi-rétines, auxquelles s'adjoignent les données des aires corticales. De même, si nous sommes certains qu'une personne dont nous voyons la nuque chevelue montrera un visage en se retournant et non une autre nuque, c'est grâce à une connaissance mémorisée de ce qu'est un visage (comme sur le tableau de René Magritte de 1937 : *Toute reproduction est interdite*).

du rêve [1]. Lorsque, par exemple, on reconnaît une chaise, cela ne veut pas dire que l'on pourrait décrire ensuite sa couleur, sa forme, etc. De même, si l'on aperçoit un visage, il nous est souvent difficile de préciser la couleur des yeux, des cheveux, la forme du nez, etc. Pourtant, ce visage serait reconnu s'il se représentait.

La conscience de la perception forge une vision unie et harmonisée du monde à partir de sensations fragmentaires et dysharmonieuses. Les images reçues par chacun des deux yeux en vision binoculaire sont par exemple disparates, et la conscience de la perception accomplit leur intégration en quelques centaines de millisecondes [2]. Nous lisons en vision subliminale et par saccades (selon le comportement habituel de l'œil). Les saccades varient selon la nature du texte et recueillent des paquets de données visuelles, d'ailleurs distinctes pour les deux yeux. Elles sont plus courtes si les mots sont familiers. La lecture se contente de quelques caractères et un habillage reconstitue ensuite le mot s'il a déjà été catalogué. L'habillage ne dépend pas des aires corticales de la vision. Après une attaque ou une intervention chirurgicale, la conscience resynthétise rapidement un nouvel univers, démontrant ainsi qu'elle est intégrée par une structure différente de la perception. Grâce à cette intégration, les patients ayant subi un *split brain* parlent de leur vision comme si elle était unifiée ou comme s'il n'existait aucune zone de transition entre leur zone de vision et leur zone de cécité. Bien plus, si on montre à l'hémi-

1. M. Solms, *The Neuropsychology of Dreams – A Clinico Anatomical Study*, Mahwah, Lawrence Erlbaum Associates, 1997.

2. L'information visuelle arrive au néocortex après avoir traversé le noyau géniculaire latéral du thalamus. À travers le corps calleux, composé de mille millions d'axones, l'information visuelle joint les deux hémisphères en passant de l'hémisphère droit à l'hémisphère gauche.

sphère gauche la moitié droite d'un visage, le patient déclare voir un visage entier [1].

Ces nouvelles connaissances des rapports de la perception à la conscience sont valables pour l'ensemble des animaux. Elles montrent l'importance énorme des données archivées pour la reconnaissance du sensible. Mais le démontage de ce fonctionnement ne tient pas compte de cet investissement de la perception qu'est la pulsion. En effet, il faut concevoir un système pulsion/perception/conscience, si l'on veut examiner les particularités de la conscience humaine. L'existence de cet investissement pulsionnel explique pourquoi la conscience de l'homme passe par les mots avant d'être conscience. À quoi devons-nous un tel investissement pulsionnel des perceptions, sinon à la valeur psychique qui fut d'abord celle du corps ? Le corps eut d'abord la valeur de l'absence du phallus maternel et cet investissement psychique angoissant est rejeté au dehors : il habite le visible, auquel il donne son anthropomorphisme. Et la vision prend une très grande importance pour l'homme, parce que ce qu'il voit lui ressemble et lui parle de lui, lui qui ignore qui il est [2]. Le visible est taillé à la mesure de ce qu'il a de plus intime, qu'il a pourtant rejeté. C'est pourquoi son archivage prend un tour particulier, peuplé qu'il est de symboles.

1. C. Trevarthen, R. W. Sperry, « Perceptual Unity of the Ambiant Visual Field in Human Commisurectomy Patients », *Brain* 96, 1973, p. 547-570.

2. La vision a une valeur psychique spéciale pour l'être humain. « Nous sommes des animaux éminemment visuels, et une grosse partie de notre cortex est dévolue d'une façon ou d'une autre à la vision » (G. M. Edelman et G. Tononi, *Comment la matière devient conscience*, *op. cit.*, p. 204).

13

# LA MÉMOIRE HUMAINE EST ORGANISÉE PAR LE SYMBOLE

Le terme de mémoire est souvent employé pour décrire des processus qui sont plutôt de l'ordre du réflexe et sans rapport immédiat avec la conscience ou l'inconscience. Le cerveau comporte des centaines de systèmes d'information comprenant leurs propres modules perceptifs et leur propre intentionnalité (dont la parole fait partiellement partie). Rien n'interdit de choisir des critères opérationnels, sémantiques, procéduraux ou même biochimiques qui permettent de classer ces stocks de données. Il existe différents systèmes d'information à court terme et à long terme. Mais, quels que soient les critères, on ne peut, sans abus de langage, considérer un processus de cause à effet comme une mémoire (par exemple, l'eau « se souviendrait » qu'elle doit devenir vapeur sous l'effet de la chaleur, etc.). Le terme de mémoire ne peut concerner que la conscience [1], lorsqu'une subjectivité trie les sensations en fonction d'expériences vécues. Les articulations synaptiques nouvelles

1. « Elle ne peut être uniquement identifiée aux circuits, aux changements synaptiques, à la biochimie, aux contraintes de valeur ou à la dynamique comportementale » (G. M. Edelman et G. Tononi, *Comment la matière devient conscience*, *op. cit.*, p. 121).

qu'elles engendrent échappent par principe aux déterminations génétiques. La mémoire ainsi définie ne peut donc être imputée au génétisme.

Les essais de localisation de la mémoire se sont révélés incertains [1]. L'ensemble du système nerveux a la fonction d'une mémoire latente, et l'accès à un souvenir se présente d'abord comme un problème de procédure. Ce n'est pas un stock d'images intérieures qui, comparé au présent, lui donnerait sa valeur. Le démontage et le remontage de la représentation s'opèrent selon un pliage préalable. Les travaux d'Edelman montrent que la mémoire n'est pas « représentationnelle » [2]. Elle n'enregistre pas passivement des événements qui serviraient ensuite de critères pour l'action. N'en déplaise à Kant, loin d'être passive, la perception de la sensation réclame un acte. Mais ces généralités ne disent encore rien des spécificités humaines de la mémorisation.

1. Les expériences faites sur des rongeurs au cortex sectionné à différents niveaux montrent qu'aucune zone n'est le siège de la mémoire. Le neurologue Karl Nashley a même montré qu'une ablation de 50 % du cerveau ne perturbait pas l'exécution de la plupart des tâches. Certains auteurs (comme F. Crick et C. Kock, *op. cit.*) ont établi que l'hippocampe mémorisait les perceptions, mais il n'est pas absolument irremplaçable. Des lésions de l'hippocampe ont beau perturber la mémoire, elle se rétablit le plus souvent. On en a conclu qu'une pluralité de mémoires se rattachent aux organes des sens et aux aires d'apprentissage.

2. Toute sensation est « démontée » entre plusieurs de ses qualités, dont les informations se répartissent dans différentes aires. Le remontage de ces pièces détachées précède la conscience.

## L'impossibilité de mémoriser le premier symbole engendre la mémorisation

Lorsque nous cherchons à mémoriser un souvenir, nous opérons par association et ressemblance, un souvenir en appelant un autre grâce à une sorte de geste mental. Le souvenir revient par le truchement de balises qui remontent jusqu'à lui. Il existe une analogie frappante entre les procédures de convergence de la vision et celles de la mémoire, et cela grâce à l'association simultanée d'un apport sensoriel et d'un souvenir. C'est dire l'importance des symboles, et c'est comprendre aussi que la mémorisation humaine va dépendre des événements ayant assisté à la formation de ces symboles. Chaque perception remonte des chaînes associatives et se lie à ces symboles, dont l'évocation mine n'importe quel spectacle. Toute perception représente plus qu'elle-même et, aussi vide soit-elle, elle présente au moins le mystère de la représentation. Quiconque contemple un objet expérimente son étrangeté, sa distance à lui-même, le grouillement infime qui l'anime. Un désert lui-même évoque un symbole : celui de la déréliction ou de la plus grande intimité.

L'homme n'a conscience d'aucune sensation sans la médiation du symbole. Un symbole a d'abord été une perception contemporaine d'un événement. Cette sensation a été mémorisée parce que son sujet se trouvait à ce moment-là dans un certain état affectif qui lui a donné sa valeur. Le symbole colle ensuite à la sensation grâce à ce bout subjectif. Un premier monde symbolique apparaît au fur et à mesure que s'accroît le nombre des perceptions actuelles tenant compte des heurs et des malheurs passés. Dans ce monde encore fluide, les symboles s'actualisent en fonction des événements et chacun passe au suivant le relais de son expérience.

Toutefois, les événements ne se sont pas d'abord produits pour être ensuite symbolisés. Il ne s'est pas produit « au début » un événement à la suite duquel les autres événements auraient pris leur sens. Car c'est le symbole lui-même qui fonde l'événement d'origine. L'homme a tout de suite été confronté à la signification phallique de son propre corps pour sa mère : il s'agit d'un symbole traumatisant et même du seul symbole au sens plein, qui va requérir un effort constant d'intelligence et de croissance. Pourquoi le phallus est-il un symbole, et même à strictement parler le seul – du point de vue de la psychanalyse ? C'est parce qu'il désigne une chose qui n'existe pas et que, pourtant, cette absence est un appel fondateur. Le symbole lui-même n'arrive pas à se matérialiser puisque la mère n'a pas le phallus. À défaut de matérialité, la pulsion lui offre le corps qu'elle peut et, n'arrivant pas à ses fins, sa poussée persévère, elle contamine les perceptions qui, elles aussi, seront en proie à l'ubiquité du symbole. Aucun code préalable n'oriente la lecture des perceptions : les signes reçus peuvent être ambigus, ils dépendent du contexte et leur signification peut être nouvelle en dépit de leur forme ancienne. En réalité, pour l'être humain, toute perception présente une dimension neuve, travaillée qu'elle est par un symbole en mal de réalisation depuis la naissance. Le réel est toujours jeune.

Cette poussée sans début ni fin porte à conséquence : le premier symbole n'est pas mémorisable. Ce qu'il représente est trop grand pour la conscience, qui ne s'établit qu'en refoulant sa signification. Cela veut dire simplement que l'enfant ne comprend pas ce que lui veut sa mère et que cette incompréhension est à la source de ce qu'il veut comprendre : ce mystère du symbole demande à être expliqué et pousse donc à parler. En ce sens, le symbole est à la source de la formation du langage (du symbolique). Cette énigme est un trauma, et la mémorisation des mots procède de ce traumatisme de la rencontre avec l'Autre : elle n'enregistre qu'à cette occasion une correspondance entre des sons et des objets. Les traces acoustiques s'enregistrent sous le coup des affects de ce rapport plutôt que parce qu'elles auraient un usage pratique. L'enfant ne s'intéresse à la correspondance d'un mot et d'une chose qu'à proportion de sa dette envers la personne qui la lui indique. Dans la mesure où il doit à cette personne sa naissance subjective, il échange son propre langage contre le sien, il accepte la signification qu'elle donne aux choses (il refoule ses représentations de choses privées en les remplaçant par les représentations de mots de la langue commune). Il l'accepte par amour. Un son imprime son sens, sous le coup de l'angoisse jouissive engendrée par la proximité de la personne aimée. Pour cette personne qui lui parle, il éprouve un amour aliénant : l'émission sonore lui sert de bouée de sauvetage. Le mot écrante cet amour trop grand. Apprendre à parler protège de l'excès de cet amour, et c'est grâce à lui que la correspondance du mot à la chose se mémorise avec ivresse. Ce premier élan qualifie le maternel de la langue. Les premiers mots chantent cet amour auquel ils font écran : ils en protègent et ils le célèbrent. Les objets sont nommés mille fois joyeusement à la place de l'immensité de cet amour, qui ne peut se nommer lui-même. L'impossible de l'amour ne sait où donner de la tête et, pour y pallier, les sons, qui crièrent un jour cet impossible, se saisissent des choses et y gravent un nom, mémorial de cet immémorial. Ils restent ensuite dans la dépendance de cette tension de l'amour qui se relâche peut-être à la nuit, mais ne meurt jamais.

La pulsion est au service du symbole, et c'est en fonction de sa puissance que la mémorisation s'engrange. Les perceptions ne sont pas automatiquement archivées :

chacune se traite selon le gradient d'affect pulsionnel qu'elle engendre. En fonction des circonstances, la perception d'un objet peut par exemple s'accompagner d'une angoisse. C'est elle qui fixe le souvenir. Sur l'un de ses tableaux, Van Gogh a peint une chaussure. À l'heure où il la vit, l'angoisse était sans doute indicible. La vision d'un godillot à l'heure de la déréliction, un froissement de feuilles d'arbre la nuit, un bourdonnement d'insectes à midi : voilà des événements qui peuvent être mémorisés pour toujours, tandis que les autres accidents de l'univers seront oubliés. Les perceptions sont mémorisées en fonction de la violence pulsionnelle qu'elles abritent.

La mémoire de l'homme ne peut se comparer à celle des autres vivants, parce que ce mode d'archivage la métamorphose. Ce type de stockage modifie la mémorisation, au point que l'ancien système « animal » devient obsolète. Rien ne semblerait plus naturel qu'une mémoire spontanée des perceptions semblable à celle dont disposent sans doute les animaux. Mais les pulsions travaillent et dédoublent les sensations humaines, au point que les hommes doivent vérifier constamment s'ils ont vraiment perçu ce qu'ils perçoivent ou s'ils ne seraient pas les marionnettes du rêve d'un Autre. Il n'existe pas de naturalité immédiate des perceptions humaines ni de leur mémorisation. L'acte de percevoir n'implique pas toujours la conscience, et la conscience n'entraîne pas toujours une mémorisation.

On ne trouve pas trace de l'animal sous l'homme, mais seulement de ce qui l'a hominisé. Il existe une mémoire des sensations, mais comme elles prennent valeur de symbole elles sont perçues à partir de leur histoire et des associations qu'elles engendrent. Un jugement de valeur leur est automatiquement attribué. Dès le départ, le symbole a donné sa mesure à l'événement et a orienté le jugement subjectif. Le symbole précipite l'événement et conditionne le jugement ultérieur. La mémoire fait ses choix à partir de lui : elle diffère de celle d'un ordinateur, qui stocke les informations sans jugement. La sensation la plus simple prend le pli de ce jugement symbolique. On ne peut se faire aucune idée des « sensations brutes » de l'être humain, puisqu'il faudrait pouvoir expérimenter une sensation qui ne serait pas contaminée par la pulsion.

La mémoire est toujours organisée, sinon faussée, par un pli du jugement qui la précède et l'oriente. On peut être conscient d'un souvenir tout en oubliant les détails sensoriels qui le composent : on ignorera par exemple la couleur des yeux d'une personne proche, pourtant connue de longue date. La conscience écarte les détails de la perception. La sensation des qualités passe au second plan derrière la valeur symbolique de la personne concernée : elle est précédée par un jugement. L'amour d'une personne, par exemple, fait oublier certaines de ses particularités physiques, que l'on découvre brusquement si la passion se tarit quelque peu. Le sujet mémorise seulement les représentations sélectionnées par un jugement préalable. Il oublie ou refoule les autres, quitte à se rendre malade.

## Fuite en avant des symboles « secondaires »

Les événements de l'existence tentent de répondre à la question que pose le symbole : ils essayent, mais n'y parviennent pas. En ce sens, la mémoire humaine est contrainte à l'invention et à la fiction devant n'importe quel événement, qui signifie toujours plus que ce qu'il est. La mémoire des animaux retombe sur le même programme, celle de l'homme doit constamment inventer. Cette sorte de retard constant de la mémoire par rapport à un événement premier informalisable devrait constituer un handicap. C'est au contraire ce qui rend l'invention nécessaire. Le désir de comprendre l'univers anime l'homme à cause de ce mystère plus grand que l'infiniment grand et plus petit que l'infiniment petit. Cette inconnue habite la première perception, puis les autres transmettent son symbole à des symboles secondaires. Ces symboles, qui se répondent entre eux, habitent le monde en mémoire du premier trauma. Sous le choc devant l'énigme des choses, nous les nommons, puis nous nommons ces nominations et, après elles, leurs filles et leurs petites-filles.

Après le trauma premier de la rencontre du symbole, les choses et les événements prendront une valeur symbolique, ou bien ils seront oubliés, en fonction de leur relation au symbole. Du symbole lui-même, rien ne pourra jamais dire ce qu'il est, et l'ensemble du monde symbolique cherche à élucider cette incompréhension. Nous stockons des images, des musiques, des visages, des scènes plus ou moins nettes, plus ou moins insistantes. Ils fonctionnent comme des symboles d'ordre deux : leur luminosité dépend du rapport qu'ils entretiennent au symbole majuscule, présent en avant et en arrière du mnémonique. Quotidiennement, nous actualisons de tels symboles sans nous rendre compte des liens souterrains qu'ils tissent avec nos traumatismes passés [1].

Le langage n'arrive pas à épuiser le sens du symbole qui aurait satisfait l'amour maternel. Le symbole de ce qu'il aurait fallu être domine de haut toute l'existence.

1. Ils peuvent être seulement privés ou appartenir à une communauté culturelle. Les fictions religieuses du « Père éternel », par exemple, thématisent à la vue de tous et pour des milliards d'hommes le vœu œdipien incompréhensible de tuer un père aimé. Nous voilà loin d'un inconscient défini comme un stock de souvenirs ou une mémoire d'ordinateur.

Dans une vie, un certain nombre d'événements évoquent ce symbole, par exemple une naissance, un mariage, un décès. Dans le cours de l'existence, les grands événements qui vont l'évoquer seront contaminés par le symbole et risquent d'être à leur tour marqués par une sorte d'amnésie spéciale. Ce qu'il y a de plus réel est ainsi souvent marqué d'une sorte d'irréalité qui va jusqu'à l'oubli. Ces lacunes de la mémorisation forment le noyau actif de la mémoire. Les symboles d'ordre deux fixent cette amnésie. En effet, à partir d'événements qui ont eu lieu, mais sont grevés d'improbabilité, d'autres faits se mémorisent. Par exemple, une femme peut avoir complètement oublié les circonstances et la date de ses premières règles : pourtant, cet oubli de l'événement organise la suite de ses souvenirs. Hétérogène, la mémoire sélectionne certains faits, parce qu'ils se concentrent sur de l'incompréhensible ou de l'oublié. Par exemple, la mémoire engrange des détails minimes ayant entouré une naissance, une mort, un mariage, alors que le cœur de ces événements reste flou. Ils comportent un sens trop grand pour la compréhension, et les rituels, les cérémonies, la présence de témoins officiels attestent de la réalité de ces faits. La mémoire les retient mieux grâce à leurs qualités périphériques. Elle se stratifie à partir de points d'amnésie.

Ces machines amnésiques fonctionnent comme des pompes à vide : elles aspirent les réminiscences et les organisent en chicanes, en redans, en fortins à la Vauban bâtis autour d'un trou central. La forteresse de la mémoire se construit autour de ce centre vide ; elle ne défend rien qui puisse se dire, et la défense est acharnée. De l'issue de ce combat, de la hiérarchie et de la guerre des souvenirs, de leur ordre de bataille dépend l'organisation de la subjectivité (psychose, névrose ou perversion). La structure entière du mémorisable en procède, et l'intelligence du monde en dépend. Un sujet se lancera dans l'étude des mathématiques ou des lettres dans la suite de ce coup irréel, et non parce qu'il aurait la bosse (ou le gène) des mathématiques ou de la littérature.

La mémorisation ne ressemble pas à celle d'un ordinateur qui engrange des données. La mémoire humaine discorde, elle est en quelque sorte « inversée » par rapport à celle de l'animal. Les souvenirs de l'animal sont homogènes à ses perceptions. Pour l'homme, en revanche, la mémoire enregistre un certain fait pour en oublier un autre. Au début, elle mémorise les mots pour oublier l'amour. Elle enregistre les images qui accompagnent un événement traumatisant, mais l'événement lui-même reste oublié. Les images mémorisées (les symboles) le sont en fonction d'un trou de mémoire qui conditionne la mémorisation ultérieure. Le système mnésique dépend du traumatisme qui fixe le symbole.

## Les symboles du refoulement secondaire

Au traumatisme premier succèdent d'autres traumatismes dans le cours d'une existence. Les symboles d'ordre deux prennent un sens supplémentaire quand ils mémorisent un événement lui-même traumatique. Un traumatisme n'est pas toujours un grand événement, et il est souvent minimisé lorsqu'il s'agit d'amour. Cependant, pour petit qu'il paraisse, il peut avoir d'importantes conséquences. Comment prennent naissance ces symboles secondaires ? Lorsqu'un traumatisme se produit, nous aurions préféré que cela n'arrive pas, et dans cette absence subjective nous restons présents grâce à une sensation : une odeur, une musique, une couleur, etc. Une scène, ou plus souvent son symbole, demeure ainsi présente dans le souvenir, quoique désinvestie de sens et minimisée. Le symbole figure alors un traumatisme ou un événement psychique incompréhensible : il présente ce que la pensée consciente a refusé d'intégrer. Le sujet préfère l'ignorer, le refouler, non pas au sens où l'événement s'évanouirait – c'est impossible –, mais au sens où le sujet lui-même fait comme s'il n'avait pas été présent. Il s'en soustrait. Le symbole devient un souvenir souvent vivace, mais sans sujet. Ces souvenirs constituent un monde de symboles [1]. Les perceptions fixées ne symbolisent pas seulement le traumatisme, mais aussi des sentiments ambivalents, consciemment incompatibles (par exemple l'amour et la haine).

Le symbole n'est pas forcément celui d'un événement traumatisant : il peut être aussi celui d'un souvenir heureux qui est venu calmer un traumatisme. La voix tendre, le petit jouet, le morceau de tissu, la douceur de certaines couleurs organisent ainsi le monde post-traumatique de la consolation. Quoi qu'il en soit, le champ des symboles s'organise entre des pôles positifs et négatifs, et une couleur, une odeur, une peluche, une voix restent pour toujours présentes en arrière, au centre et en avant du déroulement de la pensée. D'un événement traumatique ne reste par exemple qu'un ciel bleu. Et, depuis cette date, les cieux sont habités par son énigme. Le moteur de la mémoire échappe lui-même à la mémoire. Des symboles (ces sensations fixées) organisent une pensée qui ne les comprend pas, eux qui signifient toujours autre chose qu'eux-mêmes. Cette incompréhension ordonne la mémoire.

1. Certains traumatismes deviennent inexpugnables parce que l'énigme de la pulsion se fixe en même temps que la perception, de sorte que c'est le traumatisme premier, et le symbole premier, qui se remémore grâce à cette dimension pulsionnelle secondaire.

L'incompréhensibilité du traumatisme oblige à penser. C'est un moteur perpétuel. Le sujet s'efforce de comprendre, il n'en finit pas de fabriquer de la pensée consciente, qui ne parvient pourtant qu'obscurément, ou pas du tout, à élucider le trauma. Ce dernier reste le secret d'une pensée qui l'exclut tout en la structurant. Le traumatisme a paradoxalement une fonction fondatrice. Il ne frappe pas un sujet déjà constitué. Il force au contraire le sujet à naître aux symboles, c'est-à-dire au monde humain [1].

## La mémoire du symbole invente le futur

Le traumatisme signe l'acte de naissance paradoxal du sujet : sa vie durant il interroge ses symboles. Car le symbole de l'événement traumatisant peut se comprendre sur l'une de ses faces et rester méconnu sur l'autre, de sorte qu'il continue à représenter une énigme que la pensée cherche à résoudre. Son inconnue sécrète du nouveau. Bien qu'il se présente en mémoire d'un passé, le symbole génère l'invention, fabrique le futur à la mesure du mystère qu'il recèle. Il invente ce qu'il ignore et le mystère se déplace un peu plus loin. Il migre en même temps qu'il s'explicite. L'infinité des fictions s'origine dans le mystère du symbole. Scissipare, il crée d'autres symboles qui auront ensuite leur propre histoire.

Un adulte, par exemple, se souviendra avec insistance d'un arbre de son enfance : il se remémorera sa grandeur

1. Les enfants, par exemple, se confrontent souvent à un objet phobique qui les traumatise. Pourtant, dans la mesure où cette phobie représente la part castratrice du père, ce choc engendre un travail de subjectivation plus ou moins rapide qui sera finalement libérateur (l'objet phobique devient le totem secret du sujet, au nom duquel il parle).

et sa beauté, qui donnèrent en une fois dimension à sa propre existence. Mais quel fut l'événement secret que couvrit l'arbre ? De quel incident familial ou amoureux, de quelle solitude, de quelle déréliction profonde fut-il complice ? Cela est oublié. Seuls demeurent l'ombre et le bruissement d'un feuillage, et son symbole continue de briller une vie durant, amnésique du traumatisme dont il témoigne. L'événement dont l'arbre fut complice fut plus grand que les capacités de compréhension. Il fut plus grand que toute conscience possible, surtout s'il abritait des contradictions aussi insolubles que l'amour et la haine. La pensée ne sait comment dire l'oxymore, et elle régresse sur l'image qui reste ainsi fixée à la place du trauma. Bien qu'appartenant au passé, l'événement demeure en souffrance dans le symbole, en attente de son sujet. Chaque arbre pose ensuite la même question. À l'ombre de l'arbre, la séduction d'un adulte fut par exemple incompréhensible, parce que les théories sexuelles infantiles ne correspondent en rien à la sexualité adulte. La vue d'un arbre peut rendre malade lorsqu'il dissimule Pan, le dieu violeur. Bien que passé, l'événement domine ensuite le futur, fixé à un traumatisme jamais subjectivé. Comment aurait-il pu l'être puisque la plupart des traumatismes sexuels de l'enfance sont des faits anodins dont la signification n'apparaît que plus tard ? Les événements eux-mêmes s'effacent au profit des symboles, et leur dimension traumatique demeure inconsciente, minimisée et isolée de la signification érotique qu'ils ne pouvaient encore avoir.

Le symbole ne se dissimule pas dans l'inconscient comme dans un livre refermé que le neuroscientifique pourrait un jour ouvrir. Quand bien même en trouverait-il la trace, cette dernière ne dirait rien d'un sens sexuel dont elle était dépourvue quand il se produisit. Le refoulement ne porte pas sur le souvenir, mais sur un sens en attente de son sujet. La compréhension du passé n'en finit pas de faire retour à partir du futur. La « vie » actuelle se forge dans cet espace d'incompréhension : elle désigne le retard sur nous-mêmes que seule notre présence qualifie, une opacité d'être, d'inconscience réalisée qui s'appelle la vie quand même. La vie nomme un retard, une jouissance stupide ignorant sa raison.

## L'accumulation des symboles secondaires « dégénère » le souvenir

Cet heureux handicap d'une mémoire construite sur l'amnésie évoque une terminologie intéressante introduite par les neuroscientifiques G. M. Edelman et G. Tononi [1]. Une mémorisation se produit à partir de sous-ensembles sélectionnés de circuits qui, écrivent-ils, sont « dégénérés » : ces sous-ensembles se connectent à divers circuits, de sorte qu'un souvenir déterminé ne peut être identifié par un seul ensemble spécifique. Dans un système dit dégénéré, aucun code prédéterminé ne gouverne la mémoire. La dégénérescence implique une grande variété de circuits qui rendent les souvenirs inexpugnables. Ainsi définie, la mémoire ressemble fort aux réminiscences corroborées par la psychanalyse. La dégénérescence correspond à l'association libre : chaque élément de l'ensemble dégénéré possède plusieurs connexions avec le réseau. Ses propriétés « permettent à la perception d'altérer le souvenir et au souvenir d'altérer la perception [2] ». Elles engendrent des informations par construction, de sorte que chaque acte perceptif est aussi un acte créatif : loin d'être fidèle au passé,

1. G. M. Edelman et G. Tononi, *op. cit.*, p. 120.
2. *Ibid.*, p. 122.

la mémoire est « créative et non-réplication [1] ». Les souvenirs ne sont pas passifs, mais au contraire nos actions en cours ravivent, reconstruisent et utilisent les souvenirs : « [...] un souvenir n'est pas une représentation ; il reflète la façon dont le cerveau a modifié sa dynamique de manière à permettre la répétition d'un acte [2]. » Jamais un ordinateur n'utilisera sa mémoire en ce sens créatif. Chaque sensation sera aussitôt jugée selon un critère symbolique du bon, du mauvais, du bien, du mal, etc., qualités évaluées non pour elles-mêmes, mais en fonction de l'histoire passée de cette perception. Elle sera en conséquence mémorisée, refoulée ou oubliée [3].

## L'articulation du symbole au trauma fait l'efficacité de la psychanalyse

Si je croise le symbole d'un événement passé, je ne m'en apercevrai peut-être pas, ou je le minimiserai, mais mon estomac (par exemple) s'en souviendra. Il me fera d'autant plus souffrir que j'aurai refusé de voir ce que mes yeux auront vu sans moi. Un organe se sera souvenu à ma place. Je me demanderai si mon dernier repas ne m'a pas réussi, ou si je suis fatigué. Mais non ! La pulsion orale a seulement traduit dans sa langue ce que je veux ignorer. Lorsque le sujet refoule ou minimise ce qu'il voit, le babélisme de la langue pulsionnelle le lui rappelle dans les patois du corps. D'une frontière à l'autre, il se

1. *Ibid.*, p. 123.
2. *Ibid.*, p. 117.
3. Le démontage et le remontage des représentations dépendent du symbole et de sa créativité : « Une représentation implique une activité symbolique, activité qui est certainement au centre de notre aptitude sémantique et syntaxique au langage » (*ibid.*, p. 115).

trouve toujours un idiome vernaculaire, un sabir, un pidgin, un espéranto qui passe en contrebande d'un territoire érogène à l'autre. L'œil parle grâce au côlon, qui sait communiquer ses infections à la peau, pour laquelle l'anesthésie d'une sensation est jeu d'enfant. Et, lorsque l'alliance de ces féodaux ne suffit pas, la pulsion frappe au cœur : ce battant bête et fier comme un cheval qui s'emballe pour un rien et sait mettre son cavalier à terre. Si la médecine éteint des foyers locaux dans la forêt pulsionnelle, ils s'allument ailleurs. Mieux vaut laisser parler le refoulé dans la langue commune, l'amener, par les traverses des rêves, des lapsus, des actes manqués, dans les grandes avenues de la parole. Il peut alors s'engouffrer aussi loin qu'il le veut dans leur infinité.

Nous pourrons alors retrouver un traumatisme refoulé dont les sensations qui l'accompagnèrent sont mémorisées et fonctionnent ensuite comme symbole [1]. Ce qui évoque plus tard, non le trauma, mais le symbole, entraîne la formation d'un symptôme. Lorsque dans la vie ordinaire un détail subreptice rappelle le symbole, chaque fois qu'une sensation présente les mêmes caractéristiques : une couleur, une odeur, un son, un détail ou une circonstance identique, le traumatisme se rappelle à nous sous cette forme de savoir inconscient qu'est le symptôme. C'est pourquoi le travail sur les symboles, qui consiste à subjectiver le traumatisme qu'ils représentent, interrompt la récurrence des symptômes.

Le symbole mémorise le traumatisme : sa compréhension dépasse le sujet, qui s'en trouve absenté. En ce sens le symbole est inconscient, bien qu'il soit exposé au

1. Il arrive qu'il n'y ait pas à proprement parler un symbole, mais une simple rupture : les blancs, les défauts, les trous de mémoire attirent l'attention du psychanalyste, parce que les symptômes se constituent à leur place.

grand jour. Atemporel, le symbole attend dans cette pétrification le verbe, qui, en lui rendant son sujet, le ferait disparaître. Ce n'est pas la compréhension qui dissout le symbole et amortit la formation des symptômes, c'est l'acte qui rend son sujet à la scène traumatique, quand bien même ce sujet ne comprendrait toujours pas ce qui est arrivé.

La tâche analytique traverse ainsi une double chicane [1]. Devant un symptôme présent, il faut d'abord retrouver le symbole actuel responsable de son éclosion. Mais l'on ne saura pas encore de quel traumatisme ce symbole témoigne. Or c'est ce traumatisme qui a objectivé le sujet, situation que la verbalisation peut retourner, puisque le verbe introduit le sujet au lieu même où le symbole l'a ébloui. Il faut « associer librement » les éléments visuels du symbole (« que voyez-vous ? ») avec des signifiants organisés en phrases (« que pensez-vous ? »). Avec le matériel des rêves, par exemple, le visuel des images s'associe en différentes chaînes de pensées. Pendant la cure psychanalytique, il faut en passer par des évocations d'images [2] pour restituer les signifiants et surtout leur sujet. Ce chaînage introduit un sujet au lieu même où l'objectivation du symbole engendre potentiellement du symptôme (du savoir inconscient à la place de ce que le sujet n'a pas voulu savoir).

Retrouver et isoler le symbole (par exemple dans une image de rêve ou dans un souvenir d'enfance), puis reconstruire et subjectiver le trauma auquel il correspond

1. Lorsque la pensée consciente s'estompe pendant le sommeil, lors d'une fièvre, ou à l'occasion de l'absorption d'alcool, de médicaments, etc., ces symboles ressurgissent, non des sensations brutes. Il en va de même dans les conditions techniques de la cure psychanalytique.

2. *Einfall*, terme freudien approximativement traduit par « association libre ».

engendre un bénéfice parfois immédiat : le symptôme lâche le corps, tenu en otage en l'absence du sujet. Cela ne veut pas dire que le traumatisme disparaît, mais il change de statut, en gardant sa place d'événement fondateur de la subjectivité. Le traumatisme occasionné par le désir du père, par exemple, engendre des symptômes hystériques. Sa subjectivation ne le supprime pas, mais elle lâche désormais la bride du fantasme, dont le sujet peut se reconnaître l'acteur efficace. Bien mieux : cette fiction devient la rampe de lancement de son activité. La séduction, par exemple, le rendait malade : il sait maintenant s'en servir pour accumuler les succès. Le passage de l'état passif du symptôme à l'état actif du fantasme engendre un progrès considérable. Le fantasme de séduction continue peut-être de guetter le sujet à chaque tournant de son existence, mais la métamorphose d'une objectivation pénible en activité fantasmatique libère aussitôt le corps. Ce gain dure tant que la machine subjective reste sur la lancée du fantasme, non sans courir constamment un risque d'objectivation. La plupart des névrosés ne sont pas malades tant qu'ils peuvent agir.

# 14

# LA CONSCIENCE HUMAINE SE DISTINGUE DE CELLE DES ANIMAUX

La conscience ne différencie pas l'homme de l'animal. Les êtres vivants en général possèdent une conscience, dénotée par l'attention [1]. Cette conscience conditionne les choix nécessaires à la survie. Elle délimite le cadre de leur relative liberté [2].

## La conscience humaine est indissolublement liée à l'inconscient

La conscience humaine se différencie-t-elle de cette généralité propre à tout être vivant ? Un animal doit dis-

1. Certaines ondes corticales correspondent aux moments d'attention. Le critère neurophysiologique de la conscience est l'attention, alors que l'intentionnalité, c'est-à-dire le fait que la conscience soit toujours consciente de quelque chose (réelle ou imaginaire), caractérise son critère psychique (depuis Franz Brentano).

2. Comme le remarque Hervé Livingstone (« Sensory Processing, Perception and Behaviour », *Biological Foundations of Psychiatry*, New York, 1976), même un être unicellulaire possède un certain degré de liberté : il doit prendre des décisions entre le moment de réception de l'information à la surface de la cellule et la mise en activité des effecteurs situés à l'intérieur.

criminer des traits dans une scène en mouvement spatio-temporel. Il prête attention en reconnaissant un objet parmi ceux qui se présentent. Un poisson, par exemple, doit distinguer un ver d'un hameçon, etc. Le seul critère de l'attention définit la conscience animale. L'homme a un problème fort différent : avant d'être conscient d'un objet parmi d'autres, il doit d'abord refouler ce qui s'associe psychiquement à sa perception [1]. Il repousse l'immensité de ses souvenirs matériels et immatériels passés chaque fois qu'il veut être conscient d'une sensation, car n'importe laquelle d'entre elles se connecte par les voies métaphoriques ou métonymiques à la totalité de l'Être. Toutes sortes de rêveries se branchent sur n'importe quelle perception, qui n'arrive à la conscience que sporadiquement à proportion du refoulement, condition première de l'attention. La conscience se produit dans des ruptures de la vie onirique. Elle diffère de celle des animaux, car son propre refoulé investit la moindre perception. Le sujet de l'attention est divisé par les conditions mêmes de cette attention. Sa conscience se réalise en même temps qu'il refoule, tout en étant organisée par ce refoulement lui-même. De sorte que le sujet de la conscience humaine change de sens : il se définit à proportion de celui de l'inconscient [2]. Le sujet est

1. Écrire, comme le fait Freud dans sa lettre à Fliess du 6/12/1896 : « Le conscient et la mémoire s'excluent mutuellement », ne définit pas encore l'inconscient. Mais cette remarque indique déjà la solidarité contradictoire de la conscience et de ce qu'elle n'est pas (S. Freud, *The Complete Letters of Freud to W. Fliess*, Cambridge, Harvard University Press, 1985).

2. Les neuroscientifiques déclarent volontiers que rien de décisif n'a été découvert sur la conscience humaine. Toutefois, les résultats sont importants et manquent peut-être de l'introduction de concepts adéquats. Comment comprendre le fonctionnement de la conscience sans mesurer que le refoulement la conditionne et qu'elle éclôt en même temps qu'un sujet qui est celui de la parole ?

en même temps le sujet de ce qu'il vient de refouler et de ce dont le refoulement lui permet d'être conscient. Un seul sujet mène simultanément à bien deux opérations, dont la première conditionne la seconde [1].

La conscience et l'inconscience sont donc indissolublement liées [2]. Il existe une forme d'inconscience dans le conscient (par exemple les lapsus, les mots d'esprit, etc.) et une forme de conscience dans l'inconscient (par exemple, nous sommes conscients à l'intérieur d'un rêve) [3]. Ce n'est pas le cas pour ce qui concerne les animaux. Leur intentionnalité suppose des représentations buts élaborées en fonction de « discriminations perceptives » dont ils possèdent le concept, puisqu'ils savent subsumer le trait commun de plusieurs percepts. Leurs représentations buts ne sont pas couplées à une inten-

1. La conscience réclame le refoulement de la pulsion, et le sujet est ainsi divisé. Le même sujet est à la fois divisé par sa propre jouissance et entre conscient et inconscient. La notion féconde de sujet divisé a été introduite par J. Lacan. Il a pu dire dans le séminaire *Encore* du 8 mai 1973 : « L'inconscient, ce n'est pas que l'être pense [...]. L'inconscient, c'est que l'être en pensant jouisse, et j'ajoute ne veuille rien savoir de plus. J'ajoute que cela veut dire ne rien savoir du tout » (*Le Séminaire*, Livre XX, *Encore*, Paris, Seuil, 1975).

2. « Ainsi, l'usage conscient du langage met en jeu l'utilisation inconsciente de routines linguistiques qui, de façon automatique, déterminent la syntaxe et fournissent le vocabulaire du discours. Cette difficulté – séparer les processus conscients et non conscients – encore mal surmontée constitue la limite actuelle de la neurobiologie de la conscience » (J. Delacour, « Science et conscience », *Pour la science* 302, 2002).

3. Kant a montré dans son essai de 1763, *Essai pour introduire en philosophie le concept de grandeur négative*, qu'il faut distinguer l'opposition logique, dont les termes s'annulent, et la négativité, qui conserve une réalité à ce qu'elle négative. De même que l'ombre n'existe que par rapport à la lumière, de même l'inconscient n'est pas la simple privation de conscience. Ce dont je suis inconscient est une figure positive, bien que son sens m'échappe.

tionnalité inconsciente qui, chez l'homme, modifie le sens des perceptions au point de jeter un doute sur la réalité du réel (tant la subversion de la conscience est radicale). Le réel est pour l'homme la sorte de Graal qu'il doit reconquérir au détour de ses rêves et de ses fantasmes, prompts à lui présenter un mythe ou une religion en guise d'explication de ses perceptions.

Pour les animaux, la conscience se vectorialise simplement entre une reconnaissance du passé et une intentionnalité future. En revanche, l'intentionnalité de l'homme est conditionnée par un refoulement préalable. Si ce dernier fait défaut, par exemple pendant le sommeil, les rêves, c'est-à-dire les hallucinations du désir inconscient, se montrent aussitôt. Une fois la condition du refoulement remplie, l'intentionnalité peut se proposer n'importe quel objectif tendu entre des souvenirs et une représentation but. Pourtant, la conscience ne ressemblera toujours pas à celle des animaux, car les souvenirs, de même que les représentations buts, restent contaminés par le désir inconscient. L'action a un but manifeste en même temps qu'elle est l'éclaireur de l'inconscient [1].

Contrairement à l'animal, dont l'activité innée ne laisse aucun doute sur son intentionnalité, l'homme méconnaît dès le début le sens de son action. Un acte aussi simple que se nourrir devrait correspondre à une intentionnalité sans détour. Eh bien non ! Certains nourrissons refusent de satisfaire ce besoin élémentaire (anorexie mentale du nourrisson) selon ce que la nourriture symbolise. En réalité, tous les enfants refusent de manger à un moment ou à un autre, et la discrimination du

1. Comme l'écrit Freud : « Le patient n'a aucun souvenir de ce qu'il a oublié et ne fait que le traduire en acte [...]. On finit par comprendre que c'est là sa manière de se souvenir. »

« bon » et du « mauvais » ne s'établit pas en fonction de l'utile, sur le fond d'une conscience primaire liée à la sensation. Ce que la nourriture représente pour la mère commande cette discrimination. Les conditions de l'alimentation ne sont pas innées chez l'être humain [1]. Plus tard, et quel que soit son âge, il se conforme à un grand nombre de rituels, individuels et collectifs, pour se nourrir. Les goûts, la faim ou l'inappétence sont largement régis par l'inconscient.

## Le refoulement originaire, condition préalable de départage du conscient et de l'inconscient

Ces conditions de la conscience de l'homme la différencient de celle de l'animal. Mais, préalablement à cette conscience si spéciale, l'homme doit se dégager d'une contrainte préliminaire. Avant de refouler les associations liées aux perceptions, il faut qu'il existe quelqu'un qui, au poste de commande, soit capable de refouler. L'existence du sujet est le préalable : il ne peut être conscient d'un objet qu'à condition de refouler qu'il a d'abord été lui-même l'objet de l'Autre maternel. Cette opposition entre situation objectivée et conscience subjective prend d'autant plus d'importance que la première objectivation du corps humain est incestueuse : son refoulement est donc vital. Le sujet naît à la conscience à proportion de l'inconscience de son corps, abstraction faite de sa matérialité, dont l'effacement conditionne son attention. Nous sommes conscients en nous trouvant bizarrement

1. Son pilotage automatique n'est pas interne : il obéit à un profond transitivisme entre nourrisson et personne nourrisseuse. Quiconque a nourri un jeune enfant aura remarqué qu'il accomplit le geste mental d'avaler lorsque l'enfant déglutit.

en dehors de nous [1]. Parce que le refoulement la conditionne, la conscience donne le sentiment bizarre de se tenir en dehors du corps, lui-même étant moins bien perçu que n'importe quel autre objet [2]. À cause de son premier sens incestueux, le corps est « obscène » : littéralement, en dehors de la scène. Notre corps est en ce sens encore plus à l'extérieur que n'importe quel extérieur. Son absence de visibilité commande la visibilité [3]. La conscience du sensible s'organise autour de ce trou du corps.

Mais cette conscience est alors en défaut de ce qui lui importerait le plus. La conscience veut être toujours plus consciente, parce que son propre point d'origine a d'abord été dérobé. Ce qu'elle voudrait savoir lui échappe et la pousse avec force vers d'autres savoirs. Le désir de savoir de l'homme est propulsé par ce qu'il ne peut pas savoir (la signification sexuelle refoulée de son propre corps). Le refoulement impose un *black-out* absolu sur l'origine de sa propre poussée : cette obscurité elle-même oblige à développer toujours plus des organes des sens qui ne percevront jamais le motif de leur propre développement et chercheront à pallier indéfiniment cette carence de savoir. Le refoulement fonctionne comme une sorte de pompe à

1. D'où cette idée curieuse que la conscience, l'esprit, se trouve en dehors de la matière. Et cette conséquence du refoulement a ainsi donné aux religieux et aux philosophes la certitude étrange d'une opposition de l'esprit et de la matière, de l'idéalisme et du matérialisme, du psychique et du somatique.

2. Le « narcissisme » correspond à l'effort inquiet nécessaire pour se réapproprier et habiter un corps que la conscience rend quelque peu étranger à lui-même.

3. Nous ignorons l'intérieur de notre organisme. Nous sommes sensibles au chaud et au froid, mais nous n'entendons pas notre cœur ou nous ignorons notre pression sanguine. Cette méconnaissance est redoublée par celle qu'impose la conscience.

vide. Son défaut de représentation en voie de matérialisation constante régit la croissance de l'être humain [1].

Le mot abstraction a un sens spécial pour l'être humain, parce qu'il doit d'abord s'abstraire lui-même de l'objectivation [2]. Pour oublier sa propre nature de chose, il nomme les objets avec des traces mnésiques de sons qui, à la condition de l'abstraction du refoulement, ne sont plus elles-mêmes des choses. En parlant, en pensant, nous refoulons notre passé de chose : nous oublions que nous sommes un corps. Lorsque je parle à quelqu'un, je m'abstrais de l'univers des choses, dont je peux donc être conscient. La perception d'une chose n'acquiert un sujet (la conscience) que lorsque le mot qui dénote cette chose se définit par un autre mot (une pensée). La conscience d'une perception s'actualise donc grâce au sujet de la pensée. Le sujet de la conscience reste en toutes circonstances celui de la parole, et comme les signifiants sont d'abord extérieurs à l'organisme le poste de commande fonctionne dans cet étrange rapport extraterritorial. Le sujet de la conscience est celui qui parle : il est extérieur à tout ce dont il est conscient [3]. La subjectivité examine

1. Dans *L'Univers chiffonné* (Paris, Fayard, 2001), le physicien Jean-Pierre Luminet a montré la positivité du vide, qui ne se réduit pas à rien, « mais à un niveau d'énergie fondamental qui représente l'état le plus stable de la nature. Cette énergie du vide peut être si grande qu'elle domine toutes les autres formes d'énergie matérielle et par là-même gouverne la structure et le destin de l'univers ». Ce vide du physicien ressemble à celui qui structure le sujet grâce à ce qu'il refoule. Pour éviter d'être rejoint par ce vide, il doit produire de la conscience, qui, n'en déplaise à Kant, n'est pas un enregistrement passif de sensations, mais un acte.

2. Les animaux sont capables d'abstraction puisqu'ils reconnaissent le monde présent en fonction des abstractions de leurs expériences passées.

3. Caractéristique du sujet transcendantal distinguée depuis longtemps par les philosophes de la conscience.

le monde, abstraction faite de la corporéité. La représentation même de son corps échappe au sujet chaque fois qu'il est conscient. Notre propre apparence nous surprend toujours, ou même nous paraît étrange, à cause de cette particularité de la conscience. L'organisme poursuit son existence obscure dans cette opacité.

La conscience de la vie a pris un sens sacré, parce que la conscience est proportionnelle à l'inconscience du corps. Il faut en quelque sorte s'oublier pour être conscient, et la vie prend ainsi une dimension immatérielle plus grande que les corps qu'elle habite [1]. Cette liaison de la conscience et de la vie donne à la vie une sorte d'immatérialité, et il n'est pas étonnant qu'elle ait été considérée comme un don divin dans tant de civilisations.

## Les hommes disposent-ils d'une pensée sans langage ?

Les animaux se souviennent de signes passés pour interpréter les signes actuels : ceux de leurs perceptions, ceux qui sont émis par leurs congénères, et les leurs. Ils comprennent ainsi le monde qui les entoure et anticipent leurs actions. Ils catégorisent leurs percepts passés grâce aux concepts [2] de ces percepts. Ils reconnaissent les objets

1. Leibniz eut le pressentiment que la vie n'a de sens que du point de vue de la conscience. Dans un dialogue des *Nouveaux Essais*, il fait dire à Philalèthe que rien n'est aussi vague que la notion de vie, et Théophile de lui répondre : « Je crois m'être assez expliqué sur la notion de la vie qui doit toujours être accompagnée de perception dans l'âme. » Pour le philosophe, la notion de vie ne valait rien sans la conscience.

2. On appelle ici concept l'abstraction d'une dénotation : il ne réclame pas l'usage du langage.

grâce à ces concepts, à propos desquels ils ont des pensées, si l'on entend par là une mémorisation de signes dénotatifs (un signe désigne une chose). Dans la mesure où de simples représentations de choses engendrent déjà des pensées, on peut dire qu'il existe une pensée sans langage. Les animaux forment de telles « pensées », y compris au bas de l'échelle de la création.

Cependant, même en admettant qu'il les ait en commun avec les animaux, les représentations de choses de l'être humain diffèrent de sensations naturelles : elles sont déjà chargées d'un excès pulsionnel plus ou moins symbolisé. Les sensations sont endettées à l'égard de la pulsion, qui dépend elle-même de la demande de l'Autre, donc du langage. De sorte qu'il est difficile d'évoquer une pensée sans langage qui traduirait des sensations brutes [1].

Si l'on voulait soutenir que l'homme utilise lui aussi une pensée sans langage, il faudrait d'abord décider si l'on conserve comme définition du concept l'abstraction d'un ensemble de percepts homologues ou bien s'il faut la modifier : en effet, le langage humain n'emploie pas un système de signes dénotatifs, mais un système dans lequel la dénotation résulte de la définition des signes les uns par les autres, au moins selon une paire ordonnée (« ceci est cela »). L'homme utilise ce système de communication complexe à cause du risque que représente pour lui

1. Il existe bien, si l'on veut, une pensée sans langage, ce sont les mathématiques, mais elles n'ont plus aucun rapport avec les perceptions. Ce n'est d'ailleurs pas parce qu'elles paraissent sans langage qu'elles sont sans rapport avec lui. La conceptualisation mathématique jaillit au défaut du langage. Le chiffre s'impose au défaut de la pensée, qui est son préalable : il pallie l'inadéquation du langage au réel. Le chiffrage s'impose lorsque la pensée manque son objet. L'effort mathématique procède de l'exil du réel imposé à l'homme par le langage.

la pulsion et non à cause de sa plus grande intelligence (qui en dérive plutôt). Il est réduit à cette modalité du concept parce que le percept l'angoisse : il recèle l'inconnue de son propre refoulement. Aucune perception n'est directement consciente, car elle angoisse celui qui la perçoit au point de mettre en danger sa subjectivité. Aussitôt reconnu, le percept est nommé par un concept, lui-même sur le champ qualifié par un second concept qui l'enferme dans la boucle d'une phrase. La subjectivité respire à l'occasion de cette jonction de deux termes qui est son acte. Toute pensée devient ainsi langage verbal dont le sujet est celui de la conscience. Quand bien même l'homme mémoriserait-il comme les animaux des percepts (probabilité indémontrable), ces derniers demeureraient dépourvus de sujet, donc de conscience, tant que ne se forme pas une pensée les concernant. Les sensations sont toujours subliminaires. Dès qu'une sensation devient consciente grâce à la pensée, elle reconduit le refoulement. La parole refoule l'immensité des associations potentielles des perceptions et des mots qui les désignent [1].

Notre conscience clignote sporadiquement ; le reste du temps, nous rêvons. Nous sombrerions dans ce rêve si le pare-excitation de la parole adressée à l'autre n'assurait la flottabilité de cette attention à éclipse. En toutes circonstances nos frères inférieurs dans l'échelle de la création perçoivent pleinement et sans à-coup, sans cette paupière du rêve qui obnubile constamment l'esprit humain. Le clignotement de la conscience estompe la

1. En ce sens, la parole s'oppose à la polysémie du langage, et l'inconscient est structuré comme ce langage que la parole refoule. Voir l'aphorisme de Lacan : « L'inconscient est structuré comme un langage » (et non comme la parole). Voir également J. Lacan, « Fonction et champ de la parole et du langage », *Écrits*, Seuil, 1966.

force des hallucinations qui menace l'ordinaire des perceptions. La pensée naît à la lumière de ces lucioles, et la parole adressée à l'autre valide et décuple cette faible lueur [1].

## Le sujet, funambule d'une pensée toujours « secondaire »

L'homme aurait-il au moins en commun avec les animaux une sorte de conscience primaire des perceptions présentes, discriminées grâce à des perceptions passées ? Sur cette base, l'homme se construirait une conscience supérieure grâce à l'adjonction du langage et de la pensée. Cette hypothèse réserve à l'homme une sorte d'animalité de base. Elle légitime ainsi les travaux neuroscientifiques sur la conscience qui s'appuient sur l'expérimentation animale [2].

Mais cette hypothèse s'invalide dans la mesure où le langage déconnecte l'homme de cette conscience primaire. En effet, le langage humain n'est pas un ensemble de signes un peu plus sophistiqué que celui des abeilles ou des fourmis. Il s'agit d'un système dont les termes se

1. Freud n'a pas écrit de texte spécifique sur la conscience, comme si l'étude de ce parent pauvre se déduisait des forces contraires entre lesquelles il est tiraillé. Il en a donné une définition pourtant précise en soutenant que la conscience se réalise grâce au sujet de la parole : « Les indices de décharge par la voie du langage [...] portent les processus cogitatifs sur le plan même des processus perceptifs en leur conférant une réalité et en rendant possible leur souvenir » (*Esquisse pour une psychologie scientifique*, *op. cit.*, p. 376).

2. Sous l'hominisation on ignore s'il existe un animal viable, car l'humain n'existe pas hors de la culture. Parler d'une « nature » préalable, organique ou physiologique de l'homme contrevient à tous les critères scientifiques, car nul n'a jamais rencontré d'homme à l'extérieur de la civilisation.

définissent les uns par les autres : il ne désigne le monde qu'une fois cette médiation accomplie – plus ou moins exactement. La définition des mots les uns par les autres refoule leur valeur de signes (encore animale, si l'on veut) et en fait des signifiants. Un animal est conscient lorsqu'il réfère une sensation actuelle à une sensation passée du même ordre (traduction de signe à signe). Pour l'homme, un signe est validé par un autre signe dans une parole. Cette parole est autant un appareil de protection (pare-excitation) contre un monde dangereux qu'un mode de communication. Comme ce qu'il y a d'humain dans l'homme se construit grâce à la conscience qu'autorise le langage, son hypothétique conscience primaire se trouve entièrement subvertie. L'analogie entre l'attention dont font preuve les animaux et une sorte de conscience primaire de l'homme tourne court, car la conscience de l'homme ne fonctionne qu'en contrepoint de son inconscient.

Le langage ne surimpose pas au sujet d'une perception un sujet de la phrase qui deviendrait ainsi sujet de la conscience (de sorte que, par exemple, la vision d'une couleur ne deviendrait consciente qu'au moment où elle serait mentalement nommée). Le sujet de la conscience refoule la perception brute et se divise ainsi du sujet de cette perception : il voit bien la même chose que ce sujet, mais sa perception est désinvestie de sa valeur pulsionnelle, ainsi écrantée. Le sujet est divisé entre la pulsion qu'il refoule et sa conscience qui se forme à proportion de son mouvement idéatif. Funambule, le sujet de la perception-conscience s'avance dans cet équilibre métastable : la conscience mène une guerre de mouvement. Elle lutte à chaque instant contre la valeur pulsionnelle du perçu, qu'elle rejette dans l'inconscience.

La conscience primaire est toujours déjà minée par la pulsion, dont il faut se protéger par les mots, et ces mots eux-mêmes « replacent » l'événement présent dans les symboles du passé. La sensation actuelle est ainsi subvertie par une « scène » fondée sur une histoire unique. Ses associations ne sont pas simplement des souvenirs : elles sont régies par les symboles de l'histoire privée qui s'associent constamment aux perceptions actuelles. La singularité de la conscience ne se partage avec autrui que parcimonieusement, parce que les symboles infusés dans les choses ne leur donnent pas la même signification.

L'homme se déconnecte ainsi d'un monde de signes pour entrer dans un autre univers. Plus jamais il ne connaîtra ce monde immédiat où les signes se marient aux choses [1]. Pourtant, on pourrait croire que ce mariage a lieu. Une fois le refoulement accompli, il en résulte une équivalence entre une perception présente et son concept. Le processus est oublié au profit de son résultat : on a l'impression que la conscience a facilement désigné un objet. En réalité, le mot qui semble désigner si aisément la chose prend son sens grâce à un autre mot défini dans une phrase. Une grammaire et les connexions infinies d'un lexique légitiment secrètement un tel acte de conscience. On examine le résultat de la parole (c'est-à-dire la dénotation de quelque chose) en oubliant les conditions de ce processus, notamment le crédit que l'interlocuteur lui accorde pour sceller sa vérité. Au fond, toute parole reste suspendue à une interrogation sur sa propre validité tant qu'elle n'est pas approuvée par quelqu'un. Chaque phrase se termine implicitement par un point d'interrogation. Dans une communauté quelconque (même lorsqu'elle se dit scientifique), seuls les

1. Imaginons une fusée lancée dans l'espace : une fois qu'elle échappe à l'attraction terrestre, elle ne relève plus de ses lois, bien qu'elle en provienne. Son pilotage dépend alors d'une autre mathématique de l'information.

énoncés majoritairement reconnus passent pour vrais, parfois contre l'évidence. L'indice de vérité d'une sensation réclame le jugement de la parole : il décide de la nature de ce qui est accrédité, sinon de ce qui est.

Si une perception ne devient consciente que grâce à l'appui pris sur le lexique et sur la syntaxe, la conscience humaine paraît surencombrée, comparée à celle des animaux ! On mesure le retard énorme de l'homme, qui doit sans fin lutter contre son inconscient, alors que les animaux sont immédiatement conscients ! Mais ces atermoiements pris par l'homme pour se dégager de ses brouillards psychiques ont finalement engendré son avance. Ces délais l'ont obligé à poser des hypothèses, à prendre des mesures, à expérimenter, à perdre du temps pour vérifier la réalité du réel, afin de s'assurer que ses fantasmes ne lui ont pas fourré une fois de plus la tête dans leur sac. Ces détours portent finalement le nom de science, produite par la race humaine victorieuse de ses rêves, mais qui, sans ses rêves, n'aurait jamais remporté pareille victoire. La science, enfant renégat de l'inconscient, peut si facilement le prendre en horreur…

# 15

# LES MALENTENDUS DU MOT INCONSCIENT

## Position du malentendu conceptuel

Les abîmes muets de l'anatomie servent parfois de métaphore de l'inconscient. Ainsi, à l'emboîtement de plusieurs cerveaux correspondrait la différenciation du primitif et du culturel, de l'affectif et du raisonnable, de l'inconscient et du conscient, comme si les fonctions de la conscience appartenaient au néocortex et celles de l'inconscient aux systèmes sous-corticaux. Selon Paul MacLean, par exemple, le cerveau humain résulte de l'emboîtement successif de trois parties [1]. Le cerveau reptilien comprend la formation réticulée et le striatum. Il est le siège des comportements de survie de l'espèce et génère des comportements invariables. Il ne s'adapte pas. Le deuxième cerveau correspond au cerveau limbique,

1. « Au cours de l'évolution, le cerveau des primates se développe selon trois patrons principaux qualifiés de reptilien, paléomammalien et néomammalien. Il définit ainsi une hiérarchie de trois cerveaux dans un. Chaque cérébrotype a sa propre forme d'intelligence, sa propre mémoire spécialisée et ses propres fonctions motrices et autres. Chacun est capable d'opérer indépendamment des deux autres » (P. MacLean, *Les Trois Cerveaux de l'homme*, Robert Laffont, 1990).

siège des motivations et des émotions. Il peut répondre à une information présente en faisant appel au souvenir. Le troisième cerveau, néomammalien, est représenté par le néocortex, capable, grâce au lobe frontal, d'anticiper des réponses à une stimulation. L'archaïque est-il le cerveau reptilien de MacLean, auquel seraient venus s'adjoindre les systèmes limbiques et corticaux, civilisateurs ? Pourquoi appeler reptilien une partie du cerveau et cette dénomination ne laisse-t-elle pas penser que nous gardons quelque chose du serpent ? L'interprétation implicite de cette historicité du cerveau voudrait que le plus archaïque (l'inconscient ?) soit localisé dans le cerveau sous-cortical.

On peut examiner dans ce sens des travaux récents sur les troubles obsessionnels compulsifs, isolés comme une maladie à part (alors qu'il s'agit d'un symptôme classique de la névrose obsessionnelle). La compulsion obsessionnelle est ramenée à une opposition du cortex et des systèmes sous-corticaux. Lorsqu'il examine cette hypothèse, Roland Jouvent cite les travaux de Judith Rapaport, selon laquelle l'anxiété obsessive aurait comme cause un hypofonctionnement cortical et un hyperfonctionnement sous-cortical. Selon J. Rapaport, le sous-cortical serait assimilé aux « comportements archaïques [...] normalement réprimés par le développement du cortex et de la pensée ». Mais ce sont justement certaines pensées qui sont obsédantes [1] !

Parmi les travaux les plus brillants consacrés aux rapports des neurosciences et de la psychanalyse, on peut citer aussi celui de Jean-Pol Tassin, qui a ramené dans un proche passé l'opposition du cérébral et du psychique à celle de deux réseaux internes au système nerveux

1. Roland Jouvent, « Stress, adaptation et développement », *in* Y. Michaux (dir.), *Le Cerveau, le langage, le sens*, *op. cit.*, p. 158.

central : le premier, somato-sensoriel, centré sur le thalamus, le second, neurovégétatif et affectif, ayant pour centre l'hypothalamus. L'inconscient serait ainsi mis au service de l'affectif (ce qui demanderait une explication) et une localisation organique lui est explicitement attribuée [1].

Ces quelques exemples suffisent à l'indiquer : il faut examiner au préalable un sérieux problème conceptuel. Les neuroscientifiques n'ont pas plus de résistances contre la psychanalyse que la moyenne de l'humanité, et nombre de travaux cherchent à lui réserver une place. Mais leur compréhension habituelle de l'inconscient embarrasse la recherche, car il est généralement confondu avec le préconscient, c'est-à-dire avec des souvenirs ou des processus qui redeviendraient conscients si l'attention se portait sur eux, ou avec le pilotage automatique dont dépendent la plupart de nos activités, ou encore avec le non-conscient, c'est-à-dire des activités réalisées indépendamment de la conscience. Certes, le terme inconscient n'appartient à personne, et libre à chacun d'en user à sa guise. Mais l'usage constant du mot inconscient à la place de préconscient (de ce qui pourrait devenir conscient) ou de non-conscient (les activités automatisées ou automatiques de l'organisme) relève plutôt d'une confusion. Ces catégories sont faciles à distinguer et, même sans être freudien, on peut comprendre qu'une activité qui détermine la conscience sans jamais être consciente elle-même n'a rien à voir avec le préconscient ou le non-conscient.

Prenons par exemple le terme d'inconscient cognitif, largement utilisé dans les travaux de Francisco Varela ou

1. J.-P. Tassin, « Peut-on trouver un lien entre l'inconscient psychanalytique et les connaissances en neurologie ? », *Neuropsy* 4, 8, 1989, p. 421-434.

de Lechevalier. Sa description correspond à un certain type d'automatisme : « Dire qu'il s'agit du domaine de l'inconscient cognitif signifie qu'il est fait appel dans la perception et la production du langage à des automatismes cognitifs [...] [1]. » Naturellement, l'effectuation du langage bénéficie de nombreux automatismes sensitifs et moteurs, mais cette réalisation non consciente se distingue de l'inconscient. Il eût été préférable d'employer le terme de préconscient ou de non-conscient (ou de créer un nouveau concept), car des mécanismes analogues au réflexe conditionné ne correspondent pas à ce que ce terme désigne bien au-delà de la psychanalyse.

De même, certaines sensations sont qualifiées d'inconscientes alors que nous agissons comme si elles étaient conscientes. Un cognitiviste comme Ray Jackendoff, par exemple, parle volontiers de l'inconscience visuelle de la tridimensionnalité ; naturellement, cet automatisme diffère de l'inconscient [2]. De même, les expériences concernant l'héminégligence montrent des sujets *split brain* agissant comme s'ils ne percevaient pas à droite ou à gauche à la suite d'accidents ou d'une chirurgie séparatrice des hémisphères cérébraux. Pourtant, dans une situation donnée, ils compléteront leurs lacunes sensorielles devant une certaine scène grâce à des stocks d'images mémorisées. Ils se comportent comme s'ils avaient perçu l'ensemble grâce à une mémoire. L'héminégligence montre, selon nombre d'auteurs, que la sensation actuelle devrait autant à la perception présente qu'à la mémorisation du passé, assimilée à l'inconscient [3].

1. Bernard Lechevalier et Bianca Lechevalier, *Le Corps et le Sens*, Lausanne, Éditions Delachaux et Niestlé, 1998, p. 219.

2. R. Jackendoff, *Consciousness and the Computational Mind*, Cambridge Mass., The MIT Press/Bradford Books, 1987.

3. En réalité, il y a désinvestissement pulsionnel de la perception, qui reste intacte.

Bernard Lechevalier remarque, à propos de la neuropsychologie de la mémoire, que, « bien loin de contredire les théories psychanalytiques, elle nous paraît au contraire les compléter [1] ». Il est en effet ruineux de supposer des contradictions lorsqu'il n'y en a pas. Cependant, « compléter » un point de vue par l'autre devient difficile si Lechevalier considère à l'avance les espèces de la mémoire comme des entités « neurobiopsychologiques qui ressortissent à des structures cérébrales spécifiques ». Si l'anatomie apporte déjà une réponse, pourquoi poser les questions ? Examinons pourtant les propositions de B. Lechevalier, qui oppose deux sortes de mémoire : la mémoire procédurale et la mémoire déclarative. La première procède des apprentissages (c'est celle dont parlait Descartes à propos du joueur de luth). Quant à la seconde, elle concerne les faits qui relèvent de la conscience. Cette classification correspond peut-être à « des structures cérébrales spécifiques », mais pourquoi vouloir annexer l'inconscient dans la rubrique « mémoire procédurale », comme si les réactions sentimentales, l'éducation, les croyances, etc., définissaient l'inconscient [2] ? L'inconscient se trouve ainsi localisé dans une partie du cerveau, alors que la mémoire déclarative dépend du néocortex. Cependant, l'inconscient freudien n'entre pas dans le fourre-tout de la mémoire procédurale, que ce soit sous couvert d'affectivité, d'habitudes apprises ou même au prétexte que des lapsus et des actes manqués se font jour dans des moments de pilotage automatique. Une localisation distincte ne sépare pas cet

1. Bernard Lechevalier et Bianca Lechevalier, *op. cit.*, p. 74.

2. « C'est dans cette mémoire que sont stockées et qu'interviennent dans l'inconscient des traces mnésiques qui régissent nos comportements, construisent notre personnalité, gouvernent notre affectivité » (*ibid.*, p. 78).

inconscient du conscient : il infiltre plutôt le conscient, et rien ne l'amuse autant que de faire irruption dans la mémoire déclarative. Certains faits massifs montrent que la mémoire ne dépend que secondairement de processus neurophysiologiques. Nous avons tous éprouvé à la fin de la phase de latence l'amnésie infantile qui la conclut (même sans être psychanalyste) [1]. Tous les jours nous oublions et nous nous ressouvenons d'événements majeurs de notre existence ou du nom propre de certains de nos proches. La neurophysiologie de la mémoire n'explique rien de l'inconscient.

Dans le même sens, les cognitivistes mettent sur le compte d'une « mémoire implicite » les répétitions de l'inconscient. Larry Squire et Eric Kandel ont introduit la notion de mémoire implicite qui comporte, outre les actes automatisés, l'environnement affectif de l'enfance et l'éducation [2]. Ces chercheurs assimilent à l'inconscient freudien les structures profondes de cette mémoire. Qualifier un processus de mémorisation automatique d'inconscient conduit inévitablement à une confusion avec l'inconscient freudien [3].

1. Voir A. Baddeley, *La Mémoire humaine. Théorie et pratique*, Grenoble, Presses universitaires de Grenoble, 1993.

2. L. Squire, E. Kandel, *Memory : from Mind to Molecules*, New York, Scientific American Library, 2000. Selon ces auteurs, le support anatomique de la mémoire implicite diffère de celui de la mémoire explicite, c'est-à-dire la partie interne des lobes temporaux et l'hippocampe, de même que le circuit qui en part (auquel James Papez a donné son nom).

3. M. Gauchet considère que la théorie de l'évolution « mène à s'interroger sur le fabuleux poids de la mémoire, obscurément inscrit dans le corps et dans les âmes ». Ce qu'il appelle mémoire réduit le fonctionnement psychique au réflexe conditionné (*L'Inconscient cérébral*, *op. cit.* Voir le chapitre « Le réflexe à l'assaut de l'esprit »).

Les recherches de Gerald Edelman et de Giulio Tononi concèdent volontiers que des déterminations inconscientes contaminent l'activité consciente : « [...] des processus inconscients peuvent affecter le noyau dynamique et ainsi influencer l'expérience consciente. » Mais ils décrivent ainsi des routines « apprises et automatiques » dérivant d'activités qui ont d'abord été conscientes : « des actions conscientes, il résulte que ces routines inconscientes peuvent êtres isolées ou bien liées en série pour donner lieu à des boucles sensori-motrices contribuant à ce que nous avons appelé des cartographies globales [1] ». Ces chercheurs considèrent au mieux l'inconscient freudien comme une complexification de processus d'automatisations. Dans le but de ne pas tomber dans la neurologie spéculative, ils évitent d'indiquer « les aspects de la cognition inconsciente [2] ». Mais, ce faisant, ils sont déjà sur des bases organicistes qui les empêchent de tenir compte des résultats de la psychanalyse, ou seulement de ce que signifie inconscient pour Freud.

## Caractéristiques principales de l'inconscient freudien

Qu'est-ce que cet inconscient ? Il faut le préciser, car une fois éliminé le préconscient et le non-conscient, de nombreux neurophysiologistes [3] estiment que « leur » inconscient ne diffère guère de celui des psychanalystes : il s'agit, selon eux, de souvenirs surgelés stockés quelque part dans le cerveau. Peut-être nous souvenons-nous de tout. L'inconscient serait alors cet archivage exhaustif du

1. *Comment la matière devient conscience, op. cit.*, p. 211.

2. *Ibid*, p. 213.

3. Voir, par exemple, Israël Rosenfield, *L'Invention de la mémoire*, Paris, Flammarion, coll. « Champs », 1994.

passé [1]. Mais l'inconscient n'est pas spécifiquement défini par des souvenirs qui échappent à la conscience et qu'il suffirait de faire apparaître, comme lorsqu'un ordinateur montre enfin les informations d'une banque de données égarée. Un souvenir (et avec lui le stock des symboles afférents) reste inconscient non lorsqu'il est oublié, mais lorsque son sujet ne parvient pas à en prendre la mesure. L'absence du sujet qualifie son inconscience, alors que l'événement lui-même est parfois remémoré tous les jours (comme c'est le cas de certaines scènes traumatiques).

Nombre de philosophes et d'épistémologues réfutent l'existence même de cet inconscient : « Vous prétendez – disent-ils – prouver l'existence de l'inconscient grâce à ses conséquences. Mais cette vérification est consciente et ne prouve pas l'existence de l'inconscient : votre hypothèse est un paradoxe indécidable [2] ! » Ces critiques supposent qu'il existerait un lieu spécial, un inconscient, considéré comme une instance à part ayant ses contenus propres. Mais l'inconscience n'est pas un lieu ou une substance. C'est d'abord l'absence de subjectivation de certaines représentations, qui par ailleurs restent mémorisables et perceptibles. Certains processus sont inconscients parce qu'ils n'ont pas de sujet : ce dernier ne peut pas ou ne veut pas savoir ce qui demeure ainsi inconscient [3].

1. Telle est l'hypothèse de Bergson dans *L'Énergie spirituelle.*

2. En ce sens, Roger Caillois écrivit dans *Babel* que l'inconscient « par définition est inconnaissable : il cesse d'être inconscient au moment où il est révélé à la conscience » (Paris, Gallimard, 1948). De même pour Edmund Husserl, parler d'un contenu « inconscient qui ne deviendrait conscient qu'après coup » constitue une véritable absurdité.

3. Freud a toujours été pragmatique avec les concepts et, lorsqu'il est passé de la première topique (Ics, Pcs, Cs) à la seconde (Moi, Ça, Surmoi), il a surtout opéré une simple « falsification », au sens où l'entendait Karl Popper. La seconde topique n'invalide pas la première, dont elle fait un cas particulier.

Concernant sa propre origine, il ne peut pas savoir la place de phallus auquel les pulsions cherchent à l'assigner à sa naissance. Le but de la pulsion reste inconscient, parce que l'identification du corps au phallus maternel est contradictoire avec celle d'un sujet libéré de cette représentation incestueuse [1]. Cette inconscience est celle du refoulement primordial.

L'inconscience concerne ensuite la pensée dont le sujet ne réalise pas qu'il la pense ou qui n'en saisit qu'une dimension. Les contenus inconscients sont inclus dans des contenants parfaitement lisibles et perceptibles : seule l'absence du sujet qui leur serait adéquat les rend inconscients. Par exemple, « on » se souviendra tous les jours d'un souvenir d'enfance, mais sans mesurer sa portée, comme s'il était arrivé à quelqu'un d'autre ou comme s'il s'agissait d'un film que l'on revoit de temps en temps, distraitement, sans bien comprendre de quoi il s'agit et sans le situer dans l'histoire. Inconscient veut alors dire qu'il n'y a pas de sujet conscient d'un processus de pensée ou d'un fait. Ces événements peuvent être présents à la mémoire, mais le sujet se comporte comme si cela ne lui était pas arrivé, il n'en comprend pas la signification. Il peut s'agir d'images, de symboles, de souvenirs. Ce stock de sensations a de l'importance pour celui qui se les remémore souvent, sans en mesurer l'importance. Bien plus, il refuse d'interroger ces représentations parce qu'elles recouvrent un traumatisme ou parce qu'elles comportent des contradictions impensables, par exemple lorsque l'amour et la haine s'adressent à la même

1. On comprend alors pourquoi Freud a préféré utiliser le nouveau terme de « Ça » pour désigner avec plus de précision le refoulement primordial. Le « Ça » nomme la base opérationnelle des pulsions : ce corps psychique spécial qui vampirise l'organisme et cherche à le conformer à son schéma directeur.

personne. Mémoriaux de ces contradictions, les « formations de l'inconscient » sont par conséquent contradictoires. Car tel est le motif le plus fort de l'inconscience subjective.

Une image de rêve, par exemple, est souvent consciente pendant le rêve lui-même, puis dans une certaine mesure au moment du réveil. Mais il lui manque le sujet adéquat aux contradictions qu'elle figure. Elle s'évapore au fur et à mesure que le sujet cherche à la saisir, parce que la conscience ne saisit que le non-contradictoire [1]. La pensée consciente n'intègre pas une contradiction, mais une image le peut : c'est pourquoi le rêve s'exprime préférentiellement par images. Le symptôme aussi exprime une contradiction, par exemple celle de l'amour joint à la haine ou celle du désir sexuel lié à son interdit [2].

Une des difficultés majeures de compréhension de cet inconscient freudien est qu'il résulte d'un acte : le refoulement. Un sujet ne veut ou ne peut pas savoir les implications d'une certaine situation, donc il la refoule. Il la refoule même d'ailleurs si bien qu'il refoule en même temps sa responsabilité d'acteur du refoulement. Le mot refoulement laisse entendre qu'une pensée, un affect ou un symbole ont été mis à part, « poussés en dessous » ou

1. Freud a affirmé dès *L'Interprétation des rêves* que l'inconscient ne connaît pas la contradiction. En effet, c'est dans la mesure où un sujet ne peut comprendre une contradiction qu'elle reste inconsciente.

2. En ce sens, Freud fut particulièrement intéressé par les travaux de Karl Abel sur les sens opposés dans les mots primitifs (voir S. Freud, « Des sens opposés dans les mots primitifs », *Essais de psychanalyse appliquée*, Paris, Gallimard, 1971). Abel fit ses recherches sur les hiéroglyphes égyptiens (par ailleurs paradigmatiques de l'écriture des rêves). Ses travaux paraissent aujourd'hui contestables (comme l'a montré Émile Benveniste). Mais l'idée mérite d'être retenue. On pourrait montrer qu'il existe aussi en français des mots ayant des sens opposés (par exemple « bouche » ou « avant »).

rejetés de la conscience. Le neurophysiologiste serait alors en droit de chercher quel repli cérébral abrite ces entités refoulées. Or le refoulement ne résulte pas de l'oblitération d'un terme ni d'un interdit pesant sur une représentation ou sur une action. Car la pensée consciente comporte en elle-même, à sa surface en quelque sorte, le terme que son sujet n'évalue pas. Comme l'inconscient fonctionne au sein du conscient, on n'en trouvera jamais de traces autonomes.

## L'inconscient fonctionne en ultraplat dans le conscient

Prenons un exemple de développement contradictoire qui implique l'inconscience dans le conscient. Dans *Malaise dans la culture*, Freud explique que l'aphorisme biblique « Aime ton prochain comme toi-même » énonce sous une forme inversée la visée pulsionnelle qui consiste à maltraiter, à exploiter, à abuser sexuellement le semblable. Le commandement donne l'ordre d'aimer, mais à qui le prescrit-il, sinon à des individus en proie à la haine ? On peut compléter l'aphorisme en lui ajoutant la partie refoulée : « Aime ton prochain comme toi-même, *toi qui le détestes.* » Cette inversion présente le refoulement, exprimé par l'aphorisme lui-même : le refoulé n'est pas « déposé » dans un autre lieu.

Mais n'est-il pas trop simple de considérer que le commandement de l'amour refoule la haine, qui serait la vérité du sentiment porté au semblable ? Mieux vaut en effet dialectiser un complexe dont les contradictions engendrent circulairement leurs termes. En effet, la haine adressée au prochain concerne une part de nous-mêmes que nous rejetons. Je déteste peut-être pulsionnellement mon prochain, mais, comme cette haine me permet d'exister, je l'aime. Je l'aime comme la part de moi-même que j'ai rejetée. « Aime ton prochain comme toi-même, *toi qui t'es d'abord détesté. Grâce à lui, tu t'aimeras.* » Mais la circularité poursuit aussitôt son engendrement, car contradictoirement l'amour pour le semblable m'aliène, et par conséquent engendre la haine.

La conscience n'arrive pas à reconnaître un tel sac d'ambivalence. Elle comporte en elle-même le désir dont elle est inconsciente. Mais cette ambivalence reste lisible à la surface de la parole, non dans les profondeurs. Le point contradictoire doit être déduit : une phrase grammaticalement bien formée ne l'énonce pas. La pensée consciente est l'instrument actif et privilégié du refoulement : elle rejette la contradiction qui caractérise l'inconscient [1]. Dans la phrase « Aime ton prochain comme toi-même », la grammaire refoule élégamment le conflit de deux valeurs contraires dont l'une, l'amour, est directement énoncée, tandis que l'autre, la haine, doit être déduite. La conscience ne montre ainsi aucune contradiction, bien que l'impératif permette de la lire.

L'aphorisme biblique montre le travail ordinaire de l'inconscient dans le conscient. Mais, dans cet exemple, l'amour a une portée beaucoup plus grande [2]. On peut s'en servir aussi pour montrer comment s'articule le refoulement selon l'ordonnancement du complexe d'Œdipe. On considérera d'abord que le commandement d'aimer le prochain est coextensif à l'acte de lui parler. Les phrases sont faites pour être adressées à quelqu'un : elles s'organi-

1. La pensée consciente s'exprime selon les principes de la logique aristotélicienne : elle fonctionne au tiers exclu, à la non-contradiction et à la réflexivité.

2. Ce premier commentaire a seulement donné une idée du refoulement primordial de la pulsion, qui commande « l'Hainamoration » du prochain (selon le mot de J. Lacan).

sent en fonction du sentiment porté au semblable. Au fur et à mesure que je lui parle, ma propre pensée se dévoile. En parlant, je me révèle à moi-même grâce à l'*alter ego*. « Je » m'assure de mon existence au résultat d'une pensée adressée à autrui. Il existe ainsi une instabilité de la subjectivité : le sujet n'est jamais assuré de son appartenance à son corps, parce que l'origine grammaticale de sa subjectivité dépend d'autrui. Je parle grâce à l'autre, du lieu de l'autre, au dehors, et d'ailleurs si j'émets bien les sons des mots par la bouche, ils me reviennent pourtant par l'oreille, de l'extérieur. « Je » suis ainsi aussi bien dedans que dehors, selon ce qui est l'une des approches possibles du sujet divisé.

Voilà pourquoi le nom que porte le sujet prend une telle importance. Tout être humain qui parle est un sujet, mais il n'est ni assuré ni constant que ce sujet porte son nom. Le nom propre ancre le sujet à son corps selon le double axe de sa filiation (le patronyme) et de son appartenance sexuelle (son prénom). Moi qui n'arrive à parler que du lieu du semblable, je suis quand même ce « moi » parce que je porte un nom – qu'il existe un sujet de la phrase est certain, mais que ce sujet soit « moi » n'est assuré que si « je » porte ce nom. Un nom n'est pas une étiquette apposée à des fins d'identification : il m'a été donné, mais l'ai-je pris, ai-je su le prendre ? Tous les sujets qui parlent ne sont pas sûrs d'avoir pris leur nom [1]. Ou, s'ils l'ont pris, il peut leur échapper à certains moments, les laissant dans un sentiment d'anonymat.

1. Le sujet de la psychose, notamment, doute constamment de son nom. Il parle, cela est sûr, mais il peut brusquement éprouver que ce qu'il dit ou ce qu'il pense lui revient du dehors, en écho de la pensée, en pensée forcée ou lorsqu'il hallucine et se dédouble entre ses pulsions et sa conscience. Plus communément, les femmes plutôt que les hommes ont l'intuition que la possession d'un nom n'est pas si assurée, elles qui peuvent vouloir le perdre par amour.

Il ne suffit pas qu'un nom ait été donné, encore faut-il qu'il soit pris et ce mouvement entre donner et prendre illustre l'ambivalence à l'égard du père. Un père peut donner son nom, mais cela ne suffit pas, car l'enfant doit le prendre violemment pour s'identifier à lui. Prendre le nom du père, c'est se mettre à sa place, donc fantasmatiquement le tuer, quoiqu'en l'aimant finalement pour avoir permis que le don du nom porte à conséquence [1]. Le père est à la fois aimé – parce qu'il donne le nom – et détesté à cause de la rivalité œdipienne grâce à laquelle ce nom est pris [2]. L'amour et la haine vont correspondre à des fonctions paternelles bien distinctes. Les fonctions paternelles seront réparties, par exemple, entre plusieurs personnes ; ce fut le cas d'Œdipe dans le mythe thébain : il eut deux pères, l'un pour la haine, l'autre pour l'amour [3].

Cette articulation de deux fonctions paternelles constitue un « complexe », c'est-à-dire un ensemble contradictoire, mais solidaire et covariant, bouclé selon un certain cycle.

1. Le don le plus difficile et de plus grande portée d'un père consiste à accepter la violence de cette prise de nom, latente pendant l'enfance, mais plus sensible à l'adolescence. Cette acceptation signifie que le père laisse agir ou qu'il encourage à agir : qu'il autorise les jeux, qu'il pousse à étudier, qu'il accepte la vie sexuelle exogame de ses enfants, etc.

2. La loi française autorise désormais une mère à donner son nom à son enfant, qui portera alors le nom du père de cette mère. Certes, elle peut le lui donner, mais il n'est pas sûr qu'il le prenne, car quel motif œdipien aura-t-il pour le faire ? Au contraire, la rivalité avec un père donne un sens à la prise de son nom.

3. Sur le même modèle, la plupart des enfants pensent un jour ou l'autre qu'ils ont été adoptés. Ils se donnent ainsi deux pères. D'autres délèguent une des fonctions paternelles qui les effraient à un animal phobique (puis totémique). La dénomination religieuse d'un « Père éternel » illustre ce nœud d'ambivalence : le mot éternel porte en lui-même la contradiction puisqu'il signifie à la fois « mort » et « vie pour toujours ».

Ainsi, dans la plupart des cas, la haine est refoulée au profit de l'amour. Mais cet amour du père devient alors lui-même un énorme problème car, comme tout amour, il engendre un désir sexualisé. Ou, plus exactement, ce désir porterait à des conséquences sexuelles s'il n'était refoulé. La seule pensée de ces conséquences engendre un « traumatisme sexuel subjectif », produit final et noyau du refoulement proprement dit dans les diverses formes de névrose. Le traumatisme sexuel (uniquement subjectif, naturellement) structure la subjectivité ordinaire. Ce traumatisme donne son élan au fantasme de meurtre du père, refoulé.

Le processus qui vient d'être décrit articule le passage du refoulement primordial (rejet des pulsions) au refoulement proprement dit (portant sur le parricide œdipien). Un refoulement qui, au départ, portait sur la demande pulsionnelle maternelle (l'inceste) devient au bout du parcours un refoulement du traumatisme sexuel par le père (le fantasme de séduction). Ce qui était pulsionnel à l'origine, refoulé grâce à la sonorité des mots, débouche sur le problème du sujet de ce langage et du nom qui lui permet de se l'approprier.

## Écriture symptomatique de l'inconscient

Un tel nœud de contradictions qui se solutionnent provisoirement l'une par l'autre reste inconscient : la représentation inconsciente ne s'intègre pas à celle qui est consciente [1]. L'inconscient travaille dans le conscient à partir de deux dimensions, par exemple celles de l'ambiva-

1. Par exemple, une femme qui veut changer par amour son nom pour prendre celui de son époux n'intègre pas qu'en répudiant son nom elle tue symboliquement son père.

lence. Tant que cette contradiction n'est pas subjectivée, elle peut engendrer des symptômes qui extériorisent l'ambivalence : le corps parle à la place du sujet. Dans cette névrose ordinaire qu'est l'hystérie, par exemple, l'ambivalence à l'égard du père engendre un désir d'être aimé(e) en même temps qu'une dérobade aux conséquences sexuelles de l'amour (désir de non-désir). Nombre de symptômes procèdent de cette duplicité à l'égard du père : la frigidité, les cystites, l'anorexie ou encore la cécité hystérique. Les troubles de la vision, qui vont jusqu'à la perte de la vue dans l'hystérie, montrent comment un symptôme aussi handicapant succède à l'ambivalence. Il faudra « être vu(e) » pour plaire et être aimé(e). Mais, comme il faut refouler la conséquence sexuelle de la séduction, la séquence complète consiste « à être vu(e) sans voir ». Le symptôme se structure dans la suite de l'ambivalence à l'égard du père et du traumatisme sexuel subjectif.

On peut relever de nombreux signes organiques de ces conséquences et, naturellement, on trouve des relations entre ces signes. On aura ainsi l'impression d'avoir compris le processus de la cécité hystérique dans l'organisme, alors qu'il se structure en dehors de lui, par le biais de l'amour et du rapport au nom propre. Edelman et Tononi ont tenté d'établir de telles relations intra-organiques. Comme ils le remarquent, par exemple : « Une personne souffrant de cécité hystérique peut éviter des obstacles, et pourtant affirme n'avoir rien vu. Il est possible que, chez ce type de personnes, un petit regroupement fonctionnel, incluant certaines aires visuelles, soit actif de façon autonome et ne se mélange pas avec le regroupement fonctionnel, mais soit capable d'accéder à des routines motrices des ganglions de la base et d'ailleurs [1]. »

1. G. M. Edelman et G. Tononi, *Comment la matière devient conscience*, *op. cit.*, p. 226.

Dans leur effort pour comprendre la névrose et lui faire correspondre des configurations neurophysiologiques, ils écrivent de même, à propos de la névrose obsessionnelle : « Les obsessions et les compulsions ont ainsi les traits caractéristiques de routines inconscientes figées et rigides s'imposant à la conscience comme si certains ports entrants et certains ports sortants étaient ouverts de façon pathologique [1]. » On trouvera toujours un matériel propice à ce type de comparaisons, mais de telles analogies concernent un maillon intermédiaire : la cause des blocages ne procède pas de la rigidité portuaire des neurones, mais de la position névrotique du sujet.

Faire dire aux neurones ce dont ils sont la conséquence ramène au niveau des explications qui avaient cours avant Freud. Le désir sexuel était au mieux considéré comme ce que l'être humain gardait d'animal, mais la plupart du temps il était passé sous silence. Cette négligence était en réalité proportionnelle à l'obscénité dans laquelle la sexualité était tenue. Non sans raison, car l'érotisme humain se détermine en fonction d'une horreur de l'inceste qui le sépare pour toujours de la nature. Le refoulement ne jette pas un voile sur une part animale de l'homme, mais sur la part la plus culturelle qu'est cette horreur de l'inceste. Prendre la place du père comporte une dimension incestueuse, mais il faut toutefois l'avoir prise pour parler en son nom, tout en refoulant le sens de cette entrée dans l'humanisation. Le Nom du père, extérieur aux nerfs, régit l'usage de la parole. Il faut avoir un nom pour utiliser ce système d'information spécial dont les conditions de possibilité sont le refoulement du sexuel. À cet égard, l'horreur de l'inceste ou celle de la causalité signifiante sont équivalentes, et le refoulement

1. *Ibid.*, p. 225. Les « ports » sont les connexions entrantes et sortantes d'un noyau à un autre, conscient et inconscient.

se perpétue dans la « science » elle-même, lorsqu'elle ignore l'importance de la parole.

## Le désir inconscient

La position de l'inconscient par rapport au conscient vient d'être détaillée dans plusieurs de ses aspects, mais un malentendu spécial concernant l'inconscient mérite d'être traité à part : c'est celui qui concerne le désir. Il convient de l'examiner séparément, parce que son incompréhension entraîne des expérimentations sans rapport avec les problèmes posés (les expériences sur le rêve, par exemple, seraient grandement allégées si les chercheurs avaient une idée du désir inconscient).

Le désir inconscient ne correspond à rien de mémorisé ni de mémorisable. On peut ordonnancer le bric-à-brac des faits passés, mais ce n'est pas en ce sens que l'histoire se subjective et que les symptômes disparaissent. Le plus souvent, la reconstruction apporte peu de faits nouveaux, sinon par déduction [1]. « Reconstruction du passé » veut surtout dire que des faits connus, mais déshabités, prennent brusquement leur sens, s'enchaînent à d'autres faits déshabités. Le passé revit, se subjective ! Et le savoir, enseveli dans la douleur du symptôme, devient désormais obsolète. Une fois qu'on l'a regardé en face, on peut l'oublier. Le désir inconscient procède sans doute du passé, mais il ne le répète pas et, au contraire, il s'efforce de lui échapper : une simple répétition ne posséderait aucune force dynamique propre. Pourquoi le passé se répéterait-il ? Au contraire, un passé traumatisant engendre un désir de le fuir. La peur de l'inceste et du meurtre pousse par exemple Œdipe à fuir,

1. Lorsque par exemple un analysant entreprend des recherches et fait des découvertes sur son passé.

mais il ne sait ni où il va ni ce qu'il cherche. Il faut partir ! En ce sens, son désir inconscient se définit seulement négativement. La conscience ne comprend pas ce qu'elle cherche, sinon qu'elle le cherche.

Le désir de l'adulte ne consiste pas à transgresser un interdit intrafamilial, il consiste au contraire à sortir de la famille. Ce n'est plus la mère qui est désirée répétitivement, mais en quelque sorte la femme qui permet de lui échapper. Les termes du désir incestueux s'inversent point par point. Dans l'enfance, la mère était désirée (et cela reste vrai dans les répétitions névrotiques). Mais le désir se structure ensuite dans le refoulement horrifié de ce premier amour incestueux. Le passage de l'endogamie à l'exogamie signifie que le désir se tourne vers une femme différente de la mère. L'inceste reste le moteur négatif d'un désir qui ignore son objet : l'inconnu est sa destination perpétuelle. La pulsion incestueuse est d'hier, d'aujourd'hui, de demain. Le désir, quant à lui, ne s'intéresse qu'à demain, il attend le sujet en avant de lui : tout se passe comme si, une fois que le sujet a mordu à son hameçon, il le tirait vers l'avant sans lui laisser la moindre chance de s'en libérer. Le désir inconscient exogame ne veut plus rien savoir du passé ; il est tout entier tendu vers des réalisations futures. Vers quel but le désir est-il désormais tendu ? Le sujet ne le sait pas. Ce qu'il ne veut pas tourmente son désir d'autre chose. Continuellement, il transgresse ce passé qui voudrait le tirer en arrière [1].

De ce point de vue, la psychanalyse libère le désir des scories du passé qui l'entravent. Loin de se réduire à la répétition de souvenirs pathogènes, le désir libéré de ses fixations infantiles se tourne vers le futur. Il progresse en s'appuyant sur son contraire en un seul « complexe »,

1. En ce sens, le degré d'imitation de l'enfance définit le degré de la névrose qui culmine avec la compulsion de répétition.

propulsé par le rejet de l'inceste [1]. Le désir inconscient ne peut donc jamais être satisfait, puisque son objet échappe à la réalisation. On pourrait craindre que cette caractéristique soit une source de souffrance. L'expérience montre au contraire que la non-satisfaction structure ordinairement une satisfaction [2]. Ce plaisir du manque correspond à la relative perversité du désir humain, qui se satisfait si constamment du désir pour le désir, au point d'oublier ce qu'il désire exactement. Une femme peut jouir seulement des regards concupiscents jetés sur elle lorsqu'elle se promène dans la rue, parce qu'elle est désirée ou qu'elle se l'imagine. De même, un homme peut jouir d'un amour impossible même s'il déclare que cela le fait souffrir. Il peut d'ailleurs se faire une spécialité de ce genre de situation en se passionnant de préférence pour des femmes mariées, des étrangères habitant le plus loin possible, des homosexuelles ou, plus simplement, pour des femmes qui ne l'aiment pas. Rien ne l'ennuierait autant que d'être aimé en retour.

L'insistance du désir inconscient dans le conscient comme au-delà des raisons que le sujet s'en donne porte à conséquence pour toute observation de l'activité humaine. Lorsqu'il étudie le déroulement d'une action, le neurophysiologiste décrit ce qu'il observe dans une aire corticale, au niveau de particules aussi élémentaires que l'on voudra. Mais il ne saurait déparasiter cette action d'un contenu psychique variable qui entraîne la partici-

1. Les réminiscences de l'enfance ne permettent pas de comprendre cette caractéristique du désir qui n'entre pas dans le tiroir affectif de la « mémoire implicite » décrite par exemple par les cognitivistes.

2. La production des endorphines reflète cette caractéristique du désir. En effet, la dopamine anticipe une récompense qui n'est pas encore là, de sorte que le manque d'objet lui-même participe d'une jouissance organique.

pation d'autres aires cérébrales. Ce contenu psychique se complique si l'action doit surmonter une inhibition ou si son sujet veut et ne veut pas la réaliser (s'il est divisé), ou encore si l'action signifie davantage que sa réalisation immédiate. Le motif des connexions de ce contenu psychique échappe à l'observateur (et d'ailleurs le plus souvent aussi à son acteur). Pourtant, selon ce contenu, l'acte sera ou ne sera pas inhibé, ou engendrera ou non un symptôme. Si la réalisation voulue d'un acte engendre involontairement un dégoût, des crampes d'estomac ou des vomissements, le neurophysiologiste enregistrera derechef une excitation de certaines assemblées de neurones, et en cherchant bien il trouvera un déficit de certains neurotransmetteurs. Cependant, ces informations exactes, qui sont des effets, ne diront rien de leur cause. Le neurophysiologiste pourrait connaître cette causalité grâce à la parole. Mais il s'agit d'une autre procédure, souvent invalidée à l'avance au nom d'une conception de l'objectivité qui ruine ce qu'elle envisage d'étudier, à savoir la subjectivité.

# 16

# LA BATAILLE DU RÊVE

## Le rêve est-il une poubelle ?

Le débat toujours en cours sur la nature des rêves illustre l'ampleur des malentendus. Le rêve correspond-il à une manifestation organique du cerveau à laquelle on aurait attribué provisoirement un sens psychique [1] ? Certains neurophysiologistes affirment que *L'Interprétation des rêves* a mal vieilli et que les propositions de Freud ne correspondent pas aux recherches les plus récentes. Selon eux, le rêve n'aurait aucun sens et résulterait du fonctionnement aléatoire des neurones. Nous rêverions pour nous débarrasser de souvenirs inutiles, de jugements inexacts ou d'associations sans rapport avec les régularités de la pensée. Il « ramasserait les poubelles », débarrassant le cortex de ses informations inutiles : il s'agirait d'un « apprentissage à l'envers » [2]. De même

1. Claude Debru, par exemple, écrit dans ce sens : « Le parallélisme psychophysique est-il véritablement un instrument utile dans la recherche neuro-biologique ou n'est-il qu'une conception métaphysique destinée à le rester ? [...] Il constitue une philosophie d'attente, voire un simplisme qui ne résout rien » (*Neurophilosophie du rêve*, Paris, Hermann, 1990, p. 180).

2. J. A. Hobson, *The Dreaming Brain*, New York, Basic Books, 1988.

pour Francis Crick et Graeme Mitchinson [1], qui ont employé cette formule bien frappée : « Nous rêvons pour oublier [2]. » Mais le néocortex a-t-il vraiment besoin de se débarrasser de souvenirs excédentaires ? Ce n'est pas la place qui manque ! Après tout, les plus grands rêveurs sont les nourrissons, à un âge où il est moins question d'oublier que d'engranger des souvenirs. Les nouveau-nés passent huit heures par jour à rêver, et leurs périodes de mouvements oculaires rapides supposées correspondre aux rêves durent chaque fois près d'une heure ! Loin d'avoir un rôle d'effacement, le rêve met en scène le désir : il stimule le système nerveux et sa croissance.

Les neurophysiologistes se sont appuyés, pour leurs recherches, sur les éventuelles relations du rêve à des fonctions de mémorisation (comme celles mises en jeu par l'hippocampe, centre supposé de la mémoire). Leurs expériences reposent sur le principe suivant : selon qu'il existe ou non un lien entre les centres de mémorisation et les manifestations du rêve, celui-ci aura ou n'aura pas de sens. L'examen des corrélations s'est fondé, selon l'usage, sur l'étude des animaux. Cette méthodologie pose un problème qui grève les résultats de ces expérimentations [3]. Les animaux ont recours à des représentations de choses pour évaluer une situation actuelle par rapport à leurs souve-

1. F. Crick, G. Mitchinson, « The Function of Dream Sleep », *Nature* 304 (14), 1983, p. 111-114.

2. Cette proposition ne contredit d'ailleurs pas Freud, selon lequel le rêve correspond à une levée du refoulement qui permettra ensuite l'oubli.

3. Un fait majeur aurait dû arrêter les expérimentateurs : c'est que, à l'exception de l'homme, les primates ne forment pas d'ondes thêta pendant leur sommeil. Et il n'est pas sûr que les mêmes ondes observées chez d'autres mammifères correspondent à des rêves. Il existe cependant une probabilité, car certains chiens se lèvent pendant leur sommeil et peuvent attaquer comme s'ils voyaient des objets réels.

nirs, et sans doute rêvent-ils de ces représentations. Les hommes utilisent en plus des représentations de mots qui s'articulent à leurs représentations de choses. À l'état conscient, les représentations de mots (la parole) *refoulent* la valeur pulsionnelle des représentations de choses. Il existe sans doute pendant le sommeil des représentations de choses qui forment, chez l'animal comme chez l'homme, des « perceptions sans objet ». Mais ces matériaux correspondent pour les animaux à des souvenirs de sensations passées et non à un refoulement. Nos amies les bêtes n'ont pas de motifs particuliers de refouler quoi que ce soit. Certaines représentations buts leur apparaissent peut-être pendant leur sommeil, qu'il s'agisse de souvenirs ou de projets. Mais ces perceptions diffèrent d'un retour du refoulé, qui utilise des images manifestes pour exprimer un contenu latent. Comment l'écriture des rêves des animaux fonctionnerait-elle comme des hiéroglyphes à déchiffrer puisqu'ils ne parlent ni n'écrivent ? Une expérimentation peut enregistrer chez eux le lien de représentations buts à des souvenirs, mais elle n'aura jamais la moindre valeur pour ce qui concerne le retour du refoulé, c'est-à-dire le propre des rêves de l'homme.

Une fois posée cette réserve méthodologique, le rêve aura un sens s'il existe une connexion entre la production de représentations et des souvenirs. Pour Alan Baddeley, de telles connexions avec l'hippocampe au moment du rêve ne sont pas corroborées [1]. En revanche, les études de Jonathan Winson [2] ont montré que le rythme thêta se produisait non seulement sur le cortex, mais aussi dans

1. A. Baddeley, *La Mémoire humaine. Théorie et pratique*, Grenoble, Presses universitaires de Grenoble, 1993.

2. J. Winson, « Loss of Theta Rhythm Results in Spatial Memory Deficit in the Rat », *Science*, vol. 201, n° 435, 1978, p. 160-163.

l'hippocampe. De même, en 1986, John Larson [1] (UCLA) et Gregory Rose [2] (université du Colorado) ont montré une relation entre la stimulation à long terme du néocortex et l'hippocampe, avec corrélation du rythme thêta. Au vu du résultat de ces expériences, quelques neurophysiologistes, tels Allan Hobson et Robert MacCarley, après avoir été résolument hostiles à la psychanalyse, ont pris des positions plus nuancées [3]. Ils avaient pensé que le rêve résultait de signaux aléatoires provenant du tronc cérébral. Hobson estime aujourd'hui que des souvenirs articulent bel et bien les rêves.

Pour leurs démonstrations, ces neuroscientifiques ont eu recours à des protocoles d'expérimentation très lourds. Ils auraient pu s'en dispenser s'ils avaient tenu compte de la relation du rêve à l'inconscient. En effet, leurs recherches se sont appuyées, comme on l'a dit, sur l'hypothèse que le rêve a un sens s'il existe une relation entre une production de représentations et la mémoire. Ce postulat est mal posé pour ce qui concerne l'homme, car c'est moins entre la mémoire et le rêve qu'il faut montrer une articulation qu'entre le refoulement et le rêve. La relation du rêve au refoulement (plutôt qu'à la mémoire) apparaît si l'on se demande pourquoi un dormeur qui s'éveille se souvient un instant de ses rêves, puis les oublie. Comment comprendre la puissance

1. J. Larson, D. Wong, D. Lynch, « Patterned Stimulation at the Theta Frequency is Optimal for the Induction of Hippocampal Long-Term Potentiation », *Brain Res* 308, 1986, p. 347-350.

2. G. M. Rose, T. V. Dunwiddie, « Induction of the Hippocampal Long-Term Potentiation Using Physiologically Patterned Stimulation », *Neurosciences Letter* 69, 1986, p. 244-248.

3. « The Brain as a Dream State Generator : An Activations-Synthesis Hypotheses of Dream Processes », *American Journal of Psychiatry* 34, 1977, p. 1334-1348. Et, plus tard, en 1983, F. Crick et G. Mitchinson, *op. cit.*

d'oubli des images du rêve quand les rêveurs peuvent s'en souvenir quelques instants après leur réveil ? Si les rêves disparaissent si vite, c'est qu'ils sont refoulés et qu'ils expriment donc un désir inconscient. Le problème ne se pose plus entre mémorisation et image onirique, mais entre conscient et inconscient. Cette nouvelle position de la question est vérifiable par chacun tous les jours (et en tenant compte des critères de scientificité requis usuellement). Une fois cette déduction établie, elle peut être corroborée par la cure psychanalytique, qui décortique le lien du désir inconscient au rêve (lorsqu'il est mémorisé).

## Le moment d'éclosion du rêve

On regrette que les neuroscientifiques qui s'intéressent au rêve étudient si peu les résultats de la psychanalyse. On le déplore encore plus lorsque leurs travaux s'assortissent de critiques qui portent sur des conceptions prêtées à Freud mais souvent sans rapport avec ses théories effectives. C'est le cas, par exemple, de Michel Jouvet, qui attaque avec virulence la notion de désirs inconscients exprimés dans le rêve [1]. Le rêve, écrit-il, n'est nullement provoqué par la réalisation d'un désir, mais par une activation biologique périodique des cellules du pont. Cette activité de « stimulateur cardiaque » des cellules ponto-bulbaires, responsables du sommeil paradoxal, existe peut-être, mais il ne s'agit pas du rêve. L'activité des neurones ponto-geneculo-occipitaux, écrit M. Jouvet, « vient bloquer par une inhibition descendante puissante les neurones moteurs de la moelle. Ainsi le rêveur se trouve paralysé et ne peut bouger ». En effet, le sommeil

1. M. Jouvet, *Le Sommeil et le Rêve*, Paris, Odile Jacob, 1992.

paradoxal s'accompagne d'une perte totale du tonus musculaire (sommeil profond), tandis que l'excitation des neurones est à son seuil d'éveil maximal [1]. Cette description est le contraire de ce qui se passe pendant le rêve. Quiconque a dormi à côté d'une personne qui rêve sait à quel point cela peut l'agiter. De plus, le somnambulisme contredit cette thèse [2].

Michel Jouvet accorde une importance particulière au moment du rêve qui correspondrait, selon lui, aux « mouvements oculaires rapides » accompagnés d'ondes thêta [3]. Les neurophysiologistes ont longtemps cru que les rêves se produisaient pendant cette période et ils en ont déduit que les animaux, qui présentaient le même phénomène, rêvaient eux aussi. Ces travaux identifient un phénomène psychique, le rêve, à un état physiologique, le sommeil

1. Il faudrait pourtant une stimulation importante pour réveiller une personne en phase paradoxale.

2. Si M. Jouvet finit par reconnaître un lien entre rêve et apprentissage (c'est-à-dire avec une mémoire), il ajoute qu'on n'en a pas la preuve : « S'il existe indiscutablement des rapports entre le sommeil paradoxal et l'apprentissage chez l'homme, il faut bien admettre que ces rapports n'ont pu être mis en évidence chez l'homme » (*op. cit.*, p. 163). Pourtant, M. Jouvet constate aussi que différentes souches de souris n'ont pas les mêmes mouvements oculaires pendant leur sommeil paradoxal. Voilà, écrit-il, la preuve qu'il existe un comportement inné de la race qui amène les animaux à exécuter certains programmes comportementaux. Le programme d'une certaine race de souris ferait de son sommeil paradoxal le gardien de son individualité. Faut-il en conclure que les rêves, après avoir été niés comme expression d'un désir subjectif, seraient une affaire de gènes spéciaux gardiens de la race ?

3. On sait que l'activité électrique du cerveau permet de distinguer des rythmes bien différents oscillant entre les ondes alpha, à l'état de veille, et les ondes thêta, lors du sommeil profond. Le rythme thêta a été enregistré pour la première fois en 1954 à l'université de Los Angeles par John Green et Arnaldo Arduini. Il existe 3 à 4 phases de « mouvements oculaires rapides » pendant une nuit.

paradoxal. Mais cette réduction ne correspond pas à l'expérience que chacun peut vérifier : les rêves ne se produisent pas pendant certaines phases du sommeil, mais chaque fois que la conscience baisse la garde. Avec une belle obstination, ces spécialistes affirment que le rêve se produit pendant le sommeil profond. Or tout dormeur sait que son rêve survient à n'importe quel moment du sommeil, sans attendre aucun instant paradoxal. Quel crédit accorder à des travaux qui méconnaissent à ce point l'expérience [1] ? Pourquoi des chercheurs habitués à dispenser des leçons de scientificité ne prennent-ils pas la mesure de cette erreur, pourtant de taille ? Peut-être ne rêvent-ils pas, à moins qu'ils n'expriment, au nom de la « science », leur désir d'être sans désir [2] ?

## Réalisation du désir dans le rêve

Nul n'a besoin d'expérimentations de laboratoire pour savoir qu'un rêve présente des successions d'images dont la scénographie s'accompagne parfois de pensées, mais en quelque sorte à titre de sous-titrage muet, ou parfois en voix off. Lorsque nos interlocuteurs habituels ne sont plus là, l'image prévaut proportionnellement à la baisse

1. « La production de l'activité mentale ne s'arrête jamais tout au long du sommeil : et les récits de rêves proviennent le plus souvent du sommeil léger, juste avant le réveil » (L. Garma, D. Widlöcher, « Le rêve entre la clinique psychanalytique et la clinique du sommeil », *Revue internationale de psychopathologie* 23, 1996, p. 541-564).

2. Aujourd'hui, certains expérimentateurs reconnaissent enfin que les rêves se produisent n'importe quand, mais aussi que de 60 à 90 % des sujets réveillés pendant un sommeil paradoxal se souviendraient plus facilement de leurs rêves.

de tension de la pensée, dont le destinataire passe au second plan durant le sommeil. Pendant la veille, au contraire, la pensée refoule la pulsion, qui prendra sa revanche dès le retour du sommeil. D'ailleurs, les images du rêve sont elles-mêmes travesties de mille façons, montrant que le refoulement travaille aussi le rêve [1].

Il existe ainsi une relation constante entre les pensées et les images, plus ou moins refoulées selon la veille ou le sommeil. Lorsqu'elles resurgissent, les images du rêve marquent une victoire de la pulsion. Le rêve est structuré comme le langage dont il triomphe [2]. Les transformations des images du rêve : la condensation, le déplacement, les translittérations, les métaphores, les antithèses, et plus encore les oxymores, seraient incompréhensibles sans le lien qu'elles entretiennent avec les pensées qui, en quelque sorte, les structurent à distance. Une image de rêve réalise une jouissance en même temps qu'elle se lit comme un calligramme. De sorte que l'on retrouve toujours un lien entre la production onirique et les traces mnésiques de mots. Dans cette optique, en s'appuyant sur une expérience faite en 1991, Louis A. Gottschalk a montré que l'apparition des images de rêves était toujours associée à une hyperstimulation des aires du langage [3]. De même, Arthur W. Epstein et son équipe

1. Comme toutes les perceptions, les images du rêve sont travaillées par la pulsion dont l'excès risque toujours d'anéantir le sujet : si le rêve allait jusqu'au bout de la poussée pulsionnelle, il virerait au cauchemar. Un cauchemar latent travaille n'importe quel rêve, aussi beau soit-il. Il se travestit lui-même pour lutter contre la réalisation du désir.

2. Voir l'aphorisme de J. Lacan : « L'inconscient est structuré comme un langage. »

3. L. A. Gottschalk *et alii*, « Anxiety Levels in Dreams : Relation to Localised Glucose Metabolic Rate », *Brain Research* 538, 1991, p. 107-110.

ont noté la disparition du rêve à la suite de lésions vasculaires hémisphériques de l'aire de Broca [1].

Les images du rêve ne débobinent pas un film muet : elles sont sous-titrées, mais ce qu'elles disent n'est pas toujours lisible. En effet, l'image résiste à la pensée, non seulement parce qu'elle présente plusieurs idées en même temps, mais surtout parce que ces idées sont contradictoires : elles préfèrent l'oxymore. Les images du rêve veulent dire quelque chose, mais avant tout elles montrent leur excès. Cet excès est sexuel : c'est d'abord l'inceste pulsionnel qui s'incarcère dans la sensorialité des représentations. Et leur narrativité est ensuite orientée par le traumatisme sexuel, qui fait de la mort du père la condition de l'érotisme humain. C'est l'ambivalence, et plus que toute autre celle à l'égard du père, qui donne à la succession des images sa brillance d'oxymore, incompréhensible. L'image parlerait presque, le son est tout près, mais la bande sonore se bloque sur l'oxymore à cause d'une caractéristique de la pensée : elle ne peut énoncer la contradiction. L'image, en revanche, sait montrer la binarité : multiplexe, elle empile sans effort plusieurs pensées. Elle est toujours plus grande que la parole, qui n'exprime qu'une idée à la fois. Voilà pourquoi le rêve préfère les images aux mots, non seulement parce qu'elles disent beaucoup en une seule ostention, mais parce qu'elles peuvent condenser élégamment une idée et son contraire (c'est-à-dire la contradiction qui engendre le refoulement).

Dans le rêve, l'image domine les petites pensées qui s'agitent là-bas de l'autre côté, sur la bande-son du langage, impuissantes à faire entendre leurs prétentions ambivalentes. Dans un seul plan raccordé à des événements en cours, des réminiscences du passé ou des pro-

1. A. W. Epstein, « Observations on the Brain and Dreaming », *Biological Psychiatry* 17, 1982, 1210, 1215.

jets, l'image onirique expose des contradictions qui ne sauraient se dire en plusieurs phrases [1]. Mais, plus encore, sa luminosité brille à proportion de sa force pulsionnelle, par principe refoulée au-dessus d'un certain seuil. Voilà pourquoi les rêves s'évaporent si vite : la plupart s'oublient au matin, car la conscience grammaticale résiste d'abord à la pulsion, ensuite à la contradiction (elle reconduit les refoulements primordial et secondaire). Au réveil, les mots ligotent les images entre elles et, dès qu'elles perdent leur enivrante ubiquité, elles tombent dans l'oubli. Naufrage du rêve chaque matin : la conscience le débarrasse de son goût d'infini ; le fil des pensées rabote le feuilletage des perceptions et lamine leur puissance [2]. De la jouissance au sens, les mots signifient d'abord ce coup d'arrêt. À la nuit, ou chaque fois que le sens baisse la garde, les images que les mots enchaînent se libèrent. De la geôle des raisons où elles s'entassaient, elles apparaissent à nouveau dans leurs multiples feuilletages et leurs infinies connexions. Elles peuvent revenir de partout : les souvenirs, les remords du jour, les désirs ou les objectifs à atteindre ne sont que quelques-unes de leurs provinces. Elles peuvent resurgir du passé, mais aussi inventer pour demain. Elles ressemblent à des sensations mais elles sont

1. Quand Freud écrit dans la *Traumdeutung* : « Lorsqu'il s'agit d'interpréter un élément [...], on ne sait s'il doit être : a) pris dans un sens affirmatif ou négatif (relation de contraste), b) interprété historiquement (comme une réminiscence), c) compris d'une manière symbolique, d) interprété à partir du son du mot. En dépit de ces possibilités multiples, on peut dire que la représentation qu'opère le travail du rêve et qui n'a certes pas pour but d'être comprise n'offre pas au traducteur de difficultés plus grandes que ne le faisaient les vieux scribes d'hiéroglyphes à l'égard de leurs lecteurs » (S. Freud, *L'Interprétation des rêves*, *op. cit.*, p. 293).

2. Joseph Conrad écrivit que « les mots ont plus de pouvoir que de sens ». Ce pouvoir, c'est ce fagotage de la violence du sensible.

toujours déjà l'habitat de la pulsion, qui passe en force par la voie du visible, de l'audible, du tactile, de l'odorant : de ce qui entre dans le corps ou en sort.

L'image du rêve présente la fascination des perceptions, de la densité physique des semblables, que l'histoire en cours occulte pendant le jour. Éveillés, nous avons toujours mieux à faire que d'apercevoir leur présence. Nous agissons pour l'oublier, pour fuir le rêve. La conscience et l'intentionnalité organisent ce refoulement contre cette puissance trop grande des rêves, celle-là même qui déborde à l'heure des cauchemars.

Les images de rêves fonctionnent comme le cinéma, dont les techniques mixent à merveille le présent, le passé, les désirs multiples : les images dominent et pompent la force narrative de l'histoire [1]. La visualisation impose une dimension excessive : elle relativise ce qui arrive et fait passer l'univocité de l'événement derrière le feuilletage du sensible, en même temps que sa pulsionnalité assure une victoire provisoire de la jouissance. C'est de ce point de vue que le rêve réalise le désir. Les rêves ne cherchent pas à communiquer un message. Mais, dans la mesure où ils extériorisent un refoulement et des traumatismes passés, la prise de conscience de ce qu'ils représentent entraîne un soulagement considérable du corps.

L'excès de l'image du rêve ressemble aux crises d'épilepsies partielles : juste avant l'aura épileptique, un mot, une phrase ou une pensée s'imposent avec insistance selon ce phénomène que les psychiatres ont appelé la pensée forcée. Puis, les représentations hallucinatoires, leurs couleurs, leurs sonorités et leurs odeurs éclatent au moment de la crise elle-même. Tout se passe comme si une pensée trop

1. Andreï Tarkovski écrivit dans son journal : « C'est que le scénario expire dans le film » (*Le Temps scellé*, Paris, Éditions de l'Étoile, *Cahiers du cinéma*, 1989).

petite explosait sous la pression d'une image excessive pour elle. Ces manifestations physiologiques ne traduisent-elles pas un problème entre la pulsion et sa symbolisation au niveau des connexions interhémisphériques ? En effet, les sujets aux hémisphères déconnectés déclarent qu'ils ne rêvent plus. Pourtant, les enregistrements électro-encéphalographiques effectués pendant leur sommeil montrent une activité électrique continue du lobe droit, attestant de la formation d'images oniriques. Au même moment, le lobe gauche, auquel sont dévolues les pensées du rêve, reste muet. Cette observation montre une nouvelle fois qu'une vectorialisation forcée va de l'image à la parole, de l'hémisphère droit au gauche. Ces résultats concernent aussi la pensée éveillée et la parole. Elles se déploient en refoulant l'image et la sensation, qui sont inapparentes dans le résultat final : n'importe quelle expression purement verbale n'en est pas moins associée à des images. Sous le lisible, le visible. Nous parlons constamment sous le coup de sensations. Les pulsions nous obligent à parler, ou tout au moins à penser [1].

1. Dans la lettre à Déodat que l'on peut lire dans le *De magistro* de saint Augustin, un père cherche à expliquer à son fils le pourquoi de la parole. On parle pour dire ce que l'on voit, lui explique-t-il.

# 17

# DANS QUELLES CONDITIONS UN SUJET DEVIENT-IL CONSCIENT ?

Un groupe de chercheurs londoniens téméraires réunis autour de Semir Zeki a voulu localiser la conscience dans une région néocorticale bilatérale (V5) spécifique de l'attention qui aurait comme particularité de n'impliquer aucune activité dans l'aire temporale de projection [1]. Une telle localisation suggère l'absence d'implication de données mnésiques : ce serait donc en quelque sorte le lieu d'une conscience pure (sa description évoque le sujet transcendantal kantien qui doit être extérieur, par définition, à tout ce dont il est conscient). Une telle localisation de la conscience, outre qu'elle n'a rien de spécifique à l'être humain, retombe dans le schéma des centres cérébraux [2].

1. S. Zeki *et alii*, « The Colour Centre in the Cerebral Cortex of Man », *Nature* 340, 1989, p. 386-389.

2. La stéréotaxie a relativisé la notion de « centres ». La destruction de la région ventrale et médiane de l'hypothalamus, par exemple, entraîne chez le rat une boulimie et la stimulation électrique de cette même région interrompt l'alimentation. Mais il est difficile de parler de centre, parce que les sécrétions hypothalamiques sont couplées avec la production d'insuline pancréatique. De même, la fonction fabrique jusqu'à un certain point l'organe même pour les sensations. Pour tenter d'interrompre les douleurs rebelles, des neurochirurgiens se sont acharnés sur le thalamus. Malgré sa destruction, la douleur réapparaît, parfois exacerbée.

La plupart des neurobiologistes admettent plutôt qu'on ne saurait localiser la conscience, cette dernière résultant de l'interactivité d'une mosaïque de processus allant de la conscience liminaire à la conscience de soi [1]. Cependant, cette absence de localisation, ou d'isolement d'un processus spécifique, ne les empêche pas de définir la conscience : il s'agit d'un événement subjectif, expérience de la présence unique, holistique, impartageable. Ils reprennent la définition de la conscience proposée par Kühlenbeck comme effet de « bouclage récursif » de « tout système perceptuel spatio-temporel privé » [2]. La conscience apparaît comme une expérience sporadique que les apprentissages économisent au maximum. Plus une action s'automatise, moins elle reste consciente. En même temps, le nombre d'aires cérébrales impliquées dans cette tâche diminue. Lorsqu'une nouvelle activité se présente, tout se passe comme si plusieurs aires se concertaient pour décider laquelle d'entre elles est la plus qualifiée. Une fois la décision prise et le rodage effectué, les aires surnuméraires se retirent.

## La conscience suppose des disparités synchroniques

Le degré de conscience ne résulte pas de la quantité de neurones au travail en même temps dans le cerveau ni de l'intensité de leur activité. Une activité neuronique, en l'absence de conscience, peut être égale ou même plus

1. J. C. Eccles, *Évolution du cerveau et création de la conscience*, Paris, Fayard, 1992.

2. A. Kühlenbeck, *The Central Nervous System of Vertebrates*, Bâle, Karger, 1957. Cette définition est plus étendue que celle de l'attention, applicable aux animaux, mais par inférence on peut étendre cette attention concernant le monde à un certain degré de présence à soi, privée et récursive.

forte que pendant la conscience : dans les crises épileptiques, par exemple, les neurones sont hyperactifs. De même, pendant le sommeil, on suppose parfois que l'activité des neurones diminue et qu'il en résulte une perte de conscience. Or le taux d'activité des neurones pendant le sommeil est égal à celui de la veille [1]. Comme le remarquent Edelman et Tononi [2], la proportion de neurones en activité peut même augmenter pendant le sommeil dans certaines aires corticales. Ils ajoutent aussi que ce qui provoque « un changement net entre veille et sommeil, ce n'est pas le taux d'éveil des neurones, mais leur structure d'éveil ». Le sommeil se distingue de la veille par une telle structure : la conscience éveillée s'accompagne d'une activité du cerveau suffisamment différenciée entre des aires distinctes. Au contraire, le sommeil se caractérise par une grande homogénéité des états cérébraux : les discriminations fonctionnelles entre les différentes aires tendent à s'uniformiser. Indice de la conscience, la disparité s'évanouit lorsque l'ensemble des neurones fonctionne en synchronie (comme c'est le cas lors des crises d'épilepsie ou pendant le sommeil profond).

La conscience dépend de la complexité associative de plusieurs aires, elle ne se réduit pas aux sous-ensembles de neurones qui la supportent (ce n'est pas une fonction localisable). Lorsque les assemblées de neurones sont synchrones, la conscience s'évanouit. En période d'activité consciente, les neurones du système thalamocortical s'éveillent seulement par à-coups, de une à quatre fois par

1. M. S. Livingstone, D. H. Hubel, « Effects of Sleep and Arousal on the Processing of Visual Information in the Cat », *Nature* 291, 1981, p. 554-561.

2. G. M. Edelman et G. Tononi, *Comment la matière devient conscience*, *op. cit.*, p. 92.

seconde. Dans les conditions spéciales de la crise d'épilepsie généralisée ou du sommeil profond, au contraire, cette structure se synchronise : on observe alors un E.E.G hypersynchrone qui correspond à l'éveil à l'unisson des cellules corticales. Cette réduction du différentiel entre les aires est incompatible avec la conscience. L'éveil intégré de l'ensemble du cerveau s'accompagne d'un évanouissement de la subjectivité [1].

La disparité d'excitation entre plusieurs aires du cerveau signifie que la conscience résulte d'une comparaison entre un événement actuel et un événement passé ou virtuel. Elle juge et adapte l'action aux événements en cours. Cette disparité correspond à une comparaison entre présent et passé pour l'ensemble des vivants. La mémoire pourrait passer comme une condition de la conscience, définie ainsi comme un acte de reconnaissance. Dans le cas d'une perception entièrement nouvelle, elle serait comparée à des perceptions antérieures partiellement analogues. Telle est bien la conscience des animaux et telle serait aussi celle de l'homme, n'eût été le sens symbolique de ses perceptions.

Cette disparité suppose un système de connexion adapté, et Edelman et Tononi considèrent les systèmes réentrants comme l'hypothèse explicative la plus solide de la conscience. « La réentrée est un processus continu de signalisation parallèle et récursive qui a lieu entre des cartes cérébrales distinctes et passe par des connexions anatomiques massivement parallèles, pour la plupart

1. Contrairement à ce qu'ont imaginé les neurophysiologistes du rêve, l'activité onirique a très peu de chances de se produire pendant le sommeil profond, puisqu'il faut un certain niveau de complexité pour susciter la conscience (qui existe aussi à l'intérieur même des rêves).

réciproques [1]. » La multiplicité des systèmes réentrants définie par Edelman et Vernon B. Mountcastle correspond à la nécessité d'au moins deux localisations pour que la conscience apparaisse [2]. La conscience résulte de l'activation ou de la désactivation de populations de neurones dispersées, engagées dans des interactions réentrantes intenses et rapides [3]. Un événement conscient se produit en impliquant une différence d'activité entre plusieurs aires corticales connectées entre elles [4]. Edelman et Tononi appellent « noyau dynamique » l'intégration de plusieurs assemblées de neurones dont le résultat est la conscience. Comme la composition de ce noyau change selon le processus en jeu, « il ne peut donc être localisé en un endroit donné du cerveau [5] ». Ce noyau dynamique de la conscience se déplace selon les événements, les aires qui viennent d'être abandonnées retournant au silence [6]. Les derniers travaux de l'imagerie médicale corroborent la thèse de la disparité des systèmes réentrants [7].

1. G. M. Edelman et G. Tononi, *Comment la matière devient conscience, op. cit.*, p. 14.
2. De même que le processus primaire freudien est nécessairement couplé au processus secondaire.
3. « Toute tâche consciente implique l'activation ou la désactivation d'aires cérébrales dispersées » (G. M. Edelman et G. Tononi, *Comment la matière devient conscience, op. cit.*, p. 73).
4. *Ibid.*, p. 162 *et sq.*
5. *Ibid.*, p. 174.
6. *Ibid.*, p. 175.
7. Voir B. Mazoyer, « Le cerveau de la connaissance : physiologie de la cognition et images du cerveau », *in* Y. Michaux (dir.), *Le Cerveau, le langage, le sens*, *op. cit.*, p. 84 : « Sur un plan général, on peut considérer que l'apport majeur de ces méthodes est de démontrer que les fonctions cognitives sont basées sur la mise en jeu non pas d'une, mais d'un réseau distribué d'aires corticales possédant une dynamique temporelle. »

Pour décrire le différentiel, Edelman et Tononi emploient le terme de complexe [1]. Cette complexité n'est pas aléatoire, mais son résultat est irrégulier et imprévisible : il dépasse les termes de sa programmation et oblige à la création de réponses innovantes qui échappent à la contradiction même du complexe. La conscience naît au forceps : pour exister, le sujet doit résoudre une contradiction qui l'oblige à inventer au-delà de ses termes [2].

Ce constat neurophysiologique des interconnexions constitue une énorme avancée par rapport aux théories neurologiques et neuroendocriniennes d'une hiérarchisation du cerveau, qui sont incapables de situer un centre de commande tout en le sous-entendant. Cette carence les oblige à faire des hypothèses génétiques ou à construire des modèles en *feed-back* qui supposent un programme préenregistré dans le gène ou encore un modèle auquel le *feed-back* devrait se conformer. Le système des réentrées économise l'hypothèse ruineuse d'une carte coordinatrice supérieure reliant les différentes cartes impliquées [3].

1. Ils comparent cette complexité à une assemblée de spécialistes qui discutent beaucoup entre eux avant d'établir un « équilibre de complexité » (*ibid.*, p. 166). Ce concept ne correspond pas à son usage psychanalytique qui explicite l'interaction de parties contradictoires et pourtant solidaires.

2. Voir J. S. Bruner, « La réponse allant au-delà des informations qui lui sont fournies », *Beyond Information Given – Studies in the Psychologies of Knowing*, New York, W.W. Norton, 1973.

3. Selon G. M. Edelman et G. Tononi : « [...] le fonctionnement [du cerveau] repose plutôt sur des propriétés comme la variabilité, l'amplification différentielle, la dégénérescence et la valeur » (*op. cit.*, p. 115).

## Le refoulement correspond à une disparité synchronique spécifique

Pourquoi la conscience devrait-elle jaillir sous prétexte que plusieurs aires sont connectées entre elles ? Il existe à cet égard une adéquation entre le fonctionnement de l'appareil psychique que décrit la psychanalyse et ce qu'expose un neurophysiologiste comme Edelman. Du point de vue psychanalytique, le départage du conscient et de l'inconscient réclame lui aussi la connexion de plusieurs instances distinctes, celles qui concernent la pulsion et celles qui régissent l'effectuation de la parole. La disparité de synchronisation entre les aires est du même ordre que celle qui existe entre le système pulsionnel (qu'il faut refouler) et la pensée (qui autorise la conscience). La différence de potentiel entre plusieurs aires témoigne du travail de refoulement. À telle enseigne que, lorsque le refoulement échoue et que toutes les aires sont hypersynchrones en même temps, la conscience s'abolit.

Les disparités de niveau entre les aires connectées provoquent la conscience : cette étincelle jaillit dans la différence de potentiel existant entre les aires de la sensation et celles du langage. La conscience d'un sujet résulte du refoulement des dangers de la pulsion, grâce à un processus réentrant dans le système symbolique. Il s'agit de passer d'un système d'information explosif à un autre qui le désamorce. Réentrer équivaut à refouler : l'inconscient freudien ne se définit pas négativement comme une non-conscience passive, mais il résulte d'un processus actif qui est le refoulement. Le « je » de la conscience procède de la mise en tension de l'hémisphère langagier dominant. Il devient ainsi par contrecoup le « je » de l'inconscience de l'hémisphère dominé [1].

Le jumelage des aires réentrantes au cours d'une même action a l'avantage d'expliciter le mode de présence de l'inconscient dans le conscient. Il permet aussi de comprendre pourquoi tant de neuroscientifiques confondent (dans le meilleur des cas) l'inconscient freudien et la mémoire implicite. Même élémentaires, les mouvements « automatisés » ne sont pas isolés : ils empruntent le relais d'une sorte de cartographie globale [2] reliant le mouvement et les sensations à l'hippocampe, aux ganglions de la base et au cervelet. Des cartes locales réentrantes connectées à la cartographie globale intègrent le souvenir d'actions similaires : elles participent à l'automatisation de l'action en cours. Ces automatisations facilitent une bonne partie de nos activités grâce à une sorte de pilotage automatique. Lorsque Edelman et Tononi écrivent : « Ce sont les cartographies globales qui contribuent le plus aux actes inconscients dans le cerveau [3] », leur utilisation du mot inconscient correspond à ces automatismes. Certes, ils diffèrent de l'inconscient freudien, mais ils peuvent entretenir avec lui un rapport contingent. En effet, c'est éventuellement pendant une activité inconsciente au premier sens (le pilotage automatique) que se produisent parfois des retours du refoulé de

1. La plupart des neuroscientifiques appellent eux-mêmes dominant l'hémisphère du langage. Ils veulent souvent montrer la suprématie de l'organique, mais leurs résultats prouvent le contraire, puisqu'ils constatent eux-mêmes la suprématie de la parole. Voir Julien Barry, *Neurobiologie de la pensée*, *op. cit.*, p. 295.

2. De multiples cartes locales réentrantes (à la fois motrices et sensorielles) participent à l'élaboration de la cartographie globale, qui met en jeu de grandes parties du système nerveux (G. Edelman et G. Tononi, *op. cit.*, p. 118).

3. *Ibid.*, p. 119.

l'inconscient (au sens freudien), comme les actes manqués ou les lapsus. Pendant les moments de pilotage automatique, le sujet de la conscience baisse la garde et l'inconscient peut se manifester à cette occasion. Le retour du refoulé est dévoilé grâce aux aires réentrantes. Le pilotage automatique n'a qu'un rapport de hasard avec l'inconscient freudien, rapport facilité par l'activité réentrante qu'utilise le refoulement.

La notion de systèmes réentrants marginalise encore un peu plus le terme de localisation cérébrale employé jusqu'à récemment [1]. Les termes maintenant usités, telles les « localisations distribuées », regroupent des ensembles neuronaux appartenant à plusieurs des anciennes localisations. En devenant fonctionnelles et non plus anatomiques, ces localisations distribuées gagnent en précision et elles explicitent une cinétique cérébrale. Mais, bien qu'elle soit désormais animée, cette description ne dit rien de la subjectivité qui préside aux échanges entre ensembles neuronaux. C'est la case qui reste à remplir pour situer la naissance et la reconduction de la conscience. Le sujet humain n'est pas celui de l'attention animale : survivant des impasses de l'exigence pulsionnelle, il existe au jour le jour dans une sorte de contrainte à symboliser reconduite dans un procès d'humanisation sans fin. Nous ne sommes jamais encore tout à fait des hommes s'il faut entendre par homme ce sujet divisé entre sa jouissance et un interdit qu'il n'accepte pas, obsédé qu'il est par le rêve d'une animalité heureuse.

1. Peut-être ce terme évoquait-il un peu trop une sorte de phrénologie interne ? Les localisations corticales ont pourtant un fondement scientifique, ce qui n'était pas le cas des formes du crâne.

# 18

# LA PLAQUE TOURNANTE ENTRE CONSCIENT ET INCONSCIENT. QUEL EST LE RÔLE DU LOBE PRÉFRONTAL ?

Jusqu'à récemment, aucune fonction vraiment spécifique ne semblait réservée au lobe préfrontal, c'est-à-dire au tiers de la masse corticale de l'homme. L'attention avait bien été attirée par le cas fameux de Phineas Gage, cet ouvrier sérieux et appliqué devenu instable et querelleur après un traumatisme du lobe frontal. On en tira des conclusions assez générales sur le syndrome frontal, c'est-à-dire des troubles de la mémoire, de l'humeur et de l'affectivité [1]. Les neurologues y ont vu l'origine des troubles caractériels, appréciation qui a entraîné des opérations chirurgicales dans cette zone [2].

1. « Chez des patients porteurs de lésions du cortex préfrontal [...] on observe également une indifférence affective, une perte de l'élan vital et une attitude de retrait social » (P. Karli, « Le cerveau des affects et des émotions », *in* Y. Michaux, *Le Cerveau, le langage, le sens*, *op. cit.*, p. 109).

2. Cette fonction affective explique peut-être l'acharnement de certains neurophysiologistes à localiser dans le cortex préfrontal une spécificité de la schizophrénie, non sans que les chirurgiens y mettent le scalpel. Pour une liste non exhaustive des pathologies préfrontales, voir Julien Barry, *op. cit.*, p. 235.

## La réflexivité, fonction majeure du néocortex préfrontal

Ces observations empiriques ont été suivies d'approches plus détaillées. L'intégration des aires latéralisées est facilitée par les aires associatives préfrontales, qui atteignent un grand développement dans l'espèce humaine. Leur description physiologique souligne qu'elles ne sont pas elles-mêmes latéralisées et qu'elles tiennent une place déterminante dans l'organisation des comportements finalisés, dans l'affectivité et la structuration temporelle. Elles jouent aussi un rôle dans différentes programmations des comportements moteurs, linguistiques et de remémoration volontaire. Les neurologues décrivent le lobe préfrontal comme une sorte de tour de contrôle sans laquelle le trafic se poursuit mais s'effectue dans un certain désordre [1].

Ces fonctions sont mal définies, et pourtant elles attirent l'attention, car en quoi consiste exactement cette intégration qui facilite l'action ? Dans l'ensemble disparate des attributions préfrontales, une qualité se distingue : la réflexivité. Cette spécificité ne mérite-t-elle pas d'être séparée des autres, qui en procèdent peut-être ? La neurophysiologie a montré en effet que le cortex préfrontal est responsable d'une transposition en miroir spécifique des programmes moteurs de l'hémisphère gauche, avant leur exécution, par l'aire motrice de l'hémisphère droit : la notion de miroir est d'ailleurs celle qui est explicitement employée par nombre de chercheurs [2]. Pour certains auteurs, comme Wolf Singer, la conscience résulte

1. « C'est donc dans la planification de l'action, dans l'organisation du comportement à long terme, dans les prises de décision, le calcul des avantages et des inconvénients de tel ou tel acte que se manifeste le rôle du lobe frontal » (M. Jeannerod, « Les fonctions cérébrales », *in* Y. Michaux (dir.), *Le Cerveau, le langage, le sens*, *op. cit.*, p. 53).

2. P. Rackic *et alii*, *Neurobiology of Neocortex*, Chichester, J. Wiley, 1988.

non seulement de la synchronisation [1], mais de la réflexivité. Il écrit par exemple : « Ces interactions d'une aire à l'autre, autorisées par la synchronisation des neurones, auraient lieu soit par l'intermédiaire de zones plus profondes du cerveau, tel le thalamus, soit par le truchement de connexions internes au cortex. Peut-être est-ce dans ce jeu de miroirs que se noue la conscience [2]. » Les nombreux processus d'intégration du cortex préfrontal sont donc conditionnés par le fonctionnement réflexif de cette tour de contrôle : toutes les structures projetant sur le cortex préfrontal sont les cibles de projections réciproques de celui-ci. Ce rôle opérationnel de la réflexivité explique l'importance énorme de cette zone du néocortex (30 % de sa masse totale).

Quel rôle joue une réflexivité aussi systématique ? On pourrait penser qu'elle apporte seulement une donnée supplémentaire en reproduisant la sensation ou le programme d'action, en le dédoublant, comme s'il fallait disposer d'une maquette des opérations sur le terrain pour que l'action soit ensuite vraiment efficace. Il est prêté bien des vertus à la réflexivité, et c'est à juste titre qu'un rôle majeur lui est attribué dans l'actualisation de la conscience : il faudrait se rendre compte de ce que l'on pense pour le penser consciemment. Mais, ce faisant, on ne distingue pas clairement diverses espèces de la réflexivité : celle qui ne spécifie que l'attention et la réflexivité propre à la conscience humaine (celle qui est liée à l'effectuation des phrases) [3].

1. Voir W. Singer, « Neuronal Synchrony : a Versatile Code for the Definition of Relations », *Neuron*, vol. 25, 1999, p. 49-65.

2. W. Singer, « Synchronisation neuronale et représentations mentales », *Pour la science*, 302, 2002.

3. Il faudrait trier en fonction de ces deux occurrences les multiples systèmes analogiques biunivoques qui peuvent expliciter la réflexivité de la conscience. Le complémentaire associé d'un événe-

## La réflexivité propre à l'être humain

Classiquement, la conscience réclame un acte réflexif, mais qu'est cet acte réflexif ? À elle seule, la transmission d'une information ne qualifie pas la conscience : il faut lui ajouter une réflexivité [1]. Selon Edelman, la conscience commencerait à partir de la conscience de la conscience. Cela veut dire qu'elle se produirait lorsqu'un sujet traduit un système d'information en un autre, qui le produit lui-même comme sujet réfléchissant le premier dans le second. Lorsqu'un système de signes serait réfléchi dans un autre système, cette traduction créerait son propre observateur [2]. Mais les animaux disposent sans doute de cette réflexivité. Lorsqu'ils prêtent attention, ce n'est pas tant qu'ils soient conscients qu'ils sont conscients (formule un peu redondante). Ils sont plutôt conscients de leurs perceptions.

En revanche, la réflexivité diffère pour l'homme, parce qu'au système perception-conscience s'ajoute la pulsion. Il faut rappeler une caractéristique déjà discutée de la conscience humaine. Toute chose risque d'engloutir celui qui la perçoit dans l'infinité de ses associations (il

---

ment actuel peut être l'histoire individuelle (le passé) ou collective (la culture). Il peut aussi puiser dans la collection personnelle de symboles, dont l'atemporalité oriente le jugement. Il faudrait tenir compte aussi du fait que, quel que soit le système analogique (processus primaire ou secondaire), il est vectorialisé dans un seul sens : il va de la sensation aux traces mnésiques de mots, qui rétroactivement assurent la conscience de la perception.

1. Des médiateurs chimiques peuvent par exemple donner l'information d'une baisse de tension artérielle qui sera corrigée en conséquence, mais il n'en existe aucune conscience.

2. À partir d'un acte de traduction d'un ensemble de représentations dans un autre, la réflexivité qui caractérise la conscience s'établirait.

ressemble alors à un homme privé de sommeil qui retombe à chaque instant dans ses rêves). Lorsque ce sujet nomme sa perception, il fait déjà un pas vers la conscience. Mais le mot pourrait s'associer à son tour à une infinité d'autres mots. Et ce mot émerge de ses multiples connexions quand il est défini par un autre mot et que la parole ainsi formée s'adresse à quelqu'un : elle acquiert de ce fait *la réflexivité spéciale* qui qualifie la conscience humaine. Ce n'est pas la réflexivité en général qui qualifie la conscience humaine, mais la réflexivité discursive : le fait qu'un mot se définisse par un autre mot. On ne peut définir simplement la conscience par « la capacité à être conscient du fait d'être conscient », comme le soutiennent Edelman et Tononi [1], car cette réflexivité caractérise aussi la conscience animale. Pour qu'il y ait conscience de la perception, il faut un refoulement préalable de la pulsion, et la pensée joue ce rôle. De sorte que la pensée grammaticale devient chez l'homme la condition de la conscience. Le « je » conscient apparaît lors du passage de la perception pulsionnelle à la parole, qui en refoule les dangers. La parole se constitue selon une double réflexivité propre à l'homme : 1) la réflexivité de la phrase elle-même ; 2) la réflexivité de celui qui parle à l'égard de celui qui l'écoute.

L'une des trois caractéristiques majeures d'une phrase grammaticalement bien formée est sa réflexivité [2]. Dans un énoncé quelconque du type « ceci est cela », une équation unit « ceci » à « cela », définissant la conscience réflexive d'un objet. Qu'il existe une autre opération

1. *Comment la matière devient conscience, op. cit*, p. 247.

2. La réflexivité fait partie des principes de la logique aristotélicienne qu'on trouve dans *Organon*. La réflexivité, de même que le « tiers exclu » et la « non-contradiction », signifie que, lorsqu'un certain terme se définit par un autre réflexivement, cette phrase est logique.

assurant la « conscience de cette conscience » n'est pas vraiment nécessaire pour définir la réflexivité de la pensée. Elle l'est dès qu'elle se forme, et telle est sa fonction. Cette réflexivité conditionne à elle seule la conscience, à titre de caractéristique majeure de la pensée. Elle forme la résistance à partir de laquelle la conscience se sépare de l'inconscience. La réflexivité n'est pas tant la conscience de la conscience que la ligne de partage résistant à l'inconscient. En isolant et en liant seulement deux termes réflexivement articulés, la conscience refoule le reste. Deux termes se solidifient dans l'équation d'une phrase, alors que, dans le même temps, le semblable auquel elle s'adresse la valide. La réflexivité de la phrase s'établit en même temps que la réflexivité du lien au semblable.

Cette démonstration est aussi corroborée en suivant un cheminement inverse : quiconque s'adresse à un semblable s'assure du même mouvement de la consistance de son propre corps. Le refoulement pulsionnel s'accompagne d'une importante perte de jouissance du corps, que le narcissisme (ou encore le miroir) cherche à pallier : l'homme ne peut vivre sans amour. La dimension narcissique sans laquelle il dépérit s'établit dans le rapport au semblable, et la parole en est le support. La lutte pour la jouissance malgré tout machine une réflexivité bifide : la parole sert à jouir en même temps qu'elle déclare l'amour. Dans ce double mouvement, l'intégration de la conscience s'accomplit. La jouissance du corps pulsionnel est refoulée au profit de la jouissance de la parole, c'est-à-dire grâce à sa réflexivité, validée par le semblable auquel elle s'adresse.

Lorsque je parle à quelqu'un, je suis. Il s'agit moins de l'évidence philosophique cartésienne que du déplacement de la question de l'être au niveau du verbe. Grâce à cette translation, j'existe comme « tiers exclu » de ma propre parole, ou encore comme sujet de l'énonciation extérieur à la réflexivité de la phrase, où désormais la binarité de l'être miroite loin de moi. La réflexivité implique dans le même mouvement l'amour, l'adresse de la parole à autrui et la formation grammaticale des phrases. Le rapport au semblable, l'affectivité ou la réflexivité des phrases sont les conditions de la conscience. Ainsi définie, la réflexivité propre à l'homme est celle de la parole, corrélative du « stade du miroir » [1].

## La réflexivité grammaticale et le stade du miroir

On explique parfois le stade du miroir comme un moment où le sujet se reconnaîtrait dans l'image parce qu'il serait en même temps nommé par la personne qui le tient dans ses bras [2]. Jacques Lacan n'a pas voulu montrer (comme Henri Wallon l'a fait) un stade particulier de la croissance du sujet, mais un décentrement du corps psychique par rapport à l'organisme, moment homogène aux débuts du babillage et de la grammaticalité. Un tel moment s'observe, mais il ne faut pas oublier sa condition syntaxique. Le rapport au reflet ne met en scène qu'un processus initié par la grammaticalité. Lorsqu'un enfant aperçoit son image dans un miroir, il se reconnaît

1. Voir Émile Benveniste, *Problèmes de linguistique générale*, Paris, Gallimard, 1966, p. 260 : « Le langage n'est possible que parce que chaque locuteur se pose comme sujet en renvoyant à lui-même comme je de son discours. De ce fait, je pose une autre personne, celle qui, toute extérieure qu'elle est à "moi", devient mon écho auquel je dis tu et qui me dit tu. »

2. Voir J. Lacan, « Le stade du miroir comme formateur de la fonction du Je », *Écrits*, *op. cit.*

dans la mesure où il est déjà extérieur à lui-même, à titre de sujet de son babil. Grâce à cette excentration, il se voit hors de lui : il reconnaît au dehors ce qu'il a refoulé, c'est-à-dire la signification incestueuse de son corps. La naissance du sujet de la conscience refoule en même temps la signification psychique de l'image, cet étrange reflet plat. Voilà ce qui le fait rire de soulagement. Le rire est le propre de l'homme qui échappe à l'inceste. Du haut de sa place de sujet, il voit gesticuler dans le miroir la représentation du corps psychique pulsionnel rejeté au dehors.

Le stade du miroir extériorise ce que la parole vient d'effectuer, simple cas particulier, en quelque sorte tangible, de l'existence du sujet de l'énonciation. Il montre le rapport d'inclusion disjonctive de l'image et de la pensée. Penser permet de se voir soi-même, dans la mesure où le je de la pensée est en dehors de l'image, qu'il la contredit et peut ainsi l'apercevoir dans son étrangeté. La partie a déjà été jouée au niveau de la signification des phrases : elles sont les premières à refléter le moi dont le sujet se sépare ; il se voit dans les phrases comme il peut le faire dans le miroir. L'acte de babiller le fait rire aussi, bien avant que son babil ne signifie quelque chose [1].

La plupart des animaux ne s'aperçoivent pas dans un miroir : ils demeurent toujours à l'intérieur d'eux-mêmes. S'ils voient dans une glace une forme qui s'anime en même temps qu'eux, ce n'est pas eux. Une première ligne de démarcation apparaît chez les singes, dont la

1. La signification des phrases reflète celui qui les prononce. La plupart des énoncés ne disent rien de très particulier. La phrase assure seulement de l'existence subjective. Lorsque, de temps en temps, des phrases communiquent aussi un message, elles gardent en même temps cette fonction première.

plupart (macaques, babouins) se comportent devant un miroir comme s'ils avaient en face d'eux un ennemi [1], dans lequel ils ne se reconnaissent pas. En revanche, il existe un deuxième groupe de singes, les anthropoïdes (chimpanzés, orangs-outangs), qui savent utiliser le miroir pour examiner leurs corps. Si on leur dessine une tache rouge sur le front pendant leur sommeil, ils cherchent à l'effacer à leur réveil, non sur la glace où ils l'aperçoivent, mais sur leur peau [2].

Cette autoreconnaissance doit être mise en parallèle avec une autre ligne de démarcation qui existe entre ces deux mêmes groupes de singes : les anthropoïdes sont capables d'inventer des systèmes de signes qui leur permettent de communiquer avec ceux qui connaissent ces signes, ceux qui ne les connaissent pas étant exclus. Tous les animaux utilisent des systèmes de signes qui valent pour toute l'espèce [3]. D. Premack et G. Woodruff [4] ont montré qu'un langage de signes appris par l'homme à des anthropoïdes était ensuite utilisé par ces derniers pour communiquer entre eux ; ils sont par ailleurs capables d'inventer un système de signes qui n'appartiennent qu'à eux. Lorsque les anthropoïdes inventent des signes, ils sont imprévisibles et s'établissent en fonction d'une attitude d'anticipation de la réaction de l'autre. Ces singes peuvent apprendre partiellement les signes du langage des sourds-

1. P. Buser, « La conscience animale », *Pour la science*, 302, 2002, p. 87.

2. Dans les années 1960, Gordon Gallup a mis au point le « test de la tache ». Lorsqu'on met une tache rouge sur le front d'un enfant, celui-ci ne porte la main à son front que vers l'âge d'un an et demi.

3. Et même au-delà : par exemple, les nuages sont le signe d'une pluie imminente, etc.

4. « Does the Chimpanzee Have a Theory of Mind ? », *Behavioral and Brain Sciences* 1, 1978, p. 515-526 et 615-636.

muets, mais ils en ignorent toujours la syntaxe. Entre les deux groupes de singes, il existe ainsi une démarcation tant pour le miroir que pour le langage de signes [1]. Concernant le rapport au miroir, on obtient donc la répartition suivante :

1) La plupart des animaux ne s'aperçoivent pas dans le miroir : ils voient une image plate peut-être animée, mais qui n'est jamais rangée dans l'ordre du vivant. Ces animaux savent lire des signes selon un système inné qui appartient à l'ensemble de l'espèce ;

2) Certains animaux voient dans le miroir un autre animal de la même espèce, mais ce n'est pas leur reflet. Ils peuvent apprendre à lire un grand nombre de signes nouveaux, mais ils ne peuvent en inventer qu'un petit nombre, purement dénotatifs ;

3) Les singes anthropoïdes se reconnaissent dans le miroir. Ils sont aussi capables d'inventer des signes qui dénotent des objets en leur absence et servent de message auprès de certains de leurs semblables. Mais ces signes ne sont pas syntaxiquement reliés entre eux [2] ;

4) Les hommes, quant à eux, se reconnaissent dans le miroir. Mais cette reconnaissance diffère qualitativement : ils reconnaissent la part pulsionnelle d'eux-mêmes qu'ils ont rejetée. Cette découverte jubilatoire est corrélative des débuts de la parole et de la division entre le moi et le je, puisque la grammaticalité de la parole a comme fonction de refouler les pulsions, notamment scopiques. La communication n'utilise plus de signes, mais elle forme des phrases dans lesquelles le

1. Elle correspond aux critères établis par D. O. Hebb (*The Organization of Behavior. A Neuropsychology Theory*, New York, Wiley, 1949).

2. En tant qu'inventeurs, ils sont sujets de ces signes, mais ces sujets ne sont pas divisés entre leur énonciation (du signe) et l'énoncé d'une phrase (liaison grammaticale de signes entre eux).

mot dénote quelque chose s'il est défini syntaxiquement par un autre mot.

Lorsque le refoulement fait problème chez un homme, comme dans l'autisme et certaines formes de psychose, l'image du miroir est méconnue. Le sujet ne veut rien savoir de son image [1]. Dans d'autres psychoses, l'image du miroir déclenche une angoisse violente, comme si elle annonçait une mort prochaine. Pour ces sujets, l'image montre bien une forme dont ils savent qu'elle leur ressemble, mais elle ne leur appartient pas, elle les traque comme une entité vivante qui les menace. À qui appartient cette vie qui gesticule dans ce double plus puissant qu'eux ? Quelqu'un d'Autre la possède, le même que celui qui force à manger, à boire, à dormir pour faire grandir cette vie dont il est maître. Cette image plate présente le moi pulsionnel d'origine, nourri – lavé – blanchi. On peut l'appeler « il », lui qui est parlé depuis si longtemps. Avant sa naissance, on en parlait déjà : on parlait de lui à la troisième personne.

Cette personnaison tierce n'est pas le propre de la psychose, c'est un moment génétique qui se poursuit un certain temps après la naissance. On entend souvent des parents qui parlent à leur enfant à la troisième personne, et l'enfant lui-même les imite : il parle de lui comme s'il n'était pas encore lui, mais quelqu'un d'autre, présent pour leur plaisir. Le « il », c'est cette peau morte du miroir dont débarrasse le « je » qui commence à chantonner des sortes de phrases lorsqu'il attrape sa vie de « je ». Le « je » qui joue avec des sons se sépare du « il » de l'image. Lorsque « je » unit un son à un autre pour former la séquence qui, dans le babil, ressemble déjà à

1. On peut avoir une intuition de ce vécu dans de nombreux mythes, contes, légendes où sont évoquées la figure du diable ou des sorcières, qui sont privés de reflet ou d'ombre.

une phrase, cet acte d'union des sons sépare le « je » du « il ». Le babil transforme la brutalité du son en quelque chose comme une parole. Le « je » se retranche du moi pulsionnel des sensations brutes, dont les sons faisaient partie et dont le miroir témoigne. Quelle jubilation de se débarrasser de cette image : ce double de soi, cet amour de néant ! Le voilà donc enfin apprivoisé ! Le « je » s'amuse ! Maintenant qu'il fait des phrases comme un monsieur, ce petit « moi » pomponné ultraplat gesticulant dans le miroir le fait rire. On s'amuse, et on oublie l'obscénité du moi bébé surpuissant d'origine : cette vie coupée de la vie désormais emmurée dans les glaces.

## Généralisation de la réflexivité propre à l'humain : exemple du calcul

Jean Piaget a appelé « abstraction réfléchissante » les activités mentales liées au raisonnement, au dénombrage, au classement. Selon lui, la conscience réflexive du nombre n'apparaît que vers sept ou huit ans. Piaget a choisi ce terme de réflexivité parce que, dans ce mode d'abstraction, l'enfant ne se contente pas de percevoir, il met en équation une certaine perception et une autre qui deviennent réflexives en ce sens. Pour compter, par exemple, il n'est pas suffisant de percevoir certaines unités, il faut pouvoir les réunir par au moins une qualité commune, c'est-à-dire abstraire le chiffre. Cette sorte de réflexivité du chiffre peut-elle être isolée ? Non, car isoler la qualité commune à un ensemble ne peut se faire sans le préalable de la pensée. La condition de possibilité de l'équation est une pensée préalable, et c'est d'abord à son niveau qu'opère la réflexivité. Par exemple, je pense d'abord « ceci est cela », donc je peux réunir en un seul ensemble tous les « ceci » [1].

La précieuse observation de Piaget mérite d'être ramenée à sa source discursive, et l'on devrait pouvoir repérer la réflexivité numérique dès la naissance de la parole. Or Jacques Mehler, chercheur au CNRS, a remis en question la chronologie établie par Piaget. Il considère que les enfants peuvent réussir les tests de Piaget dès l'âge de deux ou trois ans, c'est-à-dire dès que la pensée est capable de distinguer des qualités. Cette dimension réflexive de la qualité par la pensée apparaît ensuite dans l'abstraction du calcul.

Mais ne faut-il pas remonter encore plus haut ? En effet, si la possibilité du calcul s'établit bien par rapport à la parole, il s'agit d'abord de la parole de l'Autre maternel. Naturellement, il n'existe rien qui ressemble à des chiffres portant un nom de chiffre pour un nourrisson : ce sont certaines qualités sensorielles qui isolent des unités qui seront plus tard nommées par des chiffres. Par exemple, la sensation de la séparation compte jusqu'à deux, et elle peut faire pleurer l'enfant. Autre exemple : l'enfant que l'on force à manger représente pour sa mère l'un de la plénitude, et cette sensation peut le faire vomir. Cette question de la séparation de l'un et de sa division est au centre des premières hallucinations et des rêves. Quoi qu'il en soit, il est certain que la sensation du nombre (sinon son nom) a des effets vérifiables.

À cet égard, un article de Karen Wynn publié dans la revue *Nature* apporte des éléments surprenants sur l'émergence du nombre [2]. Sur la base de l'enregistrement des temps de fixation visuelle, des nourrissons de quatre

1. Par exemple : « Ces moutons sont noirs », donc je peux réunir en un seul ensemble tous les moutons noirs : il y a « tant » de moutons noirs.

ou cinq mois parviendraient à détecter des événements liés aux caractéristiques du nombre. Selon Karen Wynn, l'identité de certaines perceptions (la comparaison des qualités) présente le premier mouvement d'un chiffrage. Ce comptage est recouvert par la nomination, qui arrête son infinité en désignant une chose par un mot, lui-même défini par un autre mot (selon une paire ordonnée, finie). Le rapport premier à l'un du phallus est ainsi recouvert par le développement du langage. C'est la fonction même du refoulement : la possibilité première de chiffrage à partir du désir de l'Autre est d'abord refoulée par le sujet. Les travaux d'Olivier Houdé apportent un complément à cette étude : tout se passe comme si cette discrimination précoce était ensuite recouverte par le langage. Les enfants de deux ou trois ans sont moins habiles avec le nombre que les nourrissons de quatre ou cinq mois. Les performances de départ ne seraient récupérées que plusieurs années plus tard [1].

Comment interpréter ces résultats ? Le rapport initial des enfants au nombre se détache à partir de l'unité imaginaire qui existe entre la mère et l'enfant. En réalité, une telle unité fonctionne surtout dans le désir de la mère, qui cherche à incarner l'un du phallus grâce au corps de l'enfant : cet « un » vient à la place de son manque, c'est-à-dire du zéro. Puis, d'une façon ou d'une autre, une séparation avec la mère se produit, et cette coupure fait intervenir le deux. Pour compter juste, elle numère d'un coup jusqu'à trois puisque le premier « un » se détache

2. K. Wynn, « Addition and Subtraction by Human Infants », *Nature* 358, 1992, p. 749-750.

1. O. Houdé, « Numerical Development », *Cognitive Development* 12, 1997, p. 373-392. Voir aussi, du même auteur, « De la pensée du bébé à celle de l'enfant : l'exemple du nombre », *in* J.-F. Dortier (éd.), *Le Cerveau et la Pensée*, Auxerre, Sciences humaines éditions, 1999.

pour nier le zéro (l'absence de phallus). L'existence de l'enfant implique un comptage jusqu'à trois (0, 1, 2) [1]. La mère situe son enfant à la place du un qui lui manque (zéro). Faire « un » avec la mère réaliserait l'inceste : dans l'angoisse d'être identifié au « un » du phallus maternel, l'enfant rejette cet « un » au dehors. Mais, une fois à l'extérieur, cet « un » continue de le menacer, car il est présent dans toutes les perceptions. Les nourrissons très petits cauchemardent et hallucinent qu'une puissance extérieure va les engloutir. Comment lutter contre la menace de dévoration ? Le premier mouvement fut de rejeter à l'extérieur ce qui risque d'unifier. Mais, une fois dehors, la menace persiste : lutter contre le monstre unifiant, c'est le diviser, et cela consiste à compter ce qu'il y a dehors : comparer une chose à une autre, puis à une autre encore. Chacun peut se souvenir de ce processus, lorsque sous le coup d'une angoisse il s'est mis à compter. L'enfant, puis l'homme comparent sans fin les sensations entre elles. Chaque perception présente en évoque une autre selon la marche en crabe du processus primaire freudien. Ainsi, la lutte contre l'un numère les choses les unes après les autres. La menace d'une unité infinie est latéralisée à l'extérieur par le comptage. Tout se passe comme si chaque sensation se gonflait de l'un engloutissant au moment de sa perception et comme si, avant son implosion, elle faisait un pas de côté vers une autre unité : une chose, puis une autre, puis une autre encore... Le zéro propulse ainsi la numération vers l'infini.

Qu'y a-t-il de comparable entre une chose et une autre, sinon certaines qualités qu'elles ont en commun ? Ces traits de recoupement préforment le chiffre, premier

1. Curieusement, le zéro ne sera découvert que tardivement, et pendant quelques siècles il sera l'objet d'une fascination horrifiée avant d'être utilisé dans les calculs.

concept qui s'abstrait du processus primaire. Le chiffre est le trait distinctif qui unit les régularités de phénomènes distincts. Les comparaisons établissent des équations : compter calme l'angoisse. L'équanime équation soulage celui qui la pose, ainsi débarrassé de sa propre inconnue, x, dont l'algèbre risque de l'égaler à zéro. Le propre de la comparaison est la réflexivité mise en exercice, là aussi grâce à l'équation.

On peut montrer par d'autres voies que cette réflexivité de l'équation s'articule avec la réflexivité de l'image du corps dans sa relation au semblable. Le gyrus angulaire est d'une manière ou d'une autre impliqué dans l'effectuation du calcul, alors qu'il n'est pas requis pour la mémoire immédiate ou le langage. Cette région du cerveau n'est pas nécessaire non plus pour comprendre les concepts numériques sous-tendant les calculs. On remarque parallèlement que des patients atteints de dyscalculie lors d'une atteinte du gyrus angulaire présentent aussi un trouble neurologique associé, celui d'agnosie digitale : ils sont incapables de nommer les doigts qu'on leur désigne ou que l'on touche. Comment comprendre ce parallélisme ? Chaque enfant apprend le calcul en comptant sur ses doigts, et de nombreux adultes continuent de remuer leurs doigts, au moins mentalement, lorsqu'ils comptent, maintenant ainsi une référence à l'image du corps pour réaliser leurs opérations. La dyscalculie démontre ainsi que la réflexivité articule le nombrable et l'image du corps (de même que le mouvement de compter infinitise le rapport du corps à l'un du phallus).

## Le lobe préfrontal subsume la réflexivité de l'affectif du miroir et celle de la parole

Le lobe préfrontal a pour rôle d'intégrer des fonctions, disent les neurophysiologistes, mais justement l'assomption du « je » au stade du miroir est la condition nécessaire à l'actualisation de tout apprentissage et des fonctions physiologiques qu'il requiert : il faut bien qu'il y ait un sujet conscient dans la machine pour qu'il puisse apprendre quoi que ce soit ! (Et les gènes, qui ont la vue basse, seraient bien en peine de reproduire autre chose que leurs programmes.) Ce même lobe préfrontal jouerait aussi un rôle dans le caractère et l'affectivité, disent également les neurophysiologistes : mais justement, le même rapport au miroir illustre aussi les avatars de la relation narcissique, riche en rebondissements affectifs. Le cortex préfrontal traduit dans une dimension organique la fonction d'intégration psychique du narcissisme, c'est-à-dire la subjectivation du moi réflexif. L'importance pour la conscience humaine de la réflexivité, tant au niveau de la parole et du chiffrage qu'au niveau de l'expérience affective du miroir, se traduit neurologiquement dans le développement préfrontal. Cette affectivité peut se comprendre de deux façons. Il s'agit, d'une part, du rapport au semblable et, d'autre part, d'une dépense d'« affect ».

Dans *L'Homme neuronal*, Jean-Pierre Changeux remarque que le passage du lobe droit au lobe gauche s'accompagne de décharges d'affects, dépense émotionnelle qui met à contribution les lobes préfrontaux. En effet, le passage de droite à gauche (autrement dit le refoulement) se dénote seulement par un affect puisque, par définition, le refoulement échappe à la représentation. Sa mise en acte manque de signifiant ou d'image propre. Seule la dépense d'énergie que réclame le refoulement la signale. Le corps est affecté par le refoulement, parce qu'une part de sa jouissance est rejetée. Sa déperdition affective se reconstruit réflexivement, dans un trajet qui concerne en même temps la réflexivité des phrases et l'affectivité narcissique, propre au lobe préfrontal.

La réflexivité ne demande pas seulement de l'énergie, il lui faut aussi du temps, car ce n'est pas une opération instantanée. Il lui faut un certain délai pour s'accomplir, comme le démontrent aujourd'hui les neurosciences. Pour qu'il y ait reconnaissance d'un événement actuel grâce au passé, c'est-à-dire pour qu'un certain événement sensoriel puisse être comparé à un autre qui a déjà été mémorisé, il faut que le traitement de l'information concernant les sensations analogues passées n'arrive pas *après* les sensations actuelles. Il faut donc que la vitesse des informations qui parviennent au cerveau soit supérieure aux quelques centaines de millisecondes nécessaires à la perception elle-même. Selon Jean-Pol Tassin : « On peut supposer que le cortex préfrontal maintient l'information active jusqu'à ce que l'analyse et le classement des stimuli extérieurs puissent être extraits de leur contexte immédiat et dotés d'un sens [1]. » Le ralentissement nécessaire au traitement de l'information serait dû, selon lui, à la sécrétion de neuromodulateurs dopaminergiques. L'innervation dopaminergique n'est pas issue des lobes préfrontaux, mais elle rassemble des informations dans le mésencéphale et met en rapport ces structures profondes avec les structures corticales. Si l'on veut bien

1. J.-P. Tassin, « La neuropharmacologie de la conscience », *Pour la science* 302, 2002. Voir également C. Constantimidis, G. V. Williams, P. Goldman-Rakic, « A Role for Inhibition in Shaping the Temporel Flow of Information in Prefrontal Cortex », *Nature* 415, 2002.

concéder que les neuromodulateurs dopaminergiques ne sont que les médiateurs d'une fonction, on aura un argument de plus pour penser que la réflexivité du lobe préfrontal réalise l'opération principale de la conscience, celle qui extrait le sujet de l'immédiateté de sa perception. Dans l'échelle des espèces, le rôle du lobe préfrontal sera d'autant plus important que le stock d'archives à consulter croîtra. Et il fait un saut cette fois-ci qualitatif dans l'espèce humaine, quand cette fonction frénatrice devient celle du refoulement.

Peut-on préciser maintenant en quoi consiste au juste l'intégration ? La conscience, on l'a montré, résulte d'un différentiel entre deux aires, et le passage de l'une à l'autre spécifie son sujet. Ce différentiel s'actualise à l'occasion de la grammaticalisation des traces mnésiques de mots. Étant donné que cette opération réclame la réflexivité, on dira que le sujet s'extériorise grâce au lobe préfrontal. C'est dire aussi que les systèmes réentrants fonctionnent d'autant plus facilement qu'ils bénéficient d'une médiation, selon la vectorialisation qui va de la droite vers la gauche, mouvement probablement dialectisé par le lobe préfrontal. Engramme de la grammaticalité, la réflexivité chiasme la pulsion à la parole grâce à la médiation préfrontale. Si le lobe préfrontal occupe jusqu'à 30 % de la masse du néocortex, c'est qu'il lui faut du matériel pour câbler la réflexivité, pour établir une ligne de partage ferme entre le conscient et l'inconscient, entre les lobes droit et gauche : son rôle dépasse ainsi de beaucoup celui de tour de contrôle qui lui est souvent imparti. Il apparaît plutôt comme la plaque tournante entre le cérébral et le psychique.

Concernant cette interaction entre le cérébral et le psychique, Alain Prochiantz propose une hypothèse novatrice. Il affirme en effet qu'« [...] une structure psychique névrotique peut, de fait, très bien correspondre à une structure de réseaux neuronaux [1] ». Il considère en outre que cette structure neuronale pourrait être modifiée par la psychanalyse car, écrit-il : « Chez l'homme, jusqu'à un âge avancé, sinon pendant l'entière durée de sa vie, les neurones restent plastiques [2]. » Alain Prochiantz se demande si cette thèse va choquer les psychanalystes. C'est d'autant moins le cas que la découverte « de nœuds névrotiques », comme les appelle Alain Prochiantz, a déjà été faite : ce sont les symptômes, témoignages de contradictions inconscientes qui se nouent sur le corps, faute de pouvoir s'exprimer dans l'action ou du moins dans cette action qu'est la parole. Le système nerveux est l'agent de cette écriture, et l'on trouvera sans doute un jour un équivalent des nœuds symptomatiques dans l'image droite du corps psychique. Mais il faut surtout concevoir que les interactions entre les différentes aires du cerveau présentent déjà des chiasmes : leurs résultantes se nouent sur l'organisme et le ficellent symptomatiquement. Ces brins se répartissent entre le lobe droit pulsionnel et le lobe gauche langagier, dont les fonctions sont intégrées par le lobe préfrontal réflexif.

1. A. Prochiantz, *La Construction du cerveau, op. cit.*, p. 80.
2. *Ibid.*

19

# LA CONSCIENCE MORALE COMMANDE LA CONSCIENCE DES PERCEPTIONS

Pour devenir conscient, le sujet doit refouler : il lui faut renier ses déterminismes. Pour cesser d'être un objet, il trahit sa mère. Cette culpabilité ontique oriente dès son origine la conscience. Apercevoir quelque objet, c'est ressentir le poids d'une insondable faute originelle. La moindre perception donne la mesure d'une dette avant même de connaître le sens de ce devoir : la sensation la plus simple est déjà orientée par une éthique. Chaque acte conscient de la beauté du monde s'accompagne du vœu de dire merci, sans savoir à qui. La subjectivité de la conscience contrarie l'objectivation par le désir de l'Autre. D'une certaine façon, l'homme se sent coupable d'être un sujet, il préférerait croire qu'il n'est qu'un objet [1]. Le langage ordinaire ne différencie pas la conscience des perceptions et la conscience en tant que gardienne de la loi [2].

1. On comprend ainsi la puissance des théories organicistes, qui affirment que le corps n'est qu'une machine coordonnée par des neurotransmetteurs, programmée par des gènes, et que les comportements sont déterminés.

2. Freud écrit ainsi dans *Totem et Tabou* (*op. cit.*, p. 82) : « [...] l'analyse de la nature du tabou est faite pour projeter une certaine lumière sur la nature et l'origine de ce que nous appelons la conscience, bonne

## La conscience est liée à la faute du rejet pulsionnel

Ce sens d'un devoir encore énigmatique s'oriente d'abord en fonction de la pulsion. Dès le début, la conscience est conscience morale en fonction de la division des perceptions selon les lignes du plaisir et du déplaisir pulsionnel. La pulsion jouit le corps jusqu'à l'excès, et l'excès de plaisir est rejeté, doublant ainsi nos sensations. Le rejet évite une jouissance anéantissante, mais il engendre une culpabilité, de sorte qu'une fois rejetée à l'extérieur la pulsion se scinde à nouveau entre plaisir et excès de plaisir. La pulsion se divise encore une fois, dehors, entre du « bon » et du « mauvais ». Le sujet s'arrange avec sa faute en décidant de ce qui est bon et de ce qui est mauvais, selon ses goûts et ses dégoûts. Ce n'est plus lui qui satisfait ou non au désir de l'Autre : il projette cette bipartition à l'extérieur. La discrimination au dehors du bon ou du mauvais économise la culpabilité du sujet. Ce que nous voyons, entendons, sentons se divise immédiatement entre plaisir et déplaisir et se classe selon une échelle du goût propre à chacun. Nos perceptions sont aussitôt assorties d'un jugement : ceci est bon, mauvais, beau, laid, bien, mal, etc. Comme la pensée consciente se forme au fur et à mesure d'un rejet pulsionnel, son déroulement s'accompagne d'un jugement implicite qui départage le bon du mauvais, le beau du laid, etc. Ces lignes de démarcation du goût divisent

---

ou mauvaise. » Et surtout, au paragraphe suivant : « D'après le témoignage même de la langue, la conscience s'applique à ce qu'on sait de la façon la plus certaine. Il y a même des langues où il existe à peine une distinction entre la conscience morale et la conscience au sens de la connaissance. » Dans *Malaise dans la culture* (Paris, PUF, 1997), également, Freud fait remarquer que la conscience morale du Surmoi est à l'origine de la « conscience tout court ».

le monde des sensations au fur et à mesure que nous pensons et que nous parlons. Nous portons à chaque instant un jugement implicite, dont ne rend pas forcément compte la parole que nous exprimons.

Force positive, le conscient assure son empire à coups de jugements, d'arrêtés sans appels, pris en fonction de goûts qui scindent le monde selon un ordre tyrannique. Ce n'est qu'une fois ce choix promulgué que notre pensée le justifie. La pensée ne pense rien sans le préalable d'un jugement qui est sa raison. Avant de penser quelque chose, la décision majeure concernant cette chose a déjà été prise. La pensée et la raison ne se situent pas au même niveau. La pensée dépend d'un jugement dont la seule raison est l'existence du sujet qui s'assure grâce au rejet violent d'une certaine qualité. L'univers de la pensée est précédé d'une raison qu'elle ne dit pas. Un ensemble de raisons, de jugements du bon et du mauvais, du bien et du mal, du juste et de l'injuste, forme une culture dont la pensée diffère d'une autre lorsqu'elles n'ont pas de raison commune. Quel voyageur ignore que la pensée diffère selon les pays, non parce que leurs natifs seraient déraisonnables, prélogiques, sous-développés, etc., mais parce que les raisons de leurs cultures diffèrent des nôtres ? Quand bien même leur ferait-on connaître les nôtres, ils continueront à penser autrement. La conscience rend ainsi son tribut à la culture.

## Conscience de la faute œdipienne

Mais la conscience n'en reste pas à ce niveau de discrimination qui correspond au refoulement originaire. Elle s'oriente ensuite en fonction de la culpabilité œdipienne, qui prend le relais de la culpabilité ontique. Le sujet vient de porter son jugement grâce à une pensée : « ceci est bon », ou bien « ceci est mauvais ». Mais qui vient de prononcer cette phrase ? Comment s'appelle ce sujet, et comment va-t-il porter son nom sinon en prenant celui de son père ? Il porte du même coup le poids d'un fantasme parricide. La conscience de la perception est celle d'un sujet qui prend son nom à prix de sang. La condition de la conscience n'est donc pas simplement l'existence d'un sujet : encore faut-il que ce sujet porte un nom. Lorsque le nom du père est ébranlé, la conscience des perceptions vacille dans les névroses ou même chavire dans les cécités hystériques et les moments crépusculaires de la névrose obsessionnelle. Dans les psychoses, le sujet parle au dehors dans les hallucinations et les délires, lorsque le nom du père est en défaut. En contrepoint de ces caractéristiques cliniques, la culpabilité est l'affect de la pensée consciente, lorsque son sujet prend son nom [1].

## La faute dans le rapport au semblable

Il faut encore ajouter un dernier terme à cette culpabilité qui régit la conscience. La parole déplace la question de l'être du corps au niveau du corps des phrases. Mais ces phrases elles-mêmes ne sont validées que grâce à celui à qui elles s'adressent. Lorsqu'il arrive que deux personnes se parlent, chacune attend de l'autre la reconquête de sa corporéité. Chacune cherche la réalisation gémellaire de son « Je suis » dans l'adresse faite au semblable [2].

1. Rendre grâce au père éternel accompagnait chaque acte de conscience dans le monde chrétien.

2. L'acte locutoire s'accomplit grâce au prochain, qu'il ne mentionne pas. De même que le sujet de l'énonciation est exclu de la phrase, de même celui à qui la phrase s'adresse en est absent. La phrase qui s'adresse au semblable l'exclut (on ne peut l'appeler l'« objet » de l'énonciation). C'est peut-être pourquoi Descartes ne lui a pas accordé d'importance. « Je pense, donc je suis »… mais toi tu n'es pas : l'être est de mon côté, le néant du tien.

Toute parole porte une violence latente. Les nuées de politesses qui l'accompagnent à chaque instant en donnent la mesure. De sorte qu'à ce dernier niveau l'enjeu de l'être et du néant devient la lutte du maître et de l'esclave. Parler au semblable nous débarrasse un moment de notre valeur de chose. Et c'est ce semblable que le poids de la chose charge alors soudain. Nous l'aimions abstraitement, lui qui, maître du sens, nous débarrassait un moment de cette tunique de Nessus de la Chose. Mais cet amour l'agresse, amorçant la lutte du maître et de l'esclave. De la naissance à la mort, l'amour (ou la haine) du prochain reconduit le refoulement : nous habitons cet espace de l'amour qui nous pousse à penser ou à parler, à potentialiser les traces mnésiques que nous enregistrons en apparence comme des ordinateurs, mais que nous n'actualisons pas comme eux (qui n'auront jamais de raison de refouler quoi que ce soit).

Pour une raison obscure, sans doute liée à l'opacité de l'inconscient, la parole passe pour un outil dénotatif destiné à appréhender le réel. Mais sa fonction est d'abord performative. La parole performe le sujet : elle grammaticalise les impératifs et les recommandations, la hiérarchie et les ordres de préséance dans le rapport à autrui. La langue ne dénote un certain objet qu'une fois cette fonction accomplie. Car la première performance accomplie par la parole adressée à autrui, c'est de dégager le sujet de la conscience. Une fois cette performance accomplie, le dire dénote ensuite quelque chose, ne signifie quelque chose qu'à la limite [1]. La question de l'être de celui qui parle, grâce à celui qui l'écoute, est son problème majeur. Le « je » se vectorialise vers le « tu » et oriente la syntaxe des phrases, qui apparaît ainsi comme la condition de la conscience du réel. La violence des liens sociaux clarifie la

1. La parole est d'ailleurs si maladroite pour ce faire que les mathématiques sont un outil de mesure du réel plus approprié.

conscience. L'évanouissement du lien social, la solitude, évapore le réel. Il existe ainsi une troisième stratification de la culpabilité qui régit la conscience. À la culpabilité pulsionnelle, puis œdipienne, succède celle de Caïn à l'égard de son frère Abel. L'œil qui, dans le poème de Victor Hugo, suit Caïn jusque dans sa tombe n'est pas seulement celui de la conscience morale : c'est celui de la conscience du visible elle-même.

# IV

# LE CERVEAU EST-IL L'ORDINATEUR D'UN CORPS MACHINE ?

En dépit de leur succès, on pourrait considérer comme négligeables les théories du « cerveau ordinateur ». En effet, la plupart des neuroscientifiques de renom ne partagent nullement ce point de vue. Il ne resterait donc plus qu'à attendre que la mode passe et que ces constructions savantes s'effondrent, comme tant d'autres.

Cependant, au fur et à mesure que la progression des neurosciences retire leur point d'appui aux théories du cerveau ordinateur, de nouvelles hypothèses naissent. Elles ont même résisté aux changements d'opinion de Hillary Putnam, leur inventeur. Les arguments de ce dernier importent, parce que, parti d'un tout autre point de vue que celui de la psychanalyse, il en vient à des conclusions analogues sur l'importance du langage (avec le vocabulaire qui lui est propre).

Pourquoi la théorie du cerveau ordinateur renaît-elle sans fin de ses cendres, n'échangeant la casquette du comportementalisme que pour celle du cognitivisme ou pour quelques autres, d'ailleurs parfois fort chics ? C'est que chaque fois, de « boucle récursive » en autopoïèse, il s'agit de répondre à l'obsession d'autonomie du corps machine. Et, par conséquent, de réduire l'importance d'un inconscient toujours trop tributaire du désir de l'Autre ou, à défaut de le reléguer, du moins de lui concéder des fonctions qui le rendent méconnaissable. En réalité, on ne peut attribuer la longévité de ces thèses qu'à une résistance, ou même au désir d'en finir avec le désir. Car, une fois encore, les travaux des neuroscientifiques concordent tous sur un point : le fonctionnement cérébral reste entièrement ouvert sur deux questions, celles de la conscience et du sujet de cette conscience.

Certes, on n'en conclura pas, même provisoirement, que le hasard et le chaos prévalent dans la discordance du cérébral et du psychique. Mais on saura au moins qu'il faut proposer une autre logique que celle des ordinateurs pour formaliser ce problème.

## 20

# LES PREMIERS PAS DU CERVEAU ORDINATEUR

Dès les origines de la cybernétique, les thèses de John von Neumann furent rapprochées du fonctionnement du cerveau [1]. Le premier, Hillary Putnam compara l'activité cérébrale à un ordinateur dont notre psychologie serait le logiciel, et cette théorie, connue sous le nom de fonctionnalisme, prétend toujours assurer, au moins outre-Atlantique, l'orthodoxie en matière de philosophie de l'esprit. L'idée était lancée, et un nombre impressionnant d'adeptes de l'homme cybernétique reprirent ses thèses et les développèrent. De nombreux chercheurs, persuadés que la conscience se développe sur un substrat

1. J. von Neumann, « The General and Logical Theory of Automata of Cerebral Mecanism in Behaviour », *in* L. A. Jeffress (éd.), *Cerebral Mechanisms in Behaviour*, New York, Wiley, 1951, p. 1-41. Dans sa théorie des automates, von Neumann définit les machines naturelles (les organismes) comme celles dont les ratés n'affectent pas l'allure générale. Passionné par le calcul des probabilités, il élabora la théorie générale des protocoles, à partir de laquelle les premiers ordinateurs seront construits. Contrairement à ceux qui s'inspirèrent de ses résultats, von Neumann pensait que toute mesure fait intervenir la conscience de l'observateur. Sa décision subjective non mathématique participe à l'invention des mathématiques et elle n'est pas elle-même explicable par elles.

organique (nécessaire et suffisant), tentèrent de construire des automates neuromimétiques [1] qui simulent certaines activités cérébrales. Des informaticiens construisirent des robots imitant le cerveau en joignant à des sensations actuelles d'immenses banques de souvenirs. Mais la masse de données requise ne fut jamais suffisante pour obtenir un résultat [2]. Rodney Brooks et Luc Steels construisirent des humanoïdes en évitant de leur greffer un inconscient (c'est-à-dire, selon eux, une banque de données). Leurs robots simples, capables d'inter-réagir avec l'environnement, accomplissaient certaines actions en évitant les distinctions psychologiques [3].

Putnam a par la suite réfuté lui-même sa démonstration, donnant en même temps un bel exemple de courage intellectuel. Son objection est sans appel : aucune conception cybernétique ne rend compte de l'intentionnalité, c'est-à-dire de la subjectivité. L'intentionnalité ne s'explique pas par une boucle récursive résultant des perceptions. Le fonctionnalisme survécut néanmoins en faisant l'hypothèse que des états mentaux, c'est-à-dire les états psychiques dont dépend l'intentionnalité, seraient identiques à des états du cerveau organique. À chaque état psychique correspond un état organique, et si l'on ne peut examiner le premier on peut observer le second.

1. Voir Julien Barry, *op. cit.*, p. 338.

2. Ainsi du robot Kimset, créé dans le laboratoire d'intelligence artificielle du Massachusetts Institute of Technology par Cynthia Breazel et dont le « visage » peut exprimer surprise, ironie, colère, etc.

3. En 1964, J. Weizembaum et ses collègues du M.I.T. ont même réalisé un logiciel, Eliza, « psychothérapeute », avec lequel un patient peut dialoguer. Le principe est simple : chaque fois que le patient prononce un certain mot (par exemple : angoisse, femme, enfant, solitude, etc.), il déclenche une question automatique de l'ordinateur.

Avec cette hypothèse, les états mentaux seraient observables grâce aux états cérébraux et, par ce biais, leur étude se réduirait finalement aux neurosciences.

Mais un autre problème se pose alors : si le fonctionnement du cerveau était isomorphe aux désirs et aux croyances, des états mentaux devraient précéder le langage, puisque ce dernier est extérieur au cerveau. Si le psychique est isomorphe à l'organique, il ne dépend pas de l'influence extérieure du langage. Il faut donc faire l'hypothèse qu'il existe un langage mental antérieur au langage formé par les signifiants. L'apport théorique qui mérite alors discussion devient celui d'un langage mental (un « mentalais », pour reprendre l'heureuse expression de Putnam) précédant la pensée et la parole. C'est par ce biais que la théorie du cerveau ordinateur est sauvegardée. Il existerait une sémantique du mentalais, avec sa syntaxe propre, analogue à la syntaxe d'un ordinateur. Enfin, les états psychologiques seraient le logiciel de ce cerveau ordinateur. Les concepts existeraient dans l'esprit à la naissance, avant la connaissance des mots correspondants [1].

Cette hypothèse rencontre immédiatement des objections simples : aucune représentation mentale ne préexiste à la perception d'une chaise, d'un cheval, etc., pour ne pas parler de la connaissance de l'infiniment grand, de l'infiniment petit, de l'infini tout court, de la physique nucléaire, etc. Dans ce cas, les tenants d'une conceptualisation mentale préexistante soutiennent qu'il faut réduire ces concepts à leurs « racines élémentaires » les plus solides,

1. Le préjugé tenace d'une conceptualisation mentale précédant l'usage des mots remonte à Aristote. Dans son livre *De interpretatione*, il soutient que, lorsque nous comprenons un mot, c'est parce qu'il est adéquat au concept mental qui lui préexiste. John Stuart Mill, Bertrand Russel ou Gottlob Frege ont pareillement considéré qu'un concept préexiste dans l'esprit avant de sélectionner les objets dont on parle.

par exemple les perceptions. Pourtant, si la conceptualisation mentale préalable considère comme des racines élémentaires fiables ce qui s'appuie sur les sensations, on se demande si ces dernières apportent la moindre certitude. C'est même contre l'évidence des sensations que la science a progressé depuis Galilée [1] : si le sujet doute et donc pense, c'est à cause de l'incertitude de sensations que la pulsion double constamment. Nous doutons spontanément que nos représentations soient adéquates au réel des choses. La certitude de l'adéquation de nos perceptions ne s'établit pas grâce à une conceptualisation mentale préalable, mais grâce à une réduction du doute qui dépend d'une discrimination par les mots et par la pensée. Nous y arrivons parce que d'autres procèdent aussi à la même opération, sur la foi d'une langue partagée. Le semblable nous assure de la réalité de nos perceptions, et ce qu'il croit raffermit nos propres croyances, à l'origine incertaines.

C'est dans ce sens que va Putnam lorsqu'il critique l'hypothèse mentaliste dans *Représentation et Réalité* [2]. Il montre que la signification des phrases n'est pas décodable par le cerveau à la manière des ordinateurs, mais qu'elle dépend d'un contexte extérieur au cerveau : elle est, dit-il, « holistique ». Elle dépend de l'autre, auquel elle s'adresse. Le « holisme » critique le positivisme, selon lequel le grand nombre des mots se réduit à un petit groupe de termes [3].

1. Voir dans ce livre les citations de Descartes concernant le rapport à l'image.

2. Paris, Gallimard, 1990.

3. L'initiateur de cette thèse, W. Quine, considère que les expressions douées de sens se réduisent à un vocabulaire épistémologiquement primitif qui correspond à des sensations répertoriables (W. Quine, *De Vienne à Cambridge*, Paris, Gallimard, 1980). Dans *Cratyle*, Platon avait déjà soutenu une thèse selon laquelle des mots primitifs seraient articulés à des sensations.

Du point de vue holiste, la définition d'un mot dépend non de la chose désignée, mais de l'ensemble du langage et des croyances qui définissent ce mot [1]. L'intentionnalité elle-même dépend finalement de ceux à qui la parole s'adresse. En effet, l'intentionnalité d'un message est efficace en fonction du crédit accordé au sens par une communauté. Il n'existe pas de code de la parole humaine au sens de l'adéquation d'un signe et d'une chose (comme pour les abeilles, entre autres). Tout mot est déjà double : il indique une chose à la condition d'être défini par un autre mot. Un dictionnaire n'est pas un code. Ce changement de distribution de l'information bouleverse les données, et ceux qui comparent le cerveau à un ordinateur devraient comprendre tout de suite la différence. La dénotation d'un mot dépend de sa définition par un autre mot, validé par un interlocuteur (qui appartient à l'ensemble des interlocuteurs qui reconnaissent cette définition). Il faut se mettre d'accord avec ceux à qui l'on parle pour lever les doutes qui peuvent exister sur le sens d'un mot. Un doute infecte pour toujours le logiciel. Son virus risque constamment de le faire changer de programme. On peut donc comprendre pourquoi les théories computationnelles, fonctionnalistes (ou mentalistes) ont tant d'attraits : c'est parce qu'elles proposent de mettre un terme à l'incertitude qui mine la représentation et jette un doute sur son adéquation au réel.

Et pourtant, c'est ce doute qui est productif ! Ce n'est pas que le sujet serait de temps en temps soumis à l'erreur, c'est qu'il perçoit constamment le monde au tra-

1. Les adeptes du fonctionnalisme cherchèrent à réfuter ces objections grâce à une théorie élargie : le socio-fonctionnalisme, qui résout le problème de la référence en intégrant au cerveau ordinateur la société et l'environnement.

vers de sa réalité psychique. Le sujet commence par halluciner ce qu'il veut voir, c'est d'ailleurs pourquoi il lui semble que le réel se trouve au-delà de sa perception. L'hypothèse d'un cerveau ordinateur contredit l'histoire des sciences, qui ont toujours progressé en surmontant les doutes inhérents à la subjectivité.

21

# EN CHERCHANT L'APPUI DES NEUROSCIENCES, LE COGNITIVISME CHERCHE À MONTRER QUE LE CERVEAU EST UN ORDINATEUR

## Le préalable de la pensée réductionniste

La pensée réductionniste cherche à ramener le fonctionnement du psychique à celui de l'organique. Il lui est par conséquent nécessaire de s'appuyer sur les neurosciences en utilisant certains de leurs résultats : il s'agit d'inférer le plus à partir du moins et d'ajouter les maillons manquants dans une chaîne d'effets. Par exemple, si un gène permet la fabrication d'une protéine, et si cette protéine participe à l'effectuation d'une activité musculaire, le comportement que permet cette activité musculaire sera déclaré génétiquement déterminé. Les neurosciences engendrent ainsi malgré elles une idéologie explicite qui se fonde sur leurs résultats pour justifier des théories de la connaissance et du comportement [1]. Ces élaborations ont d'ailleurs des consé-

1. Ces théories cherchent d'ailleurs aussi à s'appuyer sur certains textes de Freud. Nombre de cognitivistes et de neurobiologistes (comme Bianca Lechevalier et Bernard Lechevalier [*op. cit.*], K. Pribam et M. Gill, dans *Le « projet de psychologie scientifique » de Freud : un nouveau regard* [Paris, PUF, 1986]) citent en leur faveur *Esquisse pour une psychologie scientifique*. Mais cet essai non publié signifiait pour Freud l'échec de l'explication du psychisme par la neurophysiologie. Il représente la dernière tentative de mariage de la psychogenèse et de la neurogenèse avant le décollage de la psychanalyse.

quences pratiques. Des programmes considérables sont consacrés à la recherche des gènes de maladies mentales, comme si leur présence était déjà acquise : J.-P. Changeux, par exemple, tient pour démontrée l'existence d'un gène de la psychose maniaco-dépressive. Des statistiques prouveraient des différences de transmission entre vrais et faux jumeaux [1]. Mais sont-elles utiles pour savoir qu'une mélancolie correspond à un deuil pathologique ? Et, comme un deuil dépend d'un événement extérieur, le rapport avec des gènes n'est pas évident. Ce comportement ne peut être génétiquement déterminé puisqu'il réclame le préalable d'un sujet, identifié uniquement dans le langage [2].

Pourtant, les théories réductionnistes se succèdent : elles infèrent la causalité à partir d'un enchaînement d'effets – Broca s'en serait rendu fautif s'il avait soutenu que l'aire temporale gauche *produit* le langage (ce que lui a injustement reproché Freud dans son texte sur les aphasies). Les neuroscientifiques sont moins friands de réductionnisme que les généticiens, qui en raffolent, peut-être aidés en cela par les médias, qui nous ont accoutumés à la découverte des gènes du comportement (l'alcoolisme, la schizophrénie, l'homosexualité, etc.). Une opération réductionniste se fomente chaque fois qu'un système emboîte des unités élémentaires et des niveaux dont la hiérarchie suppose une cause. C'est le cas par exemple des

1. Voir J.-P. Changeux, *L'Homme neuronal, op. cit.* : la transmission concernerait de 50 à 90 % pour les vrais jumeaux, tandis qu'elle serait de 0 à 38 % pour les faux.

2. Le journal *Le Monde*, par exemple, intéressé par les neurosciences et la génétique, affirmait le 17 juillet 1993 qu'une équipe de chercheurs américains était en passe d'isoler le gène de l'homosexualité. Pourtant, la dépêche ne faisait état que d'une modification du chromosome X chez quelques dizaines d'homosexuels et le communiqué des chercheurs ajoutait expressément qu'aucun gène n'avait été identifié.

schémas proposés par l'école de l'intelligence artificielle inspirée du neuroscientifique anglais David Marr [1]. Il s'est heurté, comme tous ceux qui ont comparé le cerveau à un ordinateur, à la question du programme : qui met le logiciel dans la machine ? Et, comme l'avaient fait avant lui Descartes ou encore Chomsky, il ne put résoudre ce problème autrement qu'en invoquant un bagage inné [2].

Le cognitivisme a pris le relais du comportementalisme, en nette perte de vitesse aux États-Unis (sinon en France), ses réductions du fonctionnement mental à une succession de réflexes l'ayant discrédité [3]. L'un des maîtres du cognitivisme, Jerry Fodor, espère accorder la « modularité de l'esprit » à des organes séparés dans le cerveau. La réduction cognitive du psychisme au cérébral ambitionne de réduire les activités humaines à la « machine à penser » de Turing. La cognition aborde l'intelligence comme un système d'information à inférence simple utilisé par tous les êtres vivants, sous la forme de routines préprogrammées. Les êtres vivants peuvent inventer en dehors de ce codage, mais dans des conditions elles-mêmes programmées par un objectif. La cognition est ainsi présentée comme l'instrument de base de l'appréhension du monde. Elle ne prend pas en considé-

1. Le cognitivisme de David Marr (1945-1980) essaie d'inclure le psychisme à son niveau hiérarchique le plus élevé, et il situe l'organique au niveau inférieur.

2. De même, Z. Pylyshyn a construit une hiérarchie sur le modèle d'un ordinateur, le niveau cognitif activant le réseau nerveux (Z. Pylyshyn, « Computation and Cognition. Issues in the Foundation of Cognitive Science », *Behavioural Brain Sciences* 3, 1980, p. 111-169).

3. Voir J. Hochmann, « Une psychologie à prétentions neuroscientifiques exclusives devient vite une minable psychologie du sens commun », *in* Jacques Hochmann, M. Jeannerod, *Esprit, où es-tu ? Psychanalyse et neurosciences*, Paris, Odile Jacob, 1991, p. 61.

ration l'inventivité de l'erreur. On pourrait pourtant écrire une histoire de la science qui montrerait que son progrès n'est qu'une longue suite d'erreurs corrigées.

En outre, c'est méconnaître la source du désir de savoir de l'être humain. En prétendant faire la recension des capacités d'apprentissage grâce aux seules potentialités neuronales, le cognitivisme méconnaît ce désir de savoir. Les capacités cognitives humaines ne tombent pas du ciel d'une pure raison, grâce à un accroissement progressif de la part d'action du savoir sur le capital des neurones. La conscience naît en refoulant la pulsion sexuelle, et elle cherche à connaître pour éviter de connaître ce qu'elle a refoulé : le refoulement fonctionne comme son moteur perpétuel. Le cognitivisme exclut ce moteur du refoulement puisque, par principe, il écarte le sexuel. Il considère que le désir de savoir n'a d'autre origine que lui-même. La cognition émerge de la cognition. « Notre activité cognitive quotidienne révèle que [...] la plus importante faculté de toute cognition vivante est [...] de poser les questions pertinentes qui surgissent à chaque moment de notre vie. Elles ne sont pas prédéfinies, mais [...] on les fait émerger [1]. » Qui est ce « on », qui fait émerger des questions à partir d'une supposée certitude des sensations ? Pourquoi l'être humain est-il agité d'un doute constant sur la réalité du réel, et miné par l'inconscient dans le conscient ? Ce doute l'amène à chercher et finalement à qualifier ce dont il a douté, et parce qu'il en a douté. Un doute constant nuit à la certitude des sensations : il fait tourner le moteur inconscient de la recherche.

1. F. Varela, *Invitation aux sciences cognitives*, Paris, Seuil, 1989-1996.

## Le rêve d'une merveilleuse autonomie

Pour Francisco Varela [1], les systèmes vivants sont des machines douées d'autonomie et d'auto-organisation auxquelles peuvent s'appliquer les principes de la cybernétique et de la théorie des systèmes, avec leurs concepts de causalité circulaire, de boucle récursive, de hiérarchie enchevêtrée, d'autopoïèse, de rôle organisateur du hasard, etc. Cet auteur a brillamment cherché à mettre en évidence les relations auxquelles des composants physiques doivent satisfaire pour constituer un système vivant.

Tout système biologique peut s'analyser en fonction de ses composants actuels, au même titre que n'importe quel système physique. Une machine autopoïétique est un système à relation interne stable (c'est-à-dire homéostatique) dont l'invariant fondamental est sa propre organisation, à savoir le réseau de relations qui la définit [2]. Selon Varela, le concept d'autopoïèse permet seul de différencier la physiologie du physico-chimique. Par exemple, une automobile n'est pas une machine autopoïétique, mais une concaténation de processus qui ne produisent pas leurs composants. L'autopoïèse ambitionne de définir ainsi l'organisation du vivant. Pour Dominique Terré, la machine autopoïétique se caractérise par son autonomie et par une individualité qui la constitue en une unité (elle ne se définit pas en fonction d'un extérieur). Enfin, elle n'a ni *input* ni *output*, ce qui veut dire que, si elle subit des perturbations, elle n'en

1. F. Varela, *Autonomie et Connaissance. Essais sur le vivant*, Paris, Seuil, 1989, p. 40.

2. Comme l'écrit Varela : « Un comportement est assimilable à la figure mythique d'un processus infiniment récurrent » (*ibid.*, p. 62).

rétablit pas moins son autonomie. Ce dernier trait correspond à un idéal d'autarcie, complété pour Varela par la notion de « clôture opérationnelle »[1]. Il part de cette figure pour comprendre l'autogenèse de la cellule et l'évolution de l'espèce, qui obéiraient à une circularité généralisée. Le vivant est ainsi défini comme un système autonome à l'intérieur duquel s'isolent des sous-systèmes producteurs de leurs propres éléments. L'autopoïèse régit tous les niveaux des systèmes cybernétiques et du vivant selon une structure analogique de leurs mondes respectifs.

Chaque système vivant défend son autonomie contre le dehors, et pour assurer cette démonstration Varela s'est appuyé sur la physiologie du système immunitaire. Il écrit par exemple à propos de l'autarcie immunitaire[2] : « Les premiers anticorps qui se lient à l'antigène suscitent eux-mêmes la production d'anti-anticorps, et ainsi de suite. Mais ce processus ne peut croître à l'infini. C'est pourquoi le système ne peut être que clos. » Dans ce processus de clôture, le fonctionnement immunitaire repose sur des mécanismes de connaissance qui ne se distinguent pas de son activité. Connaissance et action ne font qu'un : aucun sujet n'a lieu de connaître ce qui se passe à l'intérieur de l'action elle-même. L'histoire récursive du système immunitaire et son organisation disent seules ce qui est pertinent pour le système. Le système n'a pas besoin de dire ce qu'il fait. Il n'y a pas de sujet.

De même, le système nerveux réalise intégralement ce pour quoi il est fait dans l'action elle-même. Si une distinction est faite entre les causes internes et externes des

1. D. Terré définit un système autonome opérationnellement clos par des processus dépendant, d'une part, récursivement les uns des autres pour leur génération et leur réalisation, et, d'autre part, constituant une unité reconnaissable dans l'espace (*Les Dérives de l'argumentation scientifique*, Paris, PUF, 1998).

2. F. Varela, *Autonomie et Connaissance*, *op. cit.*, p. 205.

changements d'état du système nerveux, elle ne peut être établie que par un observateur extérieur : ce dernier perçoit l'organisme comme une unité et définit son extérieur et son intérieur en spécifiant ses frontières, alors qu'en réalité le processus est seulement interne. Ce n'est que pour cet observateur qu'existe une extériorité par rapport à un intérieur. Comme l'écrit D. Terré : « Il y a identification de tout l'être à l'intériorité d'une essence [1]. » Les éléments de connaissance n'ont pas d'autres qualités que celles de se réaliser : ce ne sont pas des phénomènes extérieurs, ils sont purement intérieurs. On obtient ainsi une identité du subjectif et de l'objectif qui rend inutile une recherche des origines. L'opérationnel correspond au réel. Il n'existe pas d'autre monde que celui formé à travers les expériences qui nous construisent. De sorte que l'extension de la notion d'autonomie a permis à Varela d'écrire, à propos des représentations : « Le cerveau ne recueille pas mais impose une information de l'environnement [2]. » L'autonomie du corps ainsi décrit n'est pas entamée par le désir.

La boucle récursive qui définit la clôture opérationnelle correspond par exemple au même dispositif que celui du *feed-back*. De même, dans une perspective cognitive, la clôture opérationnelle intègre avec bonheur un système nerveux fermé sur lui-même. La vision, par exemple, peut être considérée selon les différentes connexions qui conduisent de l'œil au cortex, du cortex au thalamus et au cerveau : ces chemins se croisent ensuite indéfiniment en boucle [3]. Une telle autarcie pousse à l'extrême l'analogie de la cybernétique et du

1. *Op. cit.*
2. *Op. cit.*
3. Ces thèses de Francisco Varela et de Dominique Terré sont homogènes à l'idéologie des neurosciences développée par Jean-Pierre Changeux ou Jean-Didier Vincent. Voir chapitre suivant.

vivant. Elle propose un modèle hyperconceptuel de l'homme neuronal ou hormonal, etc. Bien que plus sophistiquée, on reconnaît la même pression idéologique que celle de l'egopsychologie ou d'autres systèmes aboutissant à un « moi autonome », homogène au sujet du droit, et au libre producteur de la société de marché [1].

Pour Henri Atlan, le système est au contraire ouvert, bien qu'il soit structuré par le même principe d'auto-organisation [2]. Si celle-ci ressemble à un système en boucle, ce dernier ne peut être complètement fermé. À juste titre, H. Atlan écrit : « La boucle est fermée quand on observe l'esprit humain organisant la nature, lui-même résultat d'un processus organisateur naturel. Et pourtant la boucle n'est pas complètement fermée, car cet observateur de la nature est le "je", qui est capable d'observer la nature et de s'observer l'observant [3]. »

1. C'est peut-être à cause du problème que pose cette conception d'un homme cybernétique que Varela a voulu réinjecter une transcendance dans son système en redonnant du service à la religion. Dans son livre *L'Inscription corporelle de l'esprit* (Paris, Seuil, 1993), il élabore une théorie du « non-soi » fondée sur la pensée bouddhique. Il ne manquait plus qu'elle pour aérer l'itération infinie de la circularité selon les trois figures de la gravure d'Escher, du théorème de Gödel et du fractal.

2. L'aléatoire témoigne de cette ouverture : dans le système nerveux, par exemple, l'aléatoire permet une économie considérable des informations génétiques, qui seraient insuffisantes si elles devaient spécifier les détails du fonctionnement de plus de 10 milliards de neurones. Comment la matière a-t-elle pu s'auto-organiser sous cette forme qui s'appelle la vie ?

3. H. Atlan, *Entre le cristal et la fumée. Essai sur l'organisation du vivant*, Paris, Seuil, 1979.

## Peut-on isoler la conscience de l'inconscient ? Les conséquences

Les quelques thèses qui viennent d'être citées ne donnent qu'une petite idée de l'immense champ de recherche qu'ont ouvert les neurosciences. On pourrait penser que l'examen des processus conscients mérite d'être valorisé à son propre niveau, une fois débarrassé de ses prétentions totalisantes. Un problème majeur demeure cependant, car on ne peut isoler, d'un côté, le conscient et, de l'autre, l'inconscient. Le désir de savoir (cognitif) est poussé par le désir inconscient.

Indirectement, les cognitivistes reconnaissent une sorte d'inconscient, bien que, jusqu'à ce jour, ce sont des fonctionnements préconscients qu'ils ont appelés de la sorte. Peut-être existe-t-il aussi, disent-ils en substance, un inconscient freudien qui renvoie à des désirs et à des pensées refoulées et pathogènes, mais il ne nous intéresse pas. Nous nous occupons d'un cerveau conçu comme un système de traitement de l'information. De telles prémisses pourraient caractériser une science qui doit cesser de s'interroger sur la raison d'être de son objet pour examiner comment il fonctionne [1]. Un problème se pose cependant, car la délimitation de cet objet prend comme modèle l'ordinateur, alors que les résultats actuels des neurosciences montrent le contraire. De plus, quand bien même il existerait des programmes génétiques et des équivalents de logiciels, cela ne changerait pas le fait que les apprentissages les plus simples sont régis par le désir inconscient et non par une appétence cognitive dont

1. Ainsi, par exemple, Claude Bernard dut-il cesser de s'interroger sur le mystère de la vie pour découvrir une médecine expérimentale, sur le modèle des recherches physico-chimiques, qui privilégie la non-vie.

l'homme seul serait affecté (les animaux n'apprennent que dans le cadre de leurs instincts innés). Comment le cognitivisme peut-il retenir l'hypothèse de l'inconscient en le séparant de ce qui le motive : la sexualité, la pulsion ou le désir ? Car, pour faire correspondre des localisations cérébrales et un ordinateur, il faudrait déconnecter de la machine la subjectivité, la sexualité, l'intentionnalité et les affects. C'est ce que Jacques Mehler et Emmanuel Dupoux ont déclaré : « Nous adoptons la position selon laquelle la motivation et les émotions sont aux sciences cognitives ce que le courant électrique est aux ordinateurs, à savoir une dimension que nous pouvons provisoirement laisser de côté [1]. » Après cette panne de courant annoncée par ses propres auteurs, combien de temps le cognitivisme va-t-il tenir ce pari électrique ? Aussi longtemps qu'il servira l'idéologie du corps machine. Cela peut donc durer encore un certain temps, car l'homme rêve de n'être qu'une machine. Cela peut durer d'autant plus longtemps que, contrairement aux autres théories organicistes qui se sont effondrées au fur et à mesure qu'elles s'auto-invalidaient, le cognitivisme cherche à évoluer en même temps que les neurosciences.

En réalité, la critique principale du cognitivisme ne se tourne pas tant contre ses théorisations, dont certaines, souvent brillantes (comme celles de Varela), obligent à repenser bon nombre de questions ; le problème n'est pas tant non plus que ces théories intéressantes contrastent avec la minceur de leurs applications thérapeutiques ; il est plutôt que cette discipline est une caution idéologique de politiques rétrogrades. À partir des années 1980, son apparence matérialiste a légitimé de ruineuses politiques de la santé, de l'enseignement et de la recherche. Le cogni-

1. « De la psychologie à la science cognitive », *Le Débat*, n° 47, novembre 1987.

tivisme est mentionné en première place dans les schémas directeurs de santé mentale de l'OMS. Le secteur humain de la psychiatrie a été systématiquement démantelé, la formation de spécialistes (médecins et infirmiers) a été réduite, avec le DSM IV, à l'apprentissage de catalogues d'équivalence entre des symptômes et des médicaments psychotropes dont la consommation a atteint des proportions extraordinaires. Avec la médiation du cognitivisme, les neurosciences légitiment ainsi indirectement les thèses organicistes, et ce climat a fait flamber les actions de la psychopharmacologie [1]. L'organicisme est ainsi largement favorisé sans qu'il ait fait sa preuve scientifique et sans qu'il soit certain qu'il sera à terme plus économique.

1. Alors que les psychotropes ont été découverts empiriquement et qu'aucun médicament psychiatrique ne résulte de recherches en neurophysiologie.

## 22

# LES NEUROSCIENCES MONTRENT QUE LE CERVEAU N'EST PAS UN ORDINATEUR

Il est curieux de le constater : l'invention de l'ordinateur procède de certaines recherches en physiologie. Sur la base de la délimitation du « milieu intérieur » par Claude Bernard, Walter Cannon découvrit l'homéostasie [1]. Ce principe définit l'économie d'un corps et ses procédures de régulation, en particulier grâce au *feed-back*, qui évite les changements internes dangereux. Ce concept physiologique, efficace localement, pose toutefois un problème de fond puisque l'adaptation se réalise en fonction d'une sorte de programme : l'ordinateur n'est plus très loin ! L'homéostasie annonce la cybernétique, terme inventé par Norbert Wiener en 1948 pour désigner la machine autonome autorégulée : « Il est nécessaire que l'information concernant les résultats de sa propre action lui soit fournie comme faisant partie de l'information d'après laquelle elle doit continuer d'agir. » Dans des termes adaptés à la physique contemporaine, le rêve de l'homme machine de La Mettrie est reformulé par Wiener : « Ainsi, selon moi, est-il préférable d'éviter tous ces mots générateurs de problèmes tels que "vie", "âme", "vita-

1. W. Cannon, *La Sagesse du corps*, Paris, Éditions de la Nouvelle revue critique, 1939.

lisme", etc., et de dire simplement qu'il n'y a pas de raison pour que les machines ne puissent pas ressembler aux êtres vivants dans la mesure où elles représentent des poches d'entropie décroissante au sein d'un système où l'entropie tend à s'accroître [1]. »

## Aucune fonction du cerveau ne le rapproche de l'ordinateur

Nombre de neurophysiologistes voudraient appliquer au psychisme les termes de N. Wiener en le considérant comme une part encore ignorée du cerveau. Tout serait alors entièrement cérébral et se réduirait au modèle de la machine de Turing : il présuppose que la conscience et la pensée sont des propriétés fonctionnelles de la matière, quoique dépourvues de processus biomoléculaire. La machine produirait de la pensée sans l'explication du vitalisme ou du psychisme.

Le cerveau est-il un ordinateur qui, comme cette machine de Turing, pourrait résoudre n'importe quelle opération logique ? Aucune recherche neuroscientifique ne corrobore cette hypothèse. Au cours des dernières décennies, certains chercheurs comme Israël Rosenfield ont abandonné l'analogie du cerveau et de l'ordinateur pour lui préférer l'idée d'un cerveau « créationniste », au sens où, grâce à la superposition de ses archives, il crée les sensations, les observations, les pensées et aussi les souvenirs. La vision, par exemple, se divise en de nombreux sous-ensembles qui ne correspondent pas à des photographies, et l'acte de voir est « fabriqué » sans programme

1. Le titre de l'ouvrage de N. Wiener dévoile le problème de fond : *Cybernétique et Société. L'usage humain des êtres humains*, Paris, 10/18, 1962. C'est tout un programme, en effet !

préalable. Le souvenir du déjà-vu participe à la création des règles de la vision selon une procédure qui diffère de celle d'un ordinateur. Rosenfield remarque, dans *L'Invention de la mémoire*, qu'aucun calcul n'explique comment fonctionne notre vision du monde.

G. M. Edelman et G. Tononi montrent eux aussi que le cerveau ne fonctionne pas comme un ordinateur [1]. Deux ordinateurs de même conception possèdent les mêmes connexions, tandis que celles de deux cerveaux diffèrent. Il n'existe dans le cerveau aucun processus central unique, pas plus que de programmes munis d'instructions détaillées ou de calculs algorithmiques coordonnant des aires distinctes, comme dans les ordinateurs. Le cerveau de chaque sujet est aussi unique que son histoire. De plus, le fonctionnement cérébral ne s'explique pas sans la variation : certaines cellules restreignent leurs processus, d'autres les étendent, d'autres encore meurent, cela en fonction de l'histoire de ce cerveau, qui ne dispose d'aucun code préalable, contrairement aux ordinateurs. Le cerveau apprend sans programme et programmatise ses apprentissages ; il régule simultanément quantité de fonctions corporelles. Ces auteurs notent « l'aptitude du système nerveux à effectuer une catégorisation perceptive des différents signaux pour la vue, le son, etc. Diviser en classes cohérentes sans code préalable est propre au cerveau, et les ordinateurs n'y parviennent pas [2]. » C'est un système sélectif variable, unique et imprédictible.

Confrontées à un contexte imprévu, des structures cérébrales non isomorphes peuvent donner le même résultat et assurer la même fonction que celles qui sont

1. G. M. Edelman et G. Tononi, *Comment la matière devient conscience*, *op. cit.*, p. 165.
2. *Ibid.*

spécialisées. De plus, la mémoire et la perception sont non représentationnelles et donnent leurs informations en fonction du contexte, sans être régies par une procédure préalable. Les opérations importantes s'accomplissent par sélection, non en réponse à des codes préétablis. Edelman et Tononi insistent surtout sur la sélection, c'est-à-dire finalement sur le choix… « Nous devons en conclure que, au sens génératif, la sélection est plus puissante que la logique [1]. »

La neurophysiologie cerne ainsi le problème (non résolu) du sujet de ce choix. S'il n'y avait pas de sujet, il n'y aurait pas de choix comme le réclament les particularités des milliards d'interconnexions neuronales : la logique des neurones s'appuie sur un principe d'incertitude, sur des modes de complémentation, une souplesse, des procédés de répertoriage des données qui ne correspondent pas aux dispositifs de l'intelligence artificielle. Il n'y a jamais de choix forcé. Les caractères des perceptions sont travaillés séparément et leur traitement cérébral ne commence qu'après cette segmentation, suivie d'une recombinaison unique, renforcée ou complémentée, c'est-à-dire un multiplexage précoce ou secondaire. Chaque objet possède ses mémoires plurielles propres, avec leurs réseaux associatifs spécifiques. À la différence des ordinateurs, le cerveau adore le flou. Il fonctionne avec une marge d'inexactitude non codée. Une propriété remarquable, qu'Edelman et Tononi appellent la dégénérescence, ajoute à son efficience [2] : plusieurs aires du cerveau donnent des informations selon des points de vue différents, ou livrent seule-

1. *Ibid.*, p. 254.

2. La dégénérescence signifie que des informations hétérogènes, et pour certaines dégradées, concernent le même objet : « Il existe beaucoup de différentes façons, pas nécessairement toutes identiques du point de vue structurel, de produire des informations. Nous appelons dégénérescence cette propriété » (*ibid.*, p. 107).

ment des composants de faits similaires. La robustesse des réseaux neurobiologiques et leur adaptabilité à des environnements imprévus sont ainsi assurées [1].

Cette diversité de stockage de la mémoire correspond à une expérience d'ailleurs corroborée par la psychanalyse. La mémoire d'un même lieu ou d'un même événement, par exemple, va différer sensiblement selon les âges de la vie et les circonstances qui les accompagnent : chaque fait aura son propre décor, qui peut être le même, en fonction de l'impression produite sur le sujet. La mémorisation diffère selon le traumatisme. Pendant une analyse, des événements (ou le même événement) se reconstruisent par saccades, comme si plusieurs strates, plusieurs points de vue le constituaient. Un événement reste vivant, il n'est jamais passé, mais reste présent et même futur. Un adolescent ne peut raconter son enfance comme il le fera à l'âge adulte, car il aura des instruments différents pour la comprendre.

Contrairement à un ordinateur, des zones spécifiques du cerveau apprécient la valeur des informations avant qu'une réponse soit donnée. Les neurones pris dans les noyaux de systèmes de valeur peuvent se mettre en demi-sommeil et s'éveiller soudain lors d'un événement important. Par exemple, les neurones du cœruleus s'éveillent s'il y a subitement un nouvel environnement : « Ils déclenchent l'émission d'un neuromodulateur – en l'occurrence la noradrénaline – dans presque toutes les aires du cerveau [2]. » Enfin, les connexions cérébrales

1. La dégénérescence ne semble pas bien porter son nom puisqu'elle est plutôt le signe d'un progrès ! Ce mot s'explique par l'évolution : au départ, plusieurs assemblées de neurones se précipitent pour une même fonction et seules certaines sont sélectionnées. Les autres dégénèrent, mais elles continuent de fonctionner à titre de système réentrant.

2. G. M. Edelman et G. Tononi, *Comment la matière devient conscience*, *op. cit.*, p. 107.

n'ont rien de commun avec celles d'un ordinateur, parce que « le trait spécifique le plus frappant du cerveau est le processus de réentrée » [1]. Comme l'écrivent Edelman et Tononi : « Aucun autre objet de l'univers que le cerveau humain ne se distingue par ces circuits réentrants [2]. » Contrairement aux ordinateurs, qui fonctionnent avec des codes, le cerveau utilise ces circuits et une sélection. Elle diffère d'un *feed-back*, qui suppose que des instructions préalablement codées contrôlent et corrigent le fonctionnement.

Au contraire du *feed-back*, l'exigence toujours surdimensionnée du désir engendre un changement des règles de la partie à mesure qu'elle se joue. Le corps que le désir habite acquiert des propriétés nouvelles au fur et à mesure de sa croissance. Il fonctionne à l'envers de la cybernétique, en quelque sorte ! Réglée pour se dérégler, tournant sur chacune de ses facettes jusqu'à ses derniers points d'impossibilité, une constante d'instabilité régit la vie psychique : antihoméostatique, elle échappe ainsi au schéma du réflexe (qui est finalement celui du cerveau ordinateur).

## L'exemple de la traduction par ordinateur

L'une des fonctions importantes du cerveau, son rôle dans le langage, montre à quel point il se différencie d'un ordinateur. La traduction informatique d'une langue à l'autre expérimente cette différence. Si le langage était

1. La réentrée dépend de cycles de signalisation dans le maillage thalamocortical et le passage permanent de ces signaux dans des aires du cerveau parallèles, mais connectées de façon réciproque. L'absence d'un centre unique est palliée par l'abondance des circuits réentrants.

2. *Comment la matière devient conscience*, *op. cit.*, p. 73.

seulement un instrument de communication destiné à désigner quelque chose à quelqu'un, une traduction pourrait facilement être établie avec un ordinateur en faisant correspondre les deux vocabulaires. Ces tentatives ont été faites, mais le mot à mot, même lorsqu'il réajuste les syntaxes, est peu praticable. L'ordinateur ne comprend pas ce qu'il doit traduire et il n'arrive pas à choisir, dans la polysémie de sens de chaque mot, le bon. On ne peut traduire sans comprendre, et une traduction informatique doit donc recouper un module d'analyse et un module de génération. Mais il y a des ambiguïtés à la fois en analyse et en génération, et elles peuvent se cumuler. Les ambiguïtés croisées donnent lieu à une explosion combinatoire lorsque le module d'analyse génère une prolifération d'hypothèses [1].

Des traductions automatiques sont pourtant déjà ébauchées : elles sont d'autant plus utilisables que leur objet est davantage dénotatif et le contexte facile à analyser. L'optimum dénotatif s'accomplit dans le langage physico-mathématique, qui ne requiert aucune traduction : la dénotation du mathématique au physique se veut immédiate ; quant au mathématique, il se dénote lui-même. Pour la parole ordinaire, et même lorsque les polysémies de sens sont réduites par un ordinateur qui comprend de quoi parle le texte, il aura d'autant plus de difficultés à saisir le contexte qu'il contiendra un jugement et une subjectivité. Cette difficulté de la traduction automatique montre qu'il manquera toujours un élément à toute tentative de langage formel parfait (un signe = une chose). Cet élément sera le sens de ce que quelqu'un veut dire à quelqu'un et non de ce qu'il dit

1. L. Danlos, « Linguistique informatique – traduction automatique », *in* Y. Michaux (dir.), *Le Cerveau, le langage, le sens*, *op. cit.*, p. 269.

effectivement. Le langage formel peut traduire la dénotation, mais il ne comprend pas la performance, c'est-à-dire la raison qui pousse quelqu'un à parler à quelqu'un. Ce sens reste l'éternel absent de l'énoncé. Il introduit une équivoque qui diffère totalement de la polysémie de chaque mot. La compréhension qui manque à l'ordinateur (et à tous les langages formels univoques qui fascinent certains neuroscientifiques) est extérieure à ce qui est donné à comprendre. Ce sens peut être détaillé par les théories des actes de langage inspirées d'Austin et développées par Searle : la « force illocutoire » d'un énoncé indique le type d'acte de langage accompli par le locuteur. Mais, quel que soit le type d'acte, l'informatique ne traite que des formes descriptibles, elle ne programmera donc pas le sens.

On peut tirer un autre enseignement des problèmes posés par la traduction automatique. Pour fabriquer un module d'analyse, les informaticiens doivent envisager l'ensemble des niveaux de contexte et accumuler un métatexte pour chaque terme clé. Ces ensembles de descriptions relationnelles constituent autant de connaissances sur le monde dont dépend la puissance d'un programme sémantique. On a ainsi l'impression de se heurter à l'infini du réel et à sa mobilité, comme si le monde était en état de reconfiguration permanente [1]. Mais c'est plutôt le langage qui est infini et mobile, parce que la parole lui impose la double contrainte de la performance et de la dénotation. Ce problème ne se poserait pas si les mots étaient des signes !

1. J.-P. Balpe, « La programmation du sens », *in* Y. Michaux (dir.), *ibid.*, p. 349.

# 23

# ORDINATEURS DISCORDANTS ET SANS LOGICIELS

Depuis plusieurs années maintenant, les neurosciences montrent que le cerveau n'est pas un ordinateur. Pourtant, cette idée perdure avec force. Faisons un instant comme si cette hypothèse était vérifiée, et examinons-la. Il existe des ordinateurs à langages procéduraux, et d'autres plus souples à langages objets, destinés à la conception de logiciels. Dans chaque langage objet, on peut définir des filiations entre objets, qui communiquent entre eux par interfaces. Mais pour ce qui concerne les différents objets de la machinerie humaine : organique et psychique d'une part, et dans le psychisme lui-même : inconscient et conscient, d'autre part, la difficulté d'une interface apparaît. Il faut distinguer deux ordres de problèmes : d'abord le fonctionnement purement organique ; ensuite, son rapport avec l'appareil psychique, ce dernier comportant le conscient et l'inconscient.

Peut-on avant tout comparer certains modes de transmission organique à un langage informatique (à condition de ne pas se poser la question du logiciel) ? On pourrait penser que, au moins dans l'organisme, l'information circule à la mode cybernétique, mais ce n'est pas le cas. Dans un programme cybernétique, l'information s'ajoute ou s'efface en fonction des résultats obtenus. Au contraire, la structure nucléique résiste à l'expérience acquise. De même, les instructions délivrées par une machine ne la concernent pas elle-même. Celles de l'organisme, au contraire, déterminent ses propres constituants, notamment les organes chargés d'exécuter le programme. Enfin, aussi performant soit-il, un ordinateur ne copulera jamais avec son voisin de bureau : il lui manquera toujours l'intelligence inquiète que confère le désir. Même si une machine pouvait se reproduire, elle n'engendrerait que des copies d'elle-même, alors que la descendance des vivants ne les duplique pas. Ils donnent vie à une créature nouvelle et chaque génération naît « du minimum vital, c'est-à-dire de la cellule [1]. »

Considérons maintenant ce qui se passe du côté de la vie psychique [2]. Les aires cérébrales chiasment un schéma corporel recouvert par une aire pulsionnelle qui se dessine à droite, et les signes du langage s'écrivent à gauche. Ce chiasme connecte des systèmes conscients et inconscients qui auraient pu ressembler à des ordinateurs, n'eût été l'hétérogénéité de leur base de calcul, de leurs données et surtout de l'absence de logiciel. La conscience et l'inconscience interfèrent constamment dans la réalité psychique, par exemple en fonction de la veille ou du sommeil. Il ne s'agit pas d'un brouillage mutuel, car de manière décisive ces instances possèdent le même sujet

1. F. Jacob, *op. cit.*, p. 18.

2. Dans son livre *Comment fonctionne l'esprit* (Odile Jacob, 2000), Steven Pinker distingue soigneusement, dans son introduction, le fonctionnement de l'organisme et celui de l'esprit. Mais il modélise aussitôt l'un sur l'autre. La pensée, c'est ce qui fait le cerveau ; en particulier il traite l'information, et la réflexion est un type de computation. « L'esprit est organisé en modules, ou organes mentaux [...]. Les spécifications de la logique de base des modules sont données par notre programme génétique » (p. 29). Le lecteur appréciera ce défaut de méthode.

(ainsi divisé). Une seule tête pour deux intentionnalités ! Voilà qui complique la comparaison du psychisme et d'un ordinateur. La conscience établit des calculs à propos des situations actuelles et des décisions à prendre. Ces calculs s'établissent en base deux, sur le modèle formel de la pensée (« ceci est cela »). Ce modèle est réflexif et non contradictoire. Ses calculs pourraient être comparés à ceux d'un ordinateur. Mais une autre logique fonctionne en même temps, celle de l'inconscient : non seulement il ne connaît pas la contradiction, mais elle le constitue ! Il faut refouler parce qu'il existe des vœux contraires : le mauvais résulte du bon, l'amour engendre la haine, le meurtre du père le fait vivre, la jouissance rend malade, la castration virilise, etc. De telles contradictions n'accèdent pas à la conscience, faite pour les effacer. Cette logique *para consistante* se dénote par le symptôme (sur le modèle : « ceci est *et* n'est pas cela »). L'inconscient ne fonctionne pas en base deux, mais en base trois. Approximativement seulement, puisque son chiffrage ne répond pas d'une succession linéaire de déterminations : il ne résulte pas d'une mise en série (1, 2, 3) de déterminations, mais l'un des déterminants est le contraire de l'autre, par exemple – 1, 0, + 1. Peut-être existera-t-il un jour des ordinateurs fonctionnant selon une telle base trois, bien qu'on se demande qui les construirait et à quoi ils serviraient, sinon à fabriquer des symptômes, c'est-à-dire à tomber en panne.

Mais admettons que l'on puisse construire un tel ordinateur et posons-le à côté de celui du conscient. Essayons de les faire fonctionner ensemble. Deux logiques hétérogènes vont se bousculer au portillon de l'intentionnalité. Pendant la veille, l'inconscient cherche à faire valoir ses droits au sein de la conscience, profitant du moindre moment d'inattention pour exhiber ses lapsus et ses actes manqués. En revanche, pendant le sommeil, la conscience passe au second plan, mais sans s'absenter totalement. Pendant les rêves, elle reste toujours là, au moins en spectateur, prête s'il le faut à réveiller le dormeur. Il ne faut pas songer un instant à introduire un troisième ordinateur qui connecterait les deux premiers et harmoniserait ces machines qui se détestent d'autant plus cordialement qu'elles tirent leur énergie de leur dysharmonie. Le conscient régule et refoule l'inconscient, alors que le discord de l'inconscient fonctionne comme le moteur perpétuel de l'ensemble. Comment proposer la modélisation cybernétique d'une machinerie où un ordinateur refoule les résultats de l'autre, dont il tire pourtant son énergie ?

L'organisme et le corps psychique possèdent donc chacun son système d'information propre. La neurophysiologie de l'organisme fonctionne comme une machine programmée avec précision (bien que l'on ignore qui est au poste de commande). La vie psychique, de son côté, évoque un couple d'ordinateurs surpuissants qui planifient leurs coups avec astuce. Mais ce que le second calcule, le premier ne le programme pas forcément : de son point de vue, il faut qu'un organisme tourne rond. Ça mange, ça boit, ça dort, etc., alors qu'au même moment le corps psychique veut se servir de la nourriture, de la boisson, du sommeil, etc., pour satisfaire d'autres ambitions [1]. Les incompatibilités de ces deux machineries sont symptomatiques. Chacune peut rendre l'autre responsable d'un symptôme qui résulte de leur discord. Et les tenants des deux mécaniques peuvent prétendre qu'il leur revient de

1. Cette ambition concerne la réalisation du désir inconscient. On voit l'abîme qui sépare ce point de vue de celui de Steven Pinker, pour qui : « L'objectif ultime pour lequel l'esprit a été conçu, c'est de produire le plus grand nombre possible de copies des gènes qui l'ont créé » (*Comment fonctionne l'esprit*, *op. cit.*, p. 52).

régler le conflit. Les zélotes de l'ordinateur psychique prétendront que ce sont eux qui dominent la situation et ils disputent le terrain à l'organiciste. Non sans raison, puisque, pourraient-ils dire, on peut se servir des calculs de leur ordinateur pour civiliser l'autre. C'est facile ! Il suffit de décoder le corps des phrases lorsque le corps s'allonge sur un divan. Mais le programmeur cérébral répondra que c'est trop compliqué, trop long, trop cher. Tout ça ne l'intéresse pas. N'est-il pas plus simple de trouver des neurotransmetteurs de synthèse qui pallieront les cafouillages ?

Deux logiques de l'intentionnalité, consciente et inconsciente, sont à l'œuvre pour un seul sujet, qui dirige un seul corps, dont la physiologie possède elle aussi sa logique. L'organisme coopère plus ou moins bien avec le corps psychique, et le sujet qui prétend diriger cet attelage hétéroclite a heureusement les yeux bandés. Pourtant, les monstres qui tirent l'attelage le font l'un par rapport à l'autre, jamais l'un sans l'autre. Sous la poussée de l'inconscient se produit de la conscience pour que le véhicule ne verse pas dans le fossé. Sous le coup des sensations pulsionnelles, il faut penser, s'identifier comme sujet grâce à cette pensée, se créer et créer en retour une façon d'avancer à soi, une carburation culturelle intime refoulant la pulsion.

En liberté conditionnelle, le sujet est celui qui se débrouille avec ce complexe d'ordinateurs dont le logiciel fait défaut. En réalité, l'être humain grandit grâce à cette dysharmonie, dont les effets ne se calculent pas à l'avance, bien qu'un calcul puisse être établi après coup. Les effets procèdent d'une conjonction disjonctive, et comme leurs opérations aboutissent à un seul résultat on aura – à tort – l'impression d'avoir eu affaire à un seul et unique ordinateur.

# V

# SCIENCES EN LUTTE CONTRE LEUR FANTÔME IDÉOLOGIQUE

La neuroscience ne tombe pas du ciel d'une pure raison. Elle revient de loin, rescapée d'une antique horreur du corps, réhabilitée par la grâce du physico-mathématique. Comme toute science, elle se pique d'objectivité, et rien ne la dérange autant que le sujet, rebelle à toute détermination. Dans cette mesure, elle produit une certaine idéologie, indépendante de la scientificité de ses découvertes. Cette idéologie n'est pas vraiment nouvelle : c'est celle de l'homme machine, chère à La Mettrie, remise au goût du jour. « On » rêve ainsi de n'être plus qu'un pur objet, une belle mécanique aux rouages réparables et même interchangeables, enfin débarrassée de la pesante éthique du désir.

Mais ce rêve machinique a sa contrepartie : ce sera désormais aux réparateurs en tout genre de l'organisme, pharmalogues, hormonothérapeutes, chirurgiens du neurone, que reviendra la tâche de distribuer ce bonheur toujours réclamé par le ci-devant sujet. S'il adhère à l'idéologie des neurosciences, c'est à bon droit que cet innocent sujet verra un dysfonctionnement des câbles ou des neurotransmetteurs dans les cafouillages de son désir et les embrouilles de ses symptômes. Mais, comme le symptôme psychique en a vu bien d'autres depuis Hippocrate, et que rien ne l'amuse autant que de se moquer des docteurs, il se pourrait bien que cette idéologie, qui semble aujourd'hui triomphante, soit sous peu à bout de souffle. Nous n'en sommes pas là. Il faut mesurer en même temps les lumières d'une science nouvelle et les ombres qui procèdent de cette lumière et frisent l'obscurantisme. La littérature des neurosciences est tiraillée entre deux sortes de publications. D'une part, des résultats scientifiques passionnants, d'autre part, le rêve éveillé de l'homme machine. Ce rêve n'est pas simplement une curiosité intellectuelle, car il comporte des conséquences pratiques ravageantes. L'idéologie des neurosciences est à cet égard d'autant plus négative que s'affirme sa visée hégémonique. On peut toutefois espérer que les questions posées par la conscience, la subjectivité et les problèmes thérapeutiques obligeront à d'autres avancées, esquissées dans le dernier chapitre.

24

# LE RETOUR DU PHYSICO-MATHÉMATIQUE SUR LE CORPS DANS LA MODERNITÉ

Dans une page étincelante du *Paragranum,* Paracelse (1494-1541) écrivit que le médecin devait posséder des connaissances universelles pour comprendre son patient. Un être vivant ne représente qu'un maillon dans l'univers et sa santé dépend de sa place dans cet ordonnancement [1]. Il fallait, selon lui, disposer de l'immensité de ces connaissances étrangères au corps pour comprendre ses souffrances. Mais, à l'heure où il écrivait ces phrases, on savait encore bien peu de chose de ce corps lui-même, ou plutôt on n'avait rien voulu en savoir. Le médecin devait

1. Déjà animé par l'euphorie messianique qui allait porter la science, il énumère les connaissances requises pour qui prétend soigner : « Le médecin doit savoir ce qui est utile ou nuisible aux créatures insensibles, aux monstres marins et aux poissons, ce qu'aiment et ce que détestent les animaux privés de raison, ce qui leur est sain et malsain. Voilà sa culture concernant la nature. Et encore ? Les pouvoirs des formules magiques, leur origine et leur source, leur nature : qui est Mélusine, qui est Sirène, ce qu'est la permutation, la transplantation et la transmutation, comment les saisir et comment les comprendre parfaitement, ce qui dépasse la nature, l'espèce, la vie, la nature du visible et de l'invisible, du doux et de l'amer, ce qui a bon goût, ce qui est amer, ce qu'utilise le pécheur, celui qui utilise les cuirs, le tanneur, le teinturier, le forgeron, l'artisan du bois qui va dans la cuisine, dans la cave, dans le

connaître l'univers, alors que la connaissance du corps lui était interdite.

## Du plus lointain au plus proche

L'homme a d'abord calculé la trajectoire des astres les plus lointains. Il a mesuré des continents, la largeur des mers. Il a observé la chute des pierres, les alliages de métaux, la physique des fluides et celle des bois. Il a arpenté l'univers avec d'autant plus d'acharnement qu'il n'osait examiner son propre organisme. Pendant des siècles de nuit, le physico-mathématique ne s'appliqua qu'aux étoiles, puis à l'inanimé, avant de revenir sur son lieu d'origine. Dans l'histoire des sciences, les recherches sur l'organisme progressèrent avec plus de lenteur que celles des autres connaissances : le corps humain suscita longtemps une sorte d'horreur sacrée dans toutes les religions. L'homme n'osa s'intéresser que tardivement au vivant, puis à lui-même. Lui-même fut la dernière *terra incognita*, dont il s'interdisit l'accès pendant des millénaires. La passion de la mesure, licite pour l'univers entier, resta longtemps prohibée pour son auteur. Pourquoi ce lui-même s'est-il pendant si longtemps évertué à compter mais en se décomptant lui-même ?

---

jardin [...], la cause du laïque et de l'ecclésiastique, les occupations et la nature des différents états, leur origine, la nature de Dieu et de Satan, le poison et l'antidote, la nature féminine et la nature masculine, la différence entre les femmes et les pucelles, entre ce qui est jaune et ce qui est bis, ce qui est blanc, noir, rouge et blême, les causes de la multiplicité des couleurs, de la brièveté et de la longueur de la réussite, de l'échec et comment obtenir tous ces résultats » (Paracelse, *Œuvres médicales*, trad. fr. de Bernard Gorceix, Paris, PUF, 1968).

Dans son *Étude d'histoire et de philosophie des sciences concernant les vivants et la vie*, Georges Canguilhem a souligné la conjonction de deux événements d'apparence modeste à l'orée des temps modernes. L'un concernait le mouvement des étoiles, l'autre, le corps. En 1543, Copernic publiait son *De revolutionibus orbium celestium,* tandis que paraissait le livre de Vésale : *De humani corporis fabrica.*

Pour mettre en accord ses calculs et le lieu de perception visuelle des mouvements planétaires, Copernic avait dû accorder davantage de crédit à la supposition d'un pythagoricien presque inconnu, Aristarque, qu'au système d'Aristote. Il abandonnait la cosmologie ptoléméenne qui contredisait ses équations. Il le fit pour sauver les apparences et peut-être sans se rendre compte de la portée de son acte. En ce sens, comme a pu l'écrire Alexandre Koyré, il n'était pas encore lui-même copernicien.

À la même heure, Vésale commençait à décrire le vivant sans souci de la vie, usant déjà d'une langue analogue à celle du physicien ou du chimiste. Son ouvrage s'intitule *La Fabrique du corps humain* : il démonte les pièces détachées de l'homme. Le corps n'est plus le « temple de dieu » des Écritures : les squelettes et les écorchés de la *Fabrica* décentrent l'homme de lui-même, au même titre que les calculs de Copernic ôtent à la Terre sa place de centre de l'univers.

Tandis qu'une nouvelle mathématique céleste révolutionnait la vision médiévale de l'univers, le médecin Vésale décentrait la conception moyenâgeuse du corps, qu'il considéra sans le moindre égard pour son humanité, ne tenant compte que de ses fonctions. Cette coïncidence historique commençait à réduire l'incommensurabilité existant entre le monde calculable des étoiles et celui de la vie, réputée excédentaire à tous calculs. Il ne fallut que peu de temps pour que la sorte de longue vue qui avait démontré le bien-fondé des calculs de Copernic soit utilisée pour l'étude du corps. Avec sa lunette grossissante, le *perspicillum*, Galilée avait expérimenté les conjectures coperniciennes. Au prix d'un changement de système optique, la technique allait assez vite faire un lien entre Vésale et Copernic, puisque peu après la mort de Galilée le Hollandais Swammerdam inventait le microscope.

Telle fut la grâce de l'an 1543 : Vésale et Copernic avaient amorcé sans se concerter et sans se connaître le retour du mathématique vers un corps désacralisé [1]. La vitesse du retour du physico-mathématique vers le corps n'a fait qu'augmenter depuis. En 1802, Lamarck et Treviranus inventèrent le terme de « biologie », qui désignait un nouvel objet d'investigation. Dans son *Système de politique positive*, Auguste Comte la présente en effet comme « la grande révolution scientifique qui, sous l'impulsion de Bichat, transporte de l'astronomie à la biologie la présidence générale de la philosophie naturelle [2] ». On ne peut décrire plus clairement cette descente sur terre de calculs qui intéressèrent d'abord les étoiles et restèrent sans conséquence pratique, tout au moins à l'époque. Il n'en ira plus de même lorsque les mesures seront portées sur le corps, dernière planète inconnue. Le questionnement porta d'abord sur la

1. Georges Canguilhem rapporte que Thomas Kuhn aurait un jour qualifié la médecine de « proto-science » : « proto » suggère l'antériorité, le rudiment, mais aussi une priorité hiérarchique. En ce sens la proto-science part du corps, et c'est elle qui plus tard revient vers lui, après le long détour du physico-mathématique (*Étude d'histoire et de philosophie des sciences concernant les vivants et la nature*, Paris, Vrin, 1994, p. 427).

2. A. Comte, *Système de politique positive*, Paris, Librairie scientifique industrielle de L. Mathias, t. I, p. 584.

méthode. « L'art de guérir est-il fondé sur des bases solides ? […] L'art de guérir est donc véritablement fondé, comme tous les autres, sur l'observation et sur le raisonnement », écrivit en 1804 Cabanis [1].

De cette médecine d'observation hippocratique Claude Bernard recommanda au contraire de se séparer [2]. Car il ne suffisait pas que l'homme mesure ce corps et examine les forces qui l'animent, il lui fallait encore être à même de les maîtriser [3]. Un renversement de position s'amorce lorsqu'il considère que le naturalisme hippocratique de la médecine d'observation est passif alors que sa médecine expérimentale est une science active : « À l'aide de ces sciences expérimentales actives, l'homme devient un inventeur de phénomènes, un véritable contremaître de la création ; et l'on ne saurait, sous ce rapport, assigner des limites à la puissance qu'il peut acquérir sur la nature [4]… » Une science d'observation ne peut rien changer activement : « La médecine d'observation voit, observe et explique les maladies, mais elle ne touche pas à la maladie […] quand [Hippocrate] sort de l'expecta-

1. *Coup d'œil sur les révolutions et sur la réforme de la médecine*, Paris, Crapart, Caille et Ravier, 1804. Lorsque, en 1797, il consacra son cours à Hippocrate, il estima qu'une grande révolution de la médecine s'annonçait « par le perfectionnement de l'art expérimental et par l'application plus rigoureuse des méthodes de raisonnement ». Il fallait pour cela en revenir au talent d'observation des anciens – *ars medica tota in observationibus* –, mais en appliquant au corps les lois nouvelles de la physique.

2. C. Bernard, *Principes de médecine expérimentale*, Paris, PUF, 1987, p. 32.

3. En 1865, Claude Bernard établit, dans son *Introduction à l'étude de la médecine expérimentale* (Paris, Delagrave, 1978), des règles méthodologiques et des concepts spécifiquement biologiques, comme celui de milieu intérieur (qui rendit possibles les succès de la physiologie).

4. *Ibid.*, p. 71.

tion pure pour donner des remèdes, c'est toujours dans le but de favoriser les tendances de la nature, c'est-à-dire de faire parcourir à la maladie ses périodes [1]. » En revanche, la médecine expérimentale cherche à agir directement : « Le médecin expérimentateur exercera successivement son influence sur les maladies dès qu'il en connaîtra le déterminisme exact, c'est-à-dire la cause prochaine [2]. » Il fallait « dominer scientifiquement la nature vivante, la conquérir au profit de l'homme : telle est l'idée fondamentale du médecin expérimentateur [3]. ». Mais c'était moins l'expérimentation qui qualifiait la dimension nouvelle de la médecine que l'application des mathématiques au corps. Les expériences existaient depuis fort longtemps : en ligaturant les uretères d'animaux, Galien, par exemple, réfuta la théorie d'Asclépiade qui contestait la formation de l'urine grâce au rein [4]. En réalité, dans ce moment visionnaire, Claude Bernard parlait d'un médecin qui n'était déjà plus expérimentateur, mais acteur. L'apparition d'un démiurge fait la nouveauté de l'expérience. Ce n'est pas seulement que les chiffres et la mesure des fonctions auraient colonisé l'organisme. C'est l'usinage de l'homme par l'homme qui progressait chaque jour. L'acte médical fut longtemps considéré comme un art. Aujourd'hui, sa référence scientifique cesse d'être une

1. C. Bernard, *Principes de médecine expérimentale*, *op. cit.*, p. 152, note 2.

2. C. Bernard, *Introduction à l'étude de la médecine expérimentale*, *op. cit.*, p. 401.

3. C. Bernard, *Principes de médecine expérimentale*, *op. cit.*, p. 165.

4. De même, pour invalider l'opinion de Lycos le Macédonien, qui soutenait que l'urine était un reste de nourriture, il compara la quantité d'urine à celle des boissons (C. Galien, « Des facultés naturelles », *Œuvres médicales choisies*, trad. fr. C. Daremberg, Paris, Gallimard, 1994, t. XI, p. 246, 249).

coquetterie [1]. La physique moléculaire éclaircit les unes après les autres les fonctions de la biologie. La médecine passe ainsi de l'art à la science, selon le vœu de Claude Bernard [2].

## Transsubstantiation du physico-mathématique

Comment peut-on comprendre ce mouvement de la recherche qui part du plus lointain pour revenir vers le corps ? Selon l'hypothèse audacieuse et féconde d'Alexandre Kojève [3], le progrès scientifique procéderait du christianisme. Avant son ère, un obstacle religieux s'opposait à l'application du mathématique au physique. Pour les Grecs, les pures mathématiques appartenaient au monde parfait des dieux. Comment auraient-elles mesuré l'imperfection du monde sublunaire ? Le mouvement divin des étoiles relevait de la rigueur des calculs, alors que mesurer l'impureté de la vie aurait été sacrilège et les Grecs, grands mathématiciens, ne surent réaliser l'alliance du physique et du mathématique, empêchés qu'ils étaient par leurs préjugés religieux.

1. Un médecin peut même envisager un traitement au vu de résultats d'examens et sans rencontrer son patient. La médecine est une science au CNRS et à l'institut Pasteur, c'est une pratique pour le médecin de ville ou une technique dans un service hospitalier, un objet de consommation et de réclamation à la Sécurité sociale, ou encore une source de profits pour un laboratoire pharmaceutique. Mais, quel que soit le point de vue, les données des sciences « dures » s'y intègrent chaque jour davantage.

2. « La médecine est l'art de guérir, mais il faut en faire la science de guérir » (M. D. Grmek, « Réflexions inédites de C. Bernard sur la médecine pratique », *Médecine de France*, 1964, n° 150, p. 7).

3. A. Kojève, « L'origine chrétienne de la science moderne », *Mélanges*, Paris, Hermann, 1964.

La philosophie de ce préjugé se lit dans la *Métaphysique* d'Aristote : les mathématiques sont sans rapport avec la « cause finale ». Elles fonctionnent indépendamment de toute espèce de forme : ce sont de pures abstractions. En conséquence, elles ne concernent en rien l'intelligence de la vie, incommensurable au modèle mathématique. Le mot vie vient à la place de l'interdiction de savoir. La vie a une autre finalité que les mathématiques, soutient Aristote, pour qui « la reproduction est la finalité de la vie ». Elle est son âme, et cette âme s'engendre elle-même : elle reproduit le vivant. Elle est sa réalité : *ousia*, et sa définition : *logos*. Cette philosophie convient à la religion grecque, qui proscrivait toute effraction du cadavre [1]. Une telle prohibition n'a d'ailleurs rien d'unique : les religions en général considèrent le corps comme un mystère, si l'on appelle ainsi l'horreur sacrée ou le sentiment d'obscénité qui résulte de l'angoisse de castration. *Sacer*, le corps présente le miroir « inversé » du divin : il échappe par principe au connaissable [2].

L'invention chrétienne décale cet interdit puisque Jésus-Christ, à la fois homme et fils de Dieu, unit les deux mondes. Son corps appartient à la sphère de l'humain comme à celle du divin. Il devient licite de chiffrer le monde terrestre. La croix du physico-mathématique peut allier christiquement les nombres divins à la

1. L'anatomie du système nerveux ne fut entr'aperçue que grâce à l'astuce d'Hérophile et Érasistrate, médecins de l'école d'Alexandrie au IIIe siècle avant notre ère. Ils contournèrent l'interdit d'ouvrir des cadavres en disséquant des criminels condamnés à mort, mais encore vivants. Il fallut attendre le XVIIe siècle pour dépasser leur connaissance du cerveau.

2. Les religions servent le refoulement lorsqu'elles inversent les invariants de l'inconscient. Par exemple, lorsqu'elles projettent au ciel le père assassiné du complexe d'Œdipe, qui devient le père éternel, alors que la mère prend un statut virginal, etc.

matière peccamineuse. L'hypothèse de Kojève oublie sans doute que la science moderne a accompli chacun de ses pas jusqu'à aujourd'hui contre l'Église. Tout s'est passé comme si la religion avait réuni les conditions d'un progrès qu'elle ne pouvait accueillir en son sein. On retiendra pourtant l'essentiel de cette hypothèse : le physico-mathématique représente une transsubstantiation du corps (physique) et de l'esprit (mathématique). Cette transsubstantiation a comme perspective la science moderne, qui, toutes proportions gardées, accomplit la promesse de l'incarnation christique.

Qu'est-ce que ce progrès sinon la réalisation de la marche séculière vers la fin des temps promise dans les Évangiles ? Le temps zéro du monothéisme fut d'abord celui du sacrifice d'Abraham dans le judaïsme, puis, selon une répétition frappante, de la crucifixion de Jésus dans le christianisme. Par deux fois le fils paraît abandonné et assassiné : le pauvre ! Ne faut-il pas plutôt comprendre que dans le fantasme névrotique, c'est le père qui subit un tel sort, selon l'inversion du désir inconscient qu'opère ici aussi la religion ? Le monothéisme inverse la culpabilité névrotique : il transforme le fantasme œdipien de meurtre du père en sacrifice du fils. Ce lourd péché œdipien ainsi occulté assombrit l'existence du chrétien. Le corps est d'abord un lieu de copulation incestueuse et il représente donc le lieu sacré d'un mystère plus grand que lui. Il est *sacer*, là encore : à la fois sacré et objet d'horreur. Le corps contient un secret que son locataire doit préserver. Il appartient aux dieux : le corps est un temple, comme l'Ancien Testament le dit. Depuis le début des temps, les fils espèrent que, dans l'avenir, à la fin des temps, leur fantasme parricide originel sera pardonné. Cet espoir vectorialise leur histoire. À l'heure du Jugement dernier, le corps réconcilié avec lui-même jouira enfin, soulagé de la culpabilité qui l'encombre. Une rédemption et une innocence à venir animent le progrès et il promet la jouissance du corps : sa résurrection.

N'est-il pas clair que la science sécularise cette promesse de temps édéniques ? À mesure que son hégémonie s'étend, elle intègre les idéaux antérieurs – ne serait-ce par exemple que ce progrès, qui réalise l'idéal monothéiste de la fin des temps. Pour la science, le paradis se réalise sur Terre, avant la mort, et non au ciel après le Jugement dernier. À ce titre, le médical reprend dans son métadiscours nombre de croyances chrétiennes, comme celle d'une éternité des corps mise en œuvre par voie d'éprouvette, de clones, de greffes, de gènes, etc. : le rêve d'une éternité potentielle de l'organisme transfuse ainsi de la religion à la science. Coïncidence frappante, elle promet la jouissance des corps pour aujourd'hui, au moment où l'Église catholique vient d'abandonner le dogme de la résurrection des corps au Jugement dernier. En œuvrant pour le progrès, l'homme de science est un messie qui s'ignore. Son vœu d'objectivité occulte son propre désir, rédimé par la suture de sa propre opération qui l'offre en victime eucharistique, lui le saint de notre temps.

## Retour du refoulé vers le corps

Lorsque Canguilhem décrit la médecine « comme une science appliquée ou une somme évolutive de sciences appliquées », ne la considère-t-il pas comme une nouvelle venue en oubliant sa longue trajectoire [1] ? La science médicale ne devient pas un sous-ensemble parmi d'autres

1. G. Canguilhem, *op. cit.*, p. 423.

du physico-mathématique. Elle ne s'applique pas au corps comme à la matière. La scientifisation de la médecine amorce un mouvement de retour vers son origine refoulée [1] : c'est du moins l'hypothèse que peut faire le psychanalyste.

La violence de la pulsion rejetée à l'extérieur anime le réel, et pour l'amadouer le sujet s'acharne à mesurer et à calculer [2]. Comme ses sœurs, la pulsion de savoir cherche à réaliser le désir de l'Autre, c'est-à-dire à faire du corps l'objet du désir maternel. Originellement, le corps est sommé de s'égaler à l'Un du phallus, et cette contrainte retournée au-dehors pousse à égaler les objets entre eux : il faut mettre en équation une inconnue qui concerne d'abord le corps, mais cherche à l'oublier. La pulsion rejetée au-dehors investit le réel, mais, comme elle continue de menacer, les calculs et les mesures cherchent à l'apprivoiser, tandis que le corps reste un sanctuaire protégé de toute mesure par ce chiffrage lui-même. Pendant des millénaires, les hommes ont chiffré le dehors à l'exclusion du dedans, origine sacrée du nombre. Comme le psychosomatique de la pulsion cherche à le faire au dedans, le physico-mathématique résout au dehors la tension imposée par l'exigence de l'Un.

Les armes forgées pour livrer combat dehors se sont rapatriées un jour vers leur port d'origine. Les hommes ont cessé d'avoir peur de leur propre corps lorsqu'il leur est apparu que le monde extérieur n'était pas habité par des puissances surnaturelles (l'inconscient rejeté). Quand

1. Une fois amorcé, ce retour du physico-mathématique sur le corps fut d'ailleurs réalisé aussi bien grâce à des non-médecins. Chimiste sans formation médicale, Pasteur, par exemple, considérait la clinique humaine comme un cas particulier de ses recherches sur les vers à soie, les moutons ou les poules.

2. Voir G. Pommier, *Qu'est-ce que le « Réel » ?*, Érès, 2004.

il est devenu clair qu'on ne trouvait nulle part trace d'une puissance divine, l'heure du retour du physico-mathématique vers le corps a sonné. Athée quoi qu'elle en veuille, la science a d'abord abattu à l'extérieur, du plus lointain au plus proche, les barrières du sacré, pour revenir ensuite vers son point d'origine. Aussi n'est-il pas étonnant qu'au moment où le goût de la mesure revient vers le corps lui-même, la part qui échappe au calcul ait été baptisée la vie et qu'elle ait été opposée à la mort, reine du chiffre.

## La mort résorbe la vie

Durant des millénaires, le mystère de la vie fut considéré comme un don de Dieu. Puis la vie divorça de Dieu et devint, après les Lumières et pendant quelques décennies, le concept opératoire qui remplaça l'âme, tout en évitant de considérer le corps comme une simple machine. Ce « vitalisme » avait-il échangé un terme encombrant (tel celui de l'âme) contre un autre tout aussi obscur ? En réalité, il avait progressé par rapport à l'animisme du siècle précédent [1] : la recherche biologique elle-même distingue le vivant des matériaux qui le constitue. Bien que le fonctionnement chimique d'une cellule soit connu, le principe de ce fonctionnement reste un mystère : cette inconnue s'appelle désormais la vie. Ce concept n'explique rien, mais comment appeler autrement un système qui résulte, sans s'y

1. Contre le mécanisme cartésien et la logique de l'homme machine d'Holbach et de La Mettrie, l'âge classique attribua une âme à chaque être vivant pour expliquer que la matière puisse s'animer différemment de la machine, par la grâce divine.

réduire, de l'équilibre instable d'un ensemble physico-chimique [1] ? Il permet d'examiner les implications mutuelles de différents invariants et d'en réaliser une synthèse *a posteriori*, sans poser la question d'une transcendance. Grâce à la vie, concept opératoire sans être explicatif, on peut être mécaniste en affectant de ne point l'être [2].

La place de la vie est quelque temps restée préservée. Dans *Les Leçons de physiologie opératoire* publiées en 1879 par Mathias Duval (début de la 14e leçon), Claude Bernard énonce au nom de la vie une position purement mécaniste : « La vie réside exclusivement dans les éléments organiques du corps ; tout le reste n'est que mécanisme. Les organes réunis ne sont que des appareils construits en vue de la conservation des propriétés vitales élémentaires. » Il écrivit de manière plus nuancée un peu plus tard : « En admettant que les phénomènes vitaux se rattachent à des manifestations physico-chimiques, ce qui est vrai, la question dans son ensemble n'est pas éclaircie pour cela ; [...] il y a comme un dessin pré-établi de chaque être et de chaque organe, en sorte que [...] il semble dirigé par quelque guide invisible dans la route qu'il suit et amené par la place qu'il

1. D'un point de vue philosophique, le problème est d'ailleurs le même. Hegel écrivit que l'organisme s'atteint lui-même dans sa propre opération de vivant, de sorte qu'entre ce qu'il est et ce qu'il recherche ne s'interpose qu'une temporalité, pas de différence : il est concept en lui-même, comme on peut le lire dans *Phénoménologie de l'esprit* : « La vie est l'unité immédiate du concept à sa réalité, sans que ce concept s'y distingue » (Paris, Gallimard, 1993).

2. Lavoisier, par exemple, progresse grâce à un mécanicisme strict : « On pourrait même évaluer ce qu'il y a de mécanique dans le travail du philosophe qui réfléchit, de l'homme de lettres qui écrit, du musicien qui compose » (« Premier mémoire sur la respiration des animaux », *Œuvres,* Paris, Imprimerie impériale, 1862, t. II, p. 697).

occupe [1]. » Ce concept de vie devient encore plus précaire lorsque Claude Bernard écrit, dans le *Rapport sur le progrès et la marche de la physiologie générale*, en 1867 : « Si des conditions matérielles spéciales sont nécessaires pour donner naissance à des phénomènes de nutrition ou d'évolution déterminés, il ne faudrait pas croire pour cela que c'est la matière qui a engendré la loi d'ordre et de succession qui donne le sens ou la relation des phénomènes, ce serait tomber dans l'erreur des matérialistes. »

La définition de la vie n'apparaissait plus qu'en négatif. Cuvier la définissait déjà comme « la force qui résiste aux lois qui gouvernent les corps bruts [2] ». Alors que les propriétés vivantes d'un être sont temporaires, les propriétés physiques de la matière sont éternelles. De même pour Bichat : « La vie est l'ensemble des fonctions qui résistent à la mort [3]. » Déshabillée et sans justificatif, aussi nue qu'un nom propre, la vie ne portait plus d'autre patronyme que le sien. Mais cette situation conceptuelle intenable ne dura pas longtemps. Cette abstraction de la force vitale avait préparé le terrain aux concepts dans lesquels elle allait se résorber et disparaître, tout d'abord avec les principes de la thermodyna-

1. C. Bernard, *Les Leçons sur les phénomènes de la vie communs aux animaux et aux végétaux*, 1878, Paris, Vrin, 1966, t. I, p. 50-51. De même, Claude Bernard écrivit encore à propos de l'organisme : « C'est en dernière analyse un échafaudage d'éléments anatomiques. Chacun de ces éléments a son existence propre, son évolution, son commencement et sa fin ; et la vie totale n'est que la somme de ces vies individuelles associées et harmonisées » (*ibid.*, t. II, p. 2).

2. *Leçon d'anatomie comparée*, t. I, p. 4.

3. Auguste Comte a repris cette idée en parlant de « la ligue continue de la vie contre la mort » (*Le Système de politique positive, op. cit.*, t. IV, p. 439).

mique de Carnot [1]. Le concept vague de vie fut remplacé par celui d'énergie. En liant entre elles les différentes formes de travail, les diverses activités de l'organisme dérivent de l'énergie du métabolisme [2]. Le démontage de la vie dans ses composants physico-chimiques se transforme en victoire de la mort [3].

La colonisation progressive du corps par le physico-mathématique fut l'occasion d'une sorte de guerre au cours de laquelle la vie fut d'abord cantonnée dans une réserve, pour être ensuite définie par rapport à la mort, avant que finalement cette dernière semble triompher. Qu'est-ce que la vie, indépendamment des réactions biochimiques d'atomes inertes ? Cela existe-t-il ? Le physico-mathématique semble assurer partout la victoire de la mort [4]. La vie se décompose en ses éléments matériels

1. Le point de vue de Claude Bernard concernant l'évolution du vivant fonctionnait à l'inverse de celui de la matière régi par le principe de Carnot-Clausius : l'individualité organique en équilibre dynamique exprime la tendance générale de la vie à retarder l'entropie, à résister à l'évolution vers l'inanimé.

2. Les manifestations du vivant résultent de la conversion de l'énergie chimique libérée par la combustion des aliments. Mais son principe concerne aussi bien le monde vivant que le monde inanimé : le mouvement, la lumière, le bruit, l'électricité, etc.

3. Comme l'écrit Georges Canguilhem : « Ce phénomène, nous pouvons le saisir, nous pouvons le comprendre, le caractériser, et c'est cette mort que nous sommes portés à appeler illusoirement la vie » (*Étude d'histoire et de philosophie des sciences concernant les vivants et la nature, op. cit.*). Au moment d'énumérer les composants d'un organe et de décrire son fonctionnement physico-chimique, la vie s'en échappe comme une savonnette glisse entre les doigts de celui qui croyait l'attraper, comme si elle n'était que cette glissade elle-même.

4. Claude Bernard écrivit dans son *Cahier de notes* : « La propriété vitale est temporaire. La propriété physique est éternelle » (Paris, Gallimard, 1965, p. 164). Et, comme le note G. Canguilhem : « Si l'organisme est conçu comme passivement déformable sous la pression de l'environnement [...] si toute spontanéité propre est refusée

et le mystère une fois traversé reste entier [1]. On saura avec quels composants il fonctionne, mais on ignorera ce qui marche [2]. La résorption de la vie dans l'inanimé entraîne une contradiction toujours plus évidente [3].

La contradiction semble insoluble, et l'on se demande si le concept de vie n'aurait pas pu être abordé sous un angle moins dramatique. La symétrie de la vie et de la mort débouche sur une impasse que la biologie elle-même peut dialectiser. En effet, les cellules germinales ne meurent jamais : elles ne connaissent la mort qu'accidentellement. Les corps vivants sont une annexe provisoire de cellules germinales éternelles. Elles poursuivent une lutte qui, à partir de quelques cellules formées il y a plusieurs millions d'années, se poursuit jusqu'à nos jours. L'opposition de la vie à la mort concerne ces annexes périssables que sont les corps, qui peuvent être ramenés

---

au vivant, rien n'interdit l'espoir de parvenir à résorber, à la limite, l'organique dans l'inerte » (*Étude d'histoire et de philosophie des sciences, op. cit.*, p. 66).

1. Au début du siècle dernier, l'inventeur de la vitamine C, Albert Szent-Györgi, déclara que la vie n'existait pas. Peut-être en effet la vie n'existe-t-elle pas en tant qu'objet d'investigation scientifique, puisque ses fonctions se réduisent à des interactions chimiques qui diffèrent de la vie.

2. La biologie progresse vers sa propre fin si, comme l'écrit Claude Bernard dans les *Leçons de pathologie expérimentale* : « De même que la physique et la chimie arrivent, par l'analyse expérimentale, à trouver les éléments minéraux des corps composés, de même lorsqu'on veut connaître les phénomènes de la vie qui sont complexes, il faut descendre dans l'organisme, analyser les organes, les tissus, et arriver jusqu'aux éléments organiques » (Paris, Baillière, 1872, p. 493).

3. La conception de Claude Bernard pouvait déjà se situer entre deux points de vue extrêmes : d'une part, « la vie, c'est la mort », et, d'autre part, « la vie, c'est la création », aphorisme qui échappe franchement à la résorption de la vie dans la mort.

à leurs différents composants matériels, inanimés en effet [1]. Le privilège accordé à l'inanimé dans la définition de la vie a fait l'impasse sur la sexualité, qui, d'une certaine façon, éternise la vie en dépit de la mort, son corollaire nécessaire.

Le désir sexuel dialectise l'opacité de la vie. C'est en mettant de côté la sexualité que la science étudie la vie comme l'opposé de la mort, qui est pourtant son corrélat. Pour la même raison, l'importance du langage, condition de la sexualité humaine et caractéristique la plus voyante de l'être humain, est minimisée. Parler d'un oubli de la sexualité et du langage par la plupart des neuroscientifiques est un euphémisme, car il s'agit d'un préalable systématique. Certes, des sexologues et des psycholinguistes s'acharnent à décortiquer le fonctionnement du langage et la naturalité du sexe. Mais ils le font avec des critères dont le principe d'objectivité élimine le sujet, alors que ce dernier articule le langage comme la sexualité. De sorte que cette incompréhension engendre une régression à l'infini dans le génétisme. Selon un choix en apparence anodin et guidé par le bon sens, la vie a été définie en opposition à la mort. Et cette élection porte à conséquence jusqu'à aujourd'hui : on s'évertue à chercher dans les gènes ce qui dépend de la sexualité et du langage. Le résultat n'est pas trivial : la réduction de la vie à la non-vie a abouti à une impasse qui interdit de tirer parti d'un grand nombre de découvertes des neurosciences.

1. L'œuf donne-t-il naissance à la poule ou bien la poule précède-t-elle l'œuf ? Ce problème est désormais résolu : en réalité, la poule n'est qu'une annexe provisoire d'un œuf éternel.

25

# UNE SCIENCE PRODUIT DES « IDÉES » QUI PEUVENT LA CONTREDIRE

Toute science produit une idéologie à l'endroit où elle « suture » son sujet. Le terme de suture signifie que le sujet qui traite objectivement un problème s'objective du même pas (chaque fois provisoirement). Pendant ses investigations, un chercheur suppute, pose des hypothèses subjectives à propos d'un problème réel. S'il arrive à démontrer une hypothèse, elle devient une thèse objective, universellement transmissible. Une fois élaborée, la thèse le suture comme inventeur : elle se passe de lui (et il doit faire une nouvelle hypothèse pour soutenir sa subjectivité). La science, modalité particulière de la conscience, suture son sujet selon son propre vœu. Car un sujet supporte mal son propre désir : il cherche à s'en débarrasser en l'objectivant. Ainsi du savoir physico-mathématique, qui ne tombe pas du ciel d'une pure raison. Le vœu d'en finir avec la subjectivité l'oriente. Son objectivité correspond au désir du sujet de s'objectiver, c'est-à-dire à la fois de réaliser le désir de l'Autre et de s'annuler comme sujet d'une liberté encombrante et toujours quelque peu coupable. Connaître les déterminations, ce serait enfin maîtriser le désir, qui échappe toujours aux déterminations. L'idéologie du physico-mathématique consiste à imaginer ce qui pourra remplacer le sujet au lieu même où il le suture. La fabrication d'ordinateurs, de clones ou de robots aptes à remplacer les humains et mis au point par un savant fou fait partie de cette rêverie. Les scientifiques produisent ainsi une idéologie surnuméraire à leurs calculs et indépendante d'eux.

## L'idéologie de la psychanalyse contre la psychanalyse

La psychanalyse n'est pas au-dessus de la mêlée, elle n'excepte pas à cette règle et sécrète elle aussi une idéologie. On peut facilement critiquer le rêve du corps machine et les ravages qu'il exerce. Mais il existe aussi une idéologie du psychisme machine selon laquelle toute manifestation de l'histoire d'un sujet est la présentation manifeste d'un contenu latent inconscient. La notion d'un psychisme machine correspond au même scientisme que le corps machine et n'est pas moins nocive. En effet, les déterminismes de l'inconscient sont eux aussi scientifiques et réducteurs. L'inconscient calcule avec une précision diabolique. Le sujet de la psychanalyse est le sujet de la science de l'inconscient. Le sujet est ici suturé par son symptôme : « ça » lui arrive sans qu'il s'en rende compte.

L'idéologie correspondant à cette suture présente la psychanalyse comme une sorte de ballon d'oxygène qui permettrait de respirer et de faire face à une objectivation croissante dont la science (physico-mathématique) serait coupable. Rien ne serait plus prétentieux de la part des psychanalystes que de rejeter l'objectivité (et donc l'objectivation) dans le camp des sciences dures, en réservant la subjectivité à la psychanalyse. N'est-il pas évident que la recherche scientifique nécessite une hypersubjectivité ? « Ce qui frappe, écrivit Poincaré, ce sont les apparences d'illumination subite, signes manifestes d'un long travail inconscient – le rôle de ce travail inconscient dans l'invention des mathématiques me paraît incontestable. » Les sciences dites dures ne durcissent qu'au moment de leur transmission, nullement lors de leur création, qui réclame beaucoup d'inventivité et de subjectivité. En réalité, les psychanalystes ne défendent pas spécialement la cause du sujet contre les neuroscientifiques, car ils la défendent d'abord contre la machine objectivante qu'est l'inconscient lui-même. La machine psychique effectue des calculs raffinés dont le refoulement peut rendre malade. La première machine scientifique objectivante, c'est l'inconscient lui-même, qui pousse les hommes à agir sans savoir ce qu'ils font. L'inconscient calcule et pilote le destin avec tant de précision que son opération engendre une suture du sujet [1].

Sur la base de cette suture, l'idéologie de la psychanalyse s'est développée en marge de la psychanalyse, et elle prétend assurer la défense du sujet contre l'objectivation des sciences modernes (alors que le savoir de l'inconscient suture lui-même ce sujet). Elle voudrait s'opposer aux méfaits de la science (bien qu'elle en soit une) et il arrive qu'au nom de considérations sur la qualité de la vie, le naturisme agroalimentaire, les sous-produits du chamanisme elle prétende défendre le symbolique [2].

1. C'est pourquoi les Américains appellent *shrink* leurs psychanalystes, considérés comme des « réducteurs » de têtes.

2. Voir I. Illitch, *Némésis médicale. Expropriation de la santé*, Paris, Seuil, 1975 : « Les actes médicaux sont l'une des principales sources de la morbidité moderne. » Comme l'écrivait déjà Georges Canguilhem : « Cet amalgame de banalités parées d'une revendication d'autogestion de la santé personnelle a pour effet la renaissance des magies thérapeutiques » (*op. cit.*, p. 401). Michel Foucault ironisait à propos de cette idéologie sur la « phénoménologie acéphale de la compréhension », qui prétend opposer au progrès de la médecine un culte de la relation médecin-malade.

L'importance actuellement accordée au sujet et le respect dont cet inconnu est entouré dans les milieux psychanalytiques ressemblent fort aux mystères de la vie, ce concept introuvable, sans doute productif du temps de Claude Bernard, mais qui servit ensuite pendant des décennies de bastion à l'obscurantisme. Il faut y prendre garde, car le concept de sujet risque d'être utilisé en prolongement du vitalisme, contre l'organicisme. Ce sujet pourrait prendre indûment la place du mystère de la vie, et la question n'est pas de rendre la parole au vitalisme sous le nouvel habit du sujet. La notion de sujet importe, non pour s'opposer à l'organicisme, mais pour spécifier la réalisation de la conscience par rapport à l'inconscient. Ce modeste objectif affirme à la fois la subjectivité et ce qui la surdétermine, préservant ainsi la scientificité d'une discipline qu'il est vain de comparer à d'autres. Au contraire de l'idéologie de la psychanalyse, la psychanalyse « repose sur la conception générale scientifique du monde [1] ». Freud n'a jamais douté que la psychanalyse se définissait comme « science que l'on peut tirer de l'inconscient psychique » (*Wissenschaft von seelisch Unbewusste*) [2]. Cependant, pris un par un, les psychanalystes dans leur pratique ont pour fonction de soulager leurs patients de leurs symptômes. Ils prennent le parti de leurs patients, en lutte contre la scientificité de leurs inconscients, qui calculent avec une précision redoutable. De ce point de vue, les psychanalystes sont pour le sujet et contre la scientificité de l'inconscient. Mais ils ne

1. S. Freud, *Correspondance avec le pasteur Pfister*, Paris, Gallimard, 1966, p. 186. Freud a par exemple toujours pensé que son cancer relevait de la chirurgie et de la radiothérapie. Bizarrement, dans les derniers mois de sa vie, c'est son radiologue anglais Finzi qui lui recommanda une approche psychologique (Max Schur, *La Mort dans la vie de Freud*, Paris, Gallimard, 1975, p. 612, note 22).

2. S. Freud, *Psychanalyse et théorie de la libido*, G.W. XIII 327, 1923.

peuvent agir avec succès que s'ils connaissent les ressorts de cette scientificité et le point de surdétermination subjective où elle peut se dialectiser.

## L'idéologie des neurosciences contre les neurosciences

Les neurosciences produisent elles aussi une idéologie. Son origine n'est pas un grand mystère : elle procède de la force du désir. Des forces plus grandes que nous nous poussent à agir et nous transforment en pantins prévisibles, une fois leur horlogerie déclenchée. Que la mécanique sexuelle tourne rond ou qu'elle accumule les ratés, elle fonctionne comme si la volonté, la conscience, le libre arbitre étaient relégués au second plan. Les machineries d'usine, les réseaux virtuels actualisés en temps réel font penser à cette puissance sans partage de la libido. Elle ressemble aux pistons métalliques, aux bielles, aux arbres à cames, aux soupapes des grands complexes industriels. Un corps que l'on pourrait commander comme une machine débarrasserait l'homme de ce qui le machine. Il en a rêvé pendant des siècles de nuit, avant que de vraies machines ne l'aident à s'éveiller, à prendre pied sur terre, à la coloniser. La machine est sa part angélique, purifiée de la sexualité qui le dérange, émondée du tracas de la reproduction, de ce qu'il y a de traumatisant dans l'érotisme. La comparaison du corps et de la machine existe au moins depuis les Grecs [1]. Cette ana-

1. Une machine peut être décrite en termes d'anatomie et des outils sont souvent désignés par des vocables anatomiques : bras, rotule, genouillère, tenaille, doigt, pied, etc. Des parties du corps sont aussi comparées à des mécanismes. Platon a comparé les vertèbres à des gonds de porte (*Timée* 74 a) et les vaisseaux sanguins à des canaux d'irrigation (*Timée* 77c). De même, pour Aristote les

logie latente a explosé à l'ère des Lumières, comme si l'homme envisageait pour la première fois sa réalisation. Dans les *Principes de la philosophie*, Descartes déclencha une sorte de polémique horlogère qui ne devait s'éteindre qu'un siècle plus tard : « Lorsqu'une montre marque les heures par les moyens des roues dont elle est faite, cela ne lui est pas moins naturel qu'il n'est à un arbre de produire des fruits [1]. » Ce fut lorsqu'il dut lui exposer cette conception d'un homme machinique que la reine Christine de Suède lui répondit : « Je n'ai jamais vu ma pendule faire de bébés. » Leibniz força le trait en écrivant que : « Tout ce qui se fait dans le corps de l'homme est aussi mécanique que ce qui se fait dans ma montre ». Lui aussi s'appuyant sur la sexualité, Fontenelle s'insurgea contre cette comparaison [2]. En commentant cet argument de Fontenelle, Kant distingua la machine du vivant [3]. Près d'un siècle plus tard, Claude Bernard déve-

tendons sont des catapultes (*De motu animalium*, 707 b, 9-10). Il conçoit l'organisme comme une somme d'organes-outils spécialisés : l'anatomie aristotélicienne est une technologie générale. « La nature ne procède pas mesquinement comme les couteliers de Delphes, dont les couteaux servent à plusieurs usages, mais pièce par pièce. Le plus parfait de ces instruments n'est pas celui qui sert à plusieurs travaux, mais à un seul » (Aristote, *La Politique*, Paris, Hermann, 1996, livre 1er, chapitre I, § 5).

1. *Principes de la philosophie,* IV 203, p. 666.

2. B. de Fontenelle, « Lettres galantes », *Œuvres*, Paris, Fayard, 1990, t. I, p. 322-323 : « Vous dites que les bêtes sont des machines aussi bien que des montres ? [...] Deux montres seront l'une à côté de l'autre toute leur vie sans jamais faire une troisième montre. »

3. Il précise que, dans une montre, un rouage est la cause efficiente d'un autre rouage. Une partie existe *pour* une autre et non *par* une autre. La cause de la production des rouages ne se trouve pas en eux, mais en dehors d'eux, dans un être capable de mettre ses idées à exécution. La montre ne saurait se réparer elle-même lorsqu'elle se dérègle, elle ne saurait compenser ou reproduire les

loppait la même thèse : « Ce qui caractérise la machine vivante, ce n'est pas la nature de ses propriétés physico-chimiques, si complexes qu'elles soient, mais bien la création de cette machine qui se développe sous nos yeux dans des conditions qui lui sont propres et d'après une idée définie qui exprime la nature de l'être vivant et l'essence même de la vie [1]. »

Les neurosciences engendrent dans le même sens des « idées » en supplément de leurs résultats scientifiques. L'illusion d'une maîtrise de la psyché par l'anatomo-physiologie ou même d'une réduction du psychique à l'organique s'appuie sur un chaînage vérifiable des effecteurs [2]. L'idéologie des neurosciences s'applique à débarrasser le corps des inconvénients du désir. Elle vient en quelque sorte prouver le bien-fondé de la suture de la science, c'est-à-dire qu'aucun sujet ne se définit autrement que par des déterminismes organiques. C'est une souffrance en effet pour l'homme de ne pas être maître en sa demeure la plus intime : son propre corps. Ces idées dominent aujourd'hui le discours médical.

---

parties qui lui sont ôtées. Contrairement à une montre, un organisme s'autoformate et s'autorégule : « Les êtres organisés doivent s'organiser eux-mêmes. » Une machine ne se reproduit pas. Aucune partie n'est construite par une autre, ni par le tout, et aucun tout par un tout de même espèce (E. Kant, *Critique de la faculté de juger*, Paris, Vrin, 1986, IIe partie, p. 193).

1. *Introduction à l'étude de la médecine expérimentale*, *op. cit.*, IIe partie, chap. II, § 1. Pour l'homme, il faudrait encore ajouter le moteur infini du savoir inconscient : existe-t-il des montres qui fonctionnent grâce à ce qui ne marche pas, des horlogeries dont le dysfonctionnement est le moteur perpétuel ? C'est bien pour fuir l'angoisse de cette dysharmonie que le rêve machinique est si puissant.

2. La main est sans nul doute l'organe de la préhension, et une aire corticale lui correspond. Mais cette aire est un outil, au même titre que la main.

De même qu'il faut distinguer la science de l'idéologie de la science et des scientifiques, de même le discours médical diffère de la médecine et des médecins, confrontés au quotidien à la dimension humaine de leurs actes. Leurs patients ne se réduisent pas à un ensemble d'organes et de fonctions. Cependant, un discours médical impersonnel contredit cette pratique. Il résulte de l'application du physico-mathématique au biologique, qui engendre la croyance en un corps machinique réduit à ses fonctions et à des interactions chimiques et physiques. Comme les autres savoirs, il machine des rêves qui, en quelque sorte, saturent leur suture.

Ces croyances produisent des « imaginations » sans preuve, par exemple celle d'un homme hormonal ou d'un homme neuronal, qui prolongent la croyance en un corps machine. Le rêve de La Mettrie date de 1748 [1] : il est devenu aujourd'hui une croyance de masse, élevée à pleine puissance. Ignorant maintenant pourquoi ils vivent, les hommes sont prêts à croire que leurs gènes les programment : il faut bien mettre un nom sur les puissances qui nous dominent ! Les neurosciences sont ainsi devenues l'idéologie pratique du postmodernisme et du libéralisme. L'ordre de la société telle quelle est se trouve justifié lorsque la socialité de l'homme s'annule dans l'organique. À dire vrai, tout est ainsi justifié. Si les conduites humaines, comme celles qui s'illustrent à la guerre, étaient « inscrites en dur dans l'organisation du cerveau de l'homme [2] », s'entretuer serait tout simplement conforme à notre destin génétique ! Les hommes ne

1. Pour Descartes, seul le corps était machine, alors que pour La Mettrie : « L'âme n'est qu'un vain terme dont on n'a point d'idée. Concluons donc hardiment que l'homme est une machine. »

2. Voir la préface de J.-P. Changeux dans *L'Homme neuronal*, *op. cit.*

seraient plus guidés par leurs idéaux, mais par leurs gènes, caution préalable de tout massacre, petit ou grand. En conséquence, l'organicisme et les réductions du psychisme qui se légitiment grâce aux neurosciences sont privilégiés dans les domaines des politiques de santé et des enseignements universitaires. Cette idéologie rêve d'un corps autiste sans parole, d'un temps où « on » ne bavarde plus, où « on » mesure. L'existence d'un sujet contredirait l'enchaînement autarcique des causes et des effets, relancé par un infini *feed-back* et depuis toujours écrit dans les gènes.

Les neurosciences prolongent ainsi le rêve du Golem, qui fascine parce que le sujet désire être sans rêve et s'enivre à l'idée d'être débarrassé une bonne fois de ses fantasmes. Dans la légende hébraïque, un homme réussit à animer une statue de boue, un Golem, et la menace du clonage ressemble à cette mythologie. Mais, plus profondément, si nos gènes nous fabriquaient sans que nous n'y puissions rien, nous serions alors les Golem d'une machinerie génétique qui nous dépasserait. Nous traînerions derrière nous un monstre objectif – notre propre organisme. *More geometrico*, Spinoza écrivit que nous méconnaissons la puissance de notre corps, dont les potentialités dépassent l'imagination : nous serions en train de le découvrir.

Pourquoi la neurophysiologie a-t-elle permis de rêver à un corps autiste, indépendant d'une socialité sans laquelle il ne survivrait pas ? Ce rêve latent est devenu manifeste à partir des années 1980, à l'heure de la marginalisation des croyances sur lesquelles l'humanité avait jusqu'alors réglé sa conduite. Quelle que soit sa puissance, aucun télescope n'a trouvé dans les cieux la trace d'un Dieu, instance refoulante idéale. Après avoir abandonné l'infiniment grand, où le refoulement est-il allé chercher sa justification, sinon dans l'infiniment petit ?

Un simple soldat : un médiateur chimique, une molécule, une hormone, un gène, etc., s'est vu ainsi conférer le rôle de commandant en chef au prétexte que la bataille ne pourrait être livrée sans lui (ce qui est vérifiable n'est pas toujours vrai). Dans ce contexte de déflation idéale, l'homme compare son corps à une machine, comme si une pensée prématérialiste primitive pouvait aujourd'hui se réaliser. Un doute de plus en plus profond a miné les idéaux révolutionnaires, religieux ou même progressistes, et puisque plus rien n'avait de valeur, l'idée d'une merveilleuse autonomie du corps a germé [1].

Cette idée d'une autonomie du corps a d'ailleurs à elle seule des conséquences, comme s'il existait de nouvelles pathologies propres à notre époque. Lorsque la société n'a plus d'idéal hégémonique, il se développe une pathologie particulière du corps pulsionnel. En effet, les pulsions sont ordinairement contrebalancées par leur sublimation sous forme d'idéaux. D'où l'apparition d'une pathologie qui paraît nouvelle, parce que l'effondrement des idéaux remanie leur présentation. Ces présentations appartiennent toujours à une structure qui n'a pas changé, mais leur part pulsionnelle se gonfle dans des proportions si importantes qu'on a l'impression d'avoir affaire à de nouvelles maladies. C'est le cas par exemple

1. La postmodernité invalide les idéaux anciens sans énoncer de proposition nouvelle : débarrassés du poids qui les engage à réaliser leurs rêves, les corps flottent. Réduits à l'ensemble de leurs fonctions, privés de l'ancrage qui leur donnait leur tenue spatio-temporelle, ils se désassemblent. Nos corps ressemblent à la sorte d'éclatement qui les figure aujourd'hui en art. Indépendamment de toute opinion esthétique, les œuvres d'art montrent ce que deviennent des corps sans lendemain. Toutes proportions gardées, les corps plongés dans le rêve scientifique subissent un destin analogue : ils sont traités comme des paquets d'organes dont l'historicisation et la subjectivation deviennent surnuméraires ou même hors champ.

de la boulimie, de l'anorexie, de la toxicomanie, des dépressions, de certains problèmes sexuels, qui sont traités aujourd'hui comme des maladies à part entière, alors que ce sont seulement des symptômes.

Prise dans l'idéologie postmoderne, la neurophysiologie a été utilisée comme le cache-sexe d'une croyance en une autonomie du corps. Cette foi en l'homme machine complète harmonieusement d'autres croyances de l'époque, celles de l'egopsychologie, de l'autonomie du sujet du droit ou le fétichisme de la marchandise. Cette idéologie n'est pas celle des scientifiques eux-mêmes, du moins au moment de leurs découvertes, qui requièrent une hypersubjectivité. En revanche, une fois leurs résultats établis, ils apparaissent après coup comme des déterminismes objectivants pour ceux qui sont en dehors de la recherche : le public non informé va considérer que la suture du sujet fait partie du résultat. De sorte que les effets de l'idéologie de la science sont plus impressionnants pour les non-scientifiques que pour les chercheurs. Les « usagers » seront d'autant plus perméables au scientisme qu'ils aspirent à l'innocence promise par l'arbre du savoir – à contre-courant de la Genèse [1]. La science déclare que tout est déterminé : les voilà donc innocents. Si le savoir répertorie les déterminismes, il prouve ainsi que l'homme est l'objet de forces plus grandes que lui.

L'idéologie de la science (et non la science) tombe ainsi dans l'escarcelle des religions, dont elle aggrave certaines caractéristiques : la religion réclamait la croyance du sujet. En revanche, la science ignore sa propre fonction

1. Adam aurait été chassé du jardin d'Éden pour avoir goûté au fruit du savoir, selon l'inversion habituelle des religions par rapport à l'inconscient. C'est tout le contraire ! La science ne promet-elle pas le paradis ?

religieuse. Elle réclame une croyance absolue, parce qu'elle croit énoncer des faits démontrés et indiscutables (sans évaluer qu'il s'agit souvent de conséquences et non de causes). Ce changement de régime de la croyance engendre là aussi à lui seul de nouvelles pathologies. Un homme angoissé qui buvait de l'alcool savait que telle n'était pas la solution. Lorsque le même homme prend tous les jours des anxiolytiques, il lui vient rarement à l'esprit qu'il ne surmontera pas ainsi son angoisse, qu'il est au contraire en train de perpétuer. Il aura seulement escamoté sa culpabilité.

L'idéologie médicale éponge sans phrases l'énorme poids de la culpabilité que la religion faisait payer – sans la réduire. Lorsqu'elles firent de Dieu le créateur universel, les religions n'ôtèrent pas à la créature sa part de liberté. Lorsque la psychanalyse retourna la transcendance divine en immanence de l'inconscient, elle ne découvrit pas l'innocence du sujet, mais une culpabilité préalable à toute faute. Mais, depuis que la science existe, il suffit qu'elle inscrive sur ses frontons que « tout est déterminé » pour que la culpabilité soit enfin refoulée à bon droit. Quels déterminismes sont plus absolus que ceux qui sont attribués aux gènes ? Si tel était le cas, nous ne serions plus responsables de rien ! Si grande est l'innocence de ce sujet de rêve qu'il disparaît. Selon Jean-Pierre Changeux, par exemple : « Les Tables de la Loi sont inscrites dans l'ADN et les chromosomes [1]. » L'idéologie scientifique angélise les corps à grands frais : dans les organes pris un par un aussi bien que dans leur ensemble, on ne trouve rien qui ressemble à la culpabilité. Voilà pourquoi le discours médical nie souvent – ou marginalise – le symptôme psychique, qui signe avec obstination la culpabilité du sujet. Cet enjeu subjectif paradoxal de la

1. *Op. cit.*, introduction.

fin de la subjectivité explique peut-être une certaine violence de ton à l'égard de la psychanalyse. C'est pourquoi il arrive que quelques scientifiques, mais surtout des exégètes, se montrent féroces jusqu'à la bêtise avec tout ce qui peut ressembler à la subjectivité.

L'idéologie des neurosciences objective le sujet. Pourquoi un vœu d'objectivation si parfait, sinon parce qu'il correspond à l'extrémité du désir lui-même ? Sa propre infinité le pousse à s'annuler. L'inhumanité fait partie de l'humanité. Cette énorme transgression lui donne son ton euphorique et triomphant. Et si son résultat, comme on le pressent, ne sera pas celui qu'elle cherche, elle aura malgré elle engendré une autre subjectivité : celle que nous aurons lorsqu'un immense ordinateur aura fait la cartographie des gènes jusqu'à leur dernière molécule. À l'heure du déchiffrage de l'ultime séquence, la porte de sortie de la dernière molécule ouvrira la porte d'entrée d'un secret de l'humain qui s'autotraverse, car il réside en dehors de lui. La machine aura bientôt été démontée jusqu'à ses plus petites connexions, et le mystère reste entier : la causalité, traquée dans la forteresse vide du corps, demeure inviolée. Pendant cette autotraversée, nous aurons beaucoup voyagé et aussi beaucoup appris – et nous aurons changé. Nous aurons perdu l'innocence et la paix que cette science avait promis de nous accorder. Second exil d'Éden.

# 26

# CONSÉQUENCE PARADOXALE, C'EST MAINTENANT LE CORPS QUI DEVRAIT SOIGNER L'ÂME. RÉSULTAT : OVERDOSE PHARMACOLOGIQUE

## Localisation et mode d'action du *pharmakon*

Les contradictions du désir inconscient n'engendrent pas des somatisations imaginaires, mais des maladies réelles, et la dimension psychique du symptôme n'empêche pas de traiter ses rejetons organiques les plus voyants. L'angine, les cystites, l'herpès, par exemple, sont des maladies réelles dont la nature infectieuse est surabondamment prouvée, bien que leur causalité soit souvent psychique. Certes, il faut traiter l'infection avec les médicaments adaptés. Mais, si l'on ignore que l'action porte seulement sur des effets, la rechute sera d'autant plus fréquente que l'on croira connaître sa cause. Être informé de la différence entre la cause et les effets ne signifie pas que les antibiotiques seront inutiles, mais qu'il vaut mieux savoir que la répétition indique un autre enjeu. On peut aussi s'obstiner et appeler le médecin, puis en désespoir de cause le chirurgien, puisqu'il existe désormais une « chirurgie psychique ». Il ne s'agit même pas des destructions chirurgicales au niveau de l'hypothalamus proposées aux fins d'amender les conduites des déviants sexuels [1]. Il s'agit de chirurgie prétendant traiter les névroses obsessionnelles ou des épilepsies non organiques [2].

Autre chose encore est l'administration de médicaments destinés à agir sur des symptômes psychiques, sur l'angoisse, l'inhibition, les délires, etc. La psychanalyse ne proscrit pas par principe l'usage des psychotropes (ni plus ni moins que celui de l'alcool ou des drogues en général), dont aucune civilisation ne s'est jamais dispensée. Il faut seulement évaluer son usage en fonction de la structure et à titre de symptôme. C'est un problème de tact. Il va de soi que l'emploi d'antihallucinogènes dans les moments féconds de la psychose représente un grand progrès, alors que l'emploi d'antidépresseurs dans la plupart des dépressions est trompeur et dangereux. La pratique montre avec constance que plus la relation de parole est importante, moins le recours aux médicaments est nécessaire. Et il est de fait également que la prise régulière de médicaments détériore à moyen terme le fonctionnement cérébral, de même que la libido, notamment sexuelle (certains médicaments « guérissent » ainsi la dépression, mais assomment au passage le désir sexuel, ce qui engendre une dépression : il faut donc continuer d'en prendre).

Mais, au-delà de cette appréciation intuitive, il convient d'être plus clair sur le lieu d'impact du médicament. Ces

1. F. Roeder, H. Orthner, D. Müller, « The Stereotaxic Treatment of Pedophile Homosexuality and Other Sexual Deviations », *Proceedings of the 2nd International Conference of Psychosurgery*, Copenhague, 1972.

2. Depuis 2002, il est légal en France de traiter la névrose obsessionnelle au scalpel. Un neurochirurgien nous a confié récemment le cas d'un patient qui déclenchait des crises d'épilepsie chaque fois qu'il entendait prononcer le mot « brosse à dents ». En dépit de la causalité manifestement psychique de son mal, il n'a échappé à la chirurgie que parce qu'elle était trop dangereuse.

précisions donnent une fois de plus la mesure d'un malentendu persistant. Car ce n'est pas au début de son œuvre, ou en de rares occasions, que Freud aurait fait allusion au rôle des neuromédiateurs. On peut trouver au contraire sous sa plume un grand nombre de remarques qui soulignent l'importance de la chimie dans la présentation de certains symptômes, par exemple la neurasthénie et les névroses actuelles [1]. Il faut souligner en effet qu'un événement est rarement producteur d'un symptôme physique. Il régresse préalablement au niveau pulsionnel, et sur cette base de repli la sécrétion de neurotransmetteurs a ses conséquences propres. La meilleure preuve en est que l'administration de médicaments a de l'effet sur les symptômes.

Limitons-nous à un problème clinique important, celui des psychoses. Si l'on cherche à comprendre la place des médicaments en interrogeant leurs différents niveaux d'action, on constate empiriquement les séquences suivantes : sans médicament, un certain événement engendre une angoisse spécifique due à la proximité de la jouissance. Par exemple, un succès à un examen, une conquête sexuelle, l'avènement d'une paternité vont engendrer à court terme un désastre psychique. Selon les formes de la psychose, cette angoisse va provoquer des passages à l'acte, des hallucinations, des délires, etc. Si un antidopaminergique – qui bloque la jouissance – arrête l'angoisse, les inhibitions, etc., il faut penser que l'événement a provoqué une jouissance avant que cette jouissance ne devienne excessive et n'ait comme conséquence

1. Pour prendre la mesure de l'importance de la chimie, il faudrait développer la notion de névrose actuelle, et surtout sa relation à une sexualité infantile, c'est-à-dire pulsionnelle, maintenue. En ce sens, le lien au corps pulsionnel a des effets biochimiques constants, tout au moins tant que la névrose infantile insiste.

des hallucinations, des délires, etc. Les hallucinations ne sont pas causales, mais sont au contraire un résultat. Comme la forme prise par les hallucinations (et plus encore par les délires) dépend de la position subjective et est réorganisée par elle, on pourrait être tenté de chercher une causalité dans ce que les hallucinations et les délires expriment. Ils n'en sont pourtant qu'une conséquence qui reflète souvent mal l'événement situé en amont. Dans la séquence « événement → jouissance → conséquences symptomatiques », le psychotrope a un effet sur le deuxième temps. Il ne joue pas sur l'événement causal.

Certains chercheurs pensent économiser la question de la cause parce que des substances chimiques peuvent provoquer des équivalents de manifestations psychiques. Ils ont par exemple soutenu que, si un certain médicament (ou une drogue) provoque un délire, il fallait en conclure que le délire en général a une cause chimique. Cette réduction du médiateur à la cause réduit la psyché à un organe qui doit être traité comme les autres, même s'il est virtuel [1]. La biochimie et la neurophysiologie ont détrôné la notion de localisation au profit de celle de substance. À un centralisme anatomique a succédé un centralisme biochimique.

Plusieurs laboratoires proposent actuellement une sorte de modèle unique de l'impact des psychotropes sur le paléocerveau. Ces recherches ont privilégié les effets de la dopamine. Quelques neurones à dopamine se trouvent dans l'hypothalamus, mais la majorité se concentre dans une mince région du tronc cérébral : le mésencéphale [2].

1. Voir D. Widlöcher, *Les Psychotropes*, Paris, Les Empêcheurs de penser en rond, 1996.

2. L'hypothalamus ne peut pourtant pas être qualifié de centre du plaisir, il s'agit seulement d'un aiguillon général du plaisir par production de dopamine, dont résulte une sorte de mise en tension dissociée du but.

On a attribué à la dopamine la genèse du plaisir, du comportement sexuel, un rôle dans les comportements sociaux, de même qu'une importance de premier plan dans la genèse des maladies mentales [1]. Les neuroleptiques s'opposent à son action. Cette caractéristique confirme d'ailleurs les thèses de la psychanalyse sur les conséquences d'un excès de jouissance dans les psychoses.

L'aire tegmentale ventrale et le système limbique (non cortical) produisent la dopamine et sont modulés par deux types de neuropeptides [2]. Il existe, d'une part, des produits calmants et euphorisants qui jouent sur les sensations. Ces psychotropes ont prise sur des récepteurs opioïdes sur lesquels peuvent se fixer par exemple la morphine ou la méthadone à la place des neurotransmetteurs naturels (l'enképhaline). Il existe, d'autre part, une série de produits bien distincts : des psychostimulants de vigilance comme la cocaïne, la caféine, les amphétamines, qui peuvent remplacer le transmetteur naturel (la cholecystoquinine). Si les euphorisants ont de l'effet sur les sensations, on en déduira qu'ils portent leur action sur l'aire pulsionnelle droite, tandis que si les psychostimulants augmentent la vigilance, c'est parce qu'ils accélèrent à gauche le débit des mots et des symboles. Les deux grandes catégories de drogues se répartissent selon les aires de la sensation ou celles du langage, mais un effet essentiel doit être souligné : dans l'un et l'autre cas, le résultat est le même [3]. Les euphorisants comme les pro-

1. E. Zarifian, « Hypothèse monoaminergique dans la dépression », *Annales de biologie clinique*, Paris, 1979.

2. B. P. Roques, « Novel Approaches to Targeting Neuropeptides Systems », *Trends Pharmacological Science* 200.21, p. 475-483.

3. Pourtant, les effets intermédiaires diffèrent totalement, puisque l'exposition répétée aux opiacés diminue la taille des neurones dopaminergiques, alors que les psychotimulants augmentent le nombre des épines des neurones dopaminergiques.

duits de vigilance augmentent la production de dopamine (spécialement au niveau du noyau accumbens). N'est-il pas logique que l'endormissement de la pulsion ou l'augmentation du débit symbolique aboutissent au même résultat [1] ? Il faut souligner enfin qu'il suffit que la dopamine soit produite pour que la récompense soit anticipée. Aucune jouissance réelle ne s'est réalisée, mais tout se passe comme si c'était le cas. La dopamine est seulement une prédiction de plaisir qui se substitue au plaisir lui-même [2].

L'antidopaminergique est le mode d'action le plus grossier mis en œuvre avec les premiers médicaments des psychoses, les neuroleptiques (antagonistes des récepteurs dopaminergiques). Une action plus fine est possible aussi en remontant dans l'arbre des médiateurs : la nouvelle génération des médicaments de type Clozapine intervient en amont de la transmission dopaminergique et elle évite ainsi certains effets secondaires [3]. En effet, l'« événement » aura des conséquences plutôt pulsionnelles (par exemple dans la schizophrénie) ou plutôt sur le débit symbolique (comme dans la manie). Ces nuances ont de l'importance, car elles montrent que l'événement peut retentir à des niveaux différents du rapport du sujet au monde, entraînant des modalités variables de l'angoisse, du délire, etc.

1. On peut d'ailleurs expliquer ainsi que certains psychotropes sont, selon la pathologie, des calmants ou des excitants (par exemple les amphétamines ou la nicotine).

2. Il ne faut plus qu'un pas pour remplacer la cause du désir par le manque organique de la drogue : c'est ce pas qu'accomplit le toxicomane. Le toxicomane est dans ce cas celui qui prend aussi bien des drogues légales que des drogues illégales : il s'agit dans les deux cas d'agir sur le médiateur.

3. Ces médicaments portent malheureusement un nom de code qui en dit long sur les vœux de leurs parrains pharmaceutiques : ils les ont appelés « antipsychotiques ».

## Inversion de la cause et de l'effet

Revenons au problème général de la prise de médicaments. Certes, les psychotropes contrecarrent une souffrance, celle qui procède d'une difficulté inconsciente, et leur utilisation ne pose un problème que lorsque l'effet symptomatique est pris pour la cause de l'événement. En ce sens, les nouvelles drogues légales que sont les psychotropes ont les mêmes conséquences que les anciennes : elles empêchent le symptôme de parler et perpétuent donc la souffrance psychique de la même façon. Croire qu'une action sur le médiateur agit sur la cause a des conséquences lourdes. Sauter la marche d'une causalité qui est extérieure à l'organisme revient à renforcer son refoulement. Au nom de cette erreur de raisonnement, l'angoisse et nombre de symptômes qui ne demanderaient qu'à parler sont massivement médicamentés. Positif au départ, le solde s'inverse rapidement.

La neutralisation d'un neurotransmetteur de la douleur anesthésiera une sensation désagréable. L'allégement de la souffrance constitue un progrès important. Pourtant, on conviendra que ce soulagement ne remédie pas au problème dont la douleur témoigne – au risque de contredire mon autruche. Lorsqu'une douleur a une cause organique immédiate, il est important et bénéfique de la soulager. Le praticien qui administre des anesthésiants n'oubliera pas cette origine physique de la souffrance. Mais, lorsqu'il s'agit d'une souffrance psychique dont la cause est refoulée, le médecin fera facilement l'impasse sur son origine, qu'il ignore le plus souvent. L'action sur le médiateur supprimera souvent l'anxiété, l'angoisse, la dépression, etc., mais cela ne modifiera pas la cause, qui restera active. Finalement, l'action sur le médiateur – d'abord bénéfique – va proroger la souffrance. Une angoisse peut être calmée grâce à certaines drogues, et l'on pare ainsi à une souffrance psychique exagérée. Mais le pouvoir anesthésiant de la drogue n'agit pas sur la cause de la douleur, qui une fois endormie refusera de parler. Ce sera une chance si ses effets ne métastasent pas en symptômes organiques ! Est-ce vraiment un avantage, si l'angoisse supprimée réapparaît sous forme d'un ulcère ou d'une tumeur ?

La neurophysiologie montre certaines articulations intra-organiques. Mais cela signifie-t-il que les comportements résultent de ces connexions internes ? La tristesse ne serait plus, par exemple, causée par un amour malheureux ou le décès d'un proche, mais parce qu'une enzyme particulière ne fonctionnerait plus, etc. [1] Les affects, les désirs et les comportements tournent ainsi en circuit fermé, *causa sui* autistique sans rapport avec le milieu extérieur. L'explication de la tristesse par la dépression, par exemple, représente exactement ce que Bachelard appelait un « obstacle verbal » [2].

Dans certaines nurseries américaines, dont l'exemple commence à être suivi en France, des médicaments spécifiques sont administrés aux jeunes enfants qui se balan-

1. Pour étudier le désordre physiologique de la dépression et obtenir un équivalent du stress chez des animaux, certains neurobiologistes ont fait subir des misères brutales ou progressives à différents animaux de laboratoire. Ayant isolé des neurotransmetteurs, ils considèrent avoir ainsi découvert la cause de la dépression. Mais n'est-il pas aveuglant que ce sont leurs sévices qui en sont la cause ? « Les souris dépressives ont spontanément des déficits, tant au plan comportemental que biologique, similaires à ceux que l'on observe chez la majorité des déprimés » (Michel Hamon, « Biologie de la dépression », *Pour la science* 302, 2002).

2. « C'est-à-dire la fausse explication obtenue à l'aide d'un mot explicatif, par cet étrange renversement qui prétend développer la pensée en analysant un concept au lieu d'impliquer un concept particulier dans une synthèse rationnelle » (G. Bachelard, *La Formation de l'esprit scientifique ?*, Paris, PUF, p. 21).

cent dans leur lit. Ce balancement signifie souvent une carence affective grave qui peut annoncer l'autisme. Le médicament guérit le balancement. La carence affective poursuit ainsi ses ravages, alors que la disparition du symptôme soulage l'entourage. La suite est malheureusement prévisible. La croyance organiciste est devenue si puissante que d'hypothétiques lésions du cerveau sont soignées avant même qu'on ne les découvre : ainsi du syndrome désigné aux États-Unis sous le nom de *minimal brain damage*. Des psychiatres américains utilisent avec enthousiasme cette étiquette pour désigner une lésion suspectée à cause des circonstances de l'accouchement et de la périnatalité. Le dommage aurait été trop discret pour être mis en évidence, mais néanmoins des tests ont été mis au point pour dépister cette « atteinte minimale du cerveau », surtout chez des enfants dits hyperactifs des ghettos noirs. Elle leur a valu de larges administrations d'amphétamines dès leur plus jeune âge. La puissance des croyances organicistes est telle que certains chercheurs se sentent obligés de faire des hypothèses organiques même lorsque ce n'est pas nécessaire. Madame Utah Frith, par exemple, a fait d'importantes recherches sur l'autisme en s'intéressant plus spécialement aux fantasmes qui unissent la mère à son enfant. Sans que rien ne l'y oblige dans ses observations, elle a conjecturé l'existence d'une lésion cérébrale, comme si cela devait donner davantage de scientificité à ces travaux [1]. Cette méthode est-elle scientifique ?

1. U. Frith, « A Developpemental Model for Autism », *Autisme infantile,* colloque de l'INSERM, monographie n° 146, Paris, Éditions de l'INSERM, 1987, p. 175-183.

## L'organicisme chemine la tête en bas, ou de préférence sans tête

Sous couvert de scientificité, l'organicisme engendre une profonde déshumanisation de la souffrance, et malheureusement on commence à lui trouver des justifications en France aussi [1]. S'ils devenaient l'instrument d'une pensée unique, les médicaments, après avoir libéré nombre de malades des murs de l'asile, risqueraient de devenir les nouveaux murs. La pensée unique qui correspond à cette politique porte le nom de différentes nomenclatures, dont la plus connue est le DSM IV. Ce manuel fabriqué par les psychiatres américains se présente comme une étude pragmatique appuyée sur des statistiques et destinée à répertorier « objectivement » des symptômes. Les statistiques sont certes souvent un instrument d'appréciation utile. Or, en l'occurrence, les statistiques ne sont pas faites à partir de cas cliniques, mais en demandant aux psychiatres leurs opinions ! De plus, cet abord d'apparence modeste économise le regroupement de ces symptômes selon des entités cliniques. Il n'interroge pas la cause subjective de l'association de plusieurs symptômes. Lorsque les « faits » ne sont pas reliés à la structure qui les engendre, une apparence scientifique se met au service de

1. On lira par exemple sous la plume de Jean-Didier Vincent : « Il n'est paradoxal qu'en apparence d'utiliser une amphétamine, donc un excitant, pour calmer des enfants atteints d'un syndrome hyperkinétique qui les rend agités et agressifs. Il se pourrait que cette agitation traduise un déficit de l'état central en catécholamine que l'amphétamine permettrait de combler » (*Biologie des passions*, Paris, Odile Jacob, 1999, p. 160). De grands mots comme « syndrome hyper-kinétique » ou « catécholamine » masquent qu'un enfant a sûrement ses raisons pour être « agité et agressif ». Il est plus facile de lui administrer des amphétamines que de lui parler et de chercher à comprendre sa souffrance.

la méconnaissance. Ainsi du gouffre d'ignorance qui s'ouvre sous les pieds du praticien s'il dispose du seul DSM IV, maintenant enseigné en France. Car que faire du symptôme s'il n'est pas situé dans sa structure ? Un mal de tête, par exemple, peut être le signe d'une grippe, d'une méningite ou d'un symptôme hystérique. Quels dégâts si de l'aspirine est délivrée dans tous les cas ! Les symptômes isolés sont considérés comme des maladies ordinaires, organiques. Ainsi en a-t-il été, par exemple, de la dépression ou des troubles obsessionnels compulsifs, qui sont des symptômes et non des maladies. Il en résulte des catalogues de symptômes déstructurés, nomenclature qui, avec des compétences limitées, permet l'administration rapide de médicaments [1] ayant un effet sur certains neuromédiateurs. Il en a résulté une simplification qui, sous couvert de pragmatisme, a rompu avec tous les acquis de la psychiatrie classique. Les nouvelles classifications ont fait éclater d'anciennes catégories nosographiques et elles ont même rayé de leur liste une aussi vénérable institution que l'hystérie. Naturellement, ce n'est pas parce que, sous la pression des féministes, les psychiatres américains ferment les yeux sur son existence qu'elle s'est évanouie. L'hystérie n'est plus reconnue comme une structure, mais certains de ses symptômes sont considérés comme des maladies en soi et médicamentés en conséquence. Par exemple, l'insomnie, la tétanie, la dépression, la boulimie, etc. On soigne les conséquences sans s'occuper de la structure dans laquelle elles se produisent. En ce sens, l'hystérie devient non pas

1. Dans de nombreux pays, les prescriptions de médicaments se font à l'aveugle après avoir répertorié différents symptômes numérotés. Les assurances exigent une référence à cette classification dès qu'un problème de responsabilité psychique est évoqué.

une nouvelle pathologie, mais une pathologie à nouveau ignorée, rendue à son état sauvage, en quelque sorte.

À l'université, l'énorme quantité des étudiants en psychologie et le petit nombre de psychiatres en formation sont de plus en plus orientés vers le cognitivisme, le comportementalisme ou le DSM IV. Naturellement, d'autres abords du psychisme sont étudiés, mais ils n'ont plus qu'un rôle secondaire. L'organicisme occupe les lieux de décisions hégémoniques. De sorte que les psychiatres ou les travailleurs de la santé mentale ainsi formés ne comprennent plus rien aux concepts de la vie psychique, qu'ils considèrent comme des vieilleries. Cet état de fait devient d'autant plus préoccupant que ce nouvel organicisme prétend non seulement à l'hégémonie, mais à l'exclusivité, en cherchant à se légitimer, grâce aux neurosciences, de manière infondée. Les neurosciences n'ont rien découvert qui justifie cette nomenclature, et ce n'est pas parce que les psychiatres américains ont fait adopter leur classification par la majorité de l'Association mondiale de psychiatrie que sa valeur scientifique est prouvée. Cet effort pour occuper tous les espaces est pratiqué systématiquement au niveau des États, des organisations internationales de santé et au niveau médiatique. Un organisme aussi puissant que l'OMS, par exemple, considère le cognitivisme et la pharmacologie comme l'abord scientifique de la souffrance psychique, alors que les découvertes de la majorité des médicaments ont été faites de manière empirique et ne résultent nullement des progrès des neurosciences, décidément sollicitées de toutes parts [1].

1. Les recherches pharmacologiques se sont développées antérieurement et parallèlement aux neurosciences. La plupart de leurs découvertes ont été empiriques, mais leurs résultats furent mis au service d'une idée du corps machine.

Tout se passe comme si, au plus haut niveau, des décisions avaient été prises pour aller dans le sens de l'organicisme et marginaliser les compétences dont la rentabilité immédiate n'est pas évaluable. L'économie de marché ne joue la carte des sciences humaines que dans la mesure où elles justifient un « moi autonome » : l'organicisme est son modèle idéal. Des directives ministérielles appliquent cette orientation sans décision parlementaire ni discussion. Dans les centres de soins, la psychiatrie classique est réduite à des travaux d'évaluation, et l'armature de relations humaines de la santé mentale est systématiquement détruite. Des médecins de moins en moins qualifiés distribuent des médicaments dans des proportions extraordinaires à toutes les classes d'âge, y compris aux enfants. Les neurosciences produisent une idéologie qui légitime malheureusement une telle politique.

# 27

# LE DOUBLE VISAGE DE L'HOMME MACHINE DANS LA LITTÉRATURE NEUROSCIENTIFIQUE

Certains considèrent la science comme un monstre froid et objectif : c'est au contraire une extraordinaire machine onirique dont la puissance développe un rêve de toujours, celui de l'homme machine, notre frère, notre clone. Il est déjà parmi nous avec tant d'aisance parce que nous l'attendions. Depuis longtemps, nous rêvions de robots, de mécaniques, d'esclaves prêts à nous servir. Nous rêvions de les commander, nous qui le sommes ! Ces automates nous débarrasseraient de notre part machinique, nous qui sommes si peu assurés de notre liberté. La neuroscience engendre une littérature qui rallume les rêves les plus lointains de l'humanité. Une fois évaluée la puissance de ces rêves, on mesure leur présence dans les ouvrages scientifiques ou de vulgarisation les plus sérieux.

## Deux sortes de publications

Les publications des neurosciences présentent deux visages : ce Janus découvre l'un de ses profils dans des revues spécialisées qui expliquent les objectifs de recherche, les procédures et les découvertes. Dans ce cadre aride, l'interprétation des résultats se réduit au minimum. L'on découvrira son autre profil dans des revues destinées au grand public ou des livres aux titres imposants. Dans ce cadre moins austère, les techniques et les procédures ne sont pas détaillées. En revanche, l'interprétation des résultats prend beaucoup d'extension. Leur style enthousiaste laisse entendre que les problèmes les plus intimes de l'homme sont sur le point d'être résolus. Plusieurs de ces « grands livres », parfois écrits par des Prix Nobel, comportent un versant franchement philosophique. En réalité, une nouvelle discipline vient de naître : la « neurophilosophie » [1], dont les éclaireurs, comme Paul Churchland, se déclarent prêts à dévorer tout cru l'ensemble des philosophies passées, considérant la neuroscience comme une « révolution égale à celle de Copernic et de Darwin [2] ».

Les excès n'ont pas manqué. La perspective d'une « neurobiologie de la conscience » a parfois entamé prématurément sa crédibilité en exposant des thèses quelque peu réductrices, comme celles de Daniel C. Dennett [3]. De même, si l'on suivait les démonstrations de Walter J. Freeman, l'apprentissage se déroulerait sur le fond de

1. K. Popper et J. Eccles, *op. cit* ; P. Churchland, *Neurophilosophy : Towards a Unified Science of the Mind-Brain*, Cambridge Mass., MIT Press, 1986 ; C. Debru, *Bioéthique et Culture*, Paris, Vrin, 1991.

2. P. Churchland, *Matter and Consciousness : a Contemporary Introduction to the Philosophy of Mind*, Cambridge Mass., MIT Press, 1984, p. 481.

3. D. C. Dennett, *La Conscience expliquée*, Paris, Odile Jacob, 1993. Selon cet auteur, l'image du monde se construirait sur la base de la structure neuronique (*neuronal network*). Cette bizarre recherche de l'animal sous l'homme est vectorialisée du dedans au dehors, et l'on ne comprend pas clairement son rapport avec le processus d'hominisation, qui semble plutôt structuré par un apprentissage qui va de l'extérieur vers l'intérieur.

l'« univers chaotique » du cerveau, et l'olfaction ouvrirait la voie de la structuration des neurones : un état mental organisé apparaîtrait au moment de l'inspiration pulmonaire, alors que l'expiration reconduirait au chaos [1]. Les croyances les plus curieuses se sont répandues au nom des nerfs, du gène et de l'ordinateur. Les recherches actuelles sur le cerveau engendrent des espoirs compréhensibles, mais aussi des fantasmes assez étonnants (dont on espère qu'ils surprennent les chercheurs eux-mêmes). Dans *Le Monde diplomatique* d'août 2001, un article intitulé *Neurosciences kamikazes*, de Mariano Sigman [2], explique le programme de recherches de l'institut Riken au Japon : ses différents objectifs sont programmés par tranche de cinq ans ; vers 2020, « nous aurons rendu le cerveau immortel et nous lui aurons fabriqué un support technique grâce auquel il pourra continuer de s'exprimer et d'exister ». Le lecteur se demande alors si des cerveaux vont vivre sans corps (?) et si une vie non sexuée sera créée. Mais il lira un peu plus loin : « Dans quinze ans, on pourra créer des ordinateurs pourvus de qualités intellectuelles, émotionnelles et capables d'éprouver des sentiments tels que le désir. » Mais qui désireront-ils ? Un autre ordinateur ? Un être humain ? Une sexuation leur permettra-t-elle d'assouvir ce désir ? Et le même lecteur se dira alors que le désir sexuel ayant comme conséquence la reproduction, l'immortalité revendiquée quelques lignes plus haut s'invalide.

Dans certains ouvrages, l'auteur est par avance certain de l'imminence d'une découverte qui, selon lui, ne saurait résister à l'immense panoplie d'instruments qui la

1. W. J. Freeman, « The Psychology of Perception », *Scientific American* 264, p. 78-85.

2. Mariano Sigman est chercheur à l'université Rockefeller (New York).

scrute [1]. L'outil d'investigation est à lui seul l'occasion d'une intense jubilation. La quatrième de couverture du livre de Julien Barry, *Neurobiologie de la pensée*, annonce que les neurosciences « ouvrent sur la maîtrise de notre phénotype neurocérébral et de ses dérèglements et même de notre "statut existentiel" subjectif vécu, *révolution sans aucun équivalent historique* » (souligné par cet auteur). Cette euphorie a sans doute plus de motifs que celle de La Mettrie imaginant que nous n'étions qu'un corps machine dont on saurait un jour démonter tous les rouages ! Mais ne s'agit-il pas de la même certitude emphatique [2] ?

## Double portée : scientifique, puis idéologique

Cependant, c'est à un autre niveau qu'il convient d'examiner le double aspect de la littérature neuroscientifique. Exemplaire à cet égard, le premier livre de Jean-Pierre Changeux, *L'Homme neuronal*, a lancé un style qui a fait école [3].

1. « La neurobiologie de la conscience [...] se prête à des investigations spécifiques très fines et discriminatives, dans la mesure même où certains de ses corrélats neuro-cérébraux peuvent êtres estimés à partir de moyennes référentielles et d'opérations soustractives différentielles (automatisables) par résonance magnétique (IRM) à pouvoir séparateur plus élevé que celui de la TEP, associées à la magnéto-encéphalographie (MEG) en temps réel, plus rapide que la TEP » (Julien Barry, *op. cit.*, p. 13).

2. Toutes proportions gardées, cette exultation engendrée par les succès neuro-anatomiques évoque le triomphe passé de la phrénologie, lorsqu'en 1825 Franz Joseph Gall montra, statistiques en main, qu'il suffisait de palper la surface d'un crâne pour connaître les caractéristiques de son propriétaire.

3. Plusieurs travaux de J.-P. Changeux ont été cités dans les pages précédentes pour leur grande importance scientifique. Les pages qui suivent sont critiques à l'égard de son idéologie. Mais, même de ce point de vue, la sorte d'extrémisme de ses positions a eu une grande importance, et elle reste un ferment utile pour la pensée ce qu'il convient de souligner en guise d'hommage.

Si, depuis sa publication de nouvelles découvertes ont été faites, l'idéologie reste la même : elle plaide pour l'autarcie d'un corps machine. Lorsqu'il écrit : « Rien ne s'oppose plus désormais, sur le plan théorique, à ce que les conduites de l'homme soient décrites en termes d'activités neuronales. Il est grand temps que l'homme neuronal entre en scène [1] ! », J.-P. Changeux semble reprendre le flambeau des Lumières contre la religion, dont la défaite prochaine est annoncée : « Après avoir laïcisé l'anatomie du cerveau humain, laïcisons son activité ! » *L'Homme neuronal* propose une forme de pensée nouvelle dont la méthode bouleverse les abords antérieurs du corps machine. D'un côté, il apporte des informations utiles sur la neurophysiologie du cerveau. De l'autre, il en tire des considérations philosophiques ou plutôt idéologiques. Les premières se veulent la preuve des secondes, alors que ces opinions méritent discussion. L'idéologie des neurosciences ne propose d'ailleurs pas des idées ou de grandes conceptions du monde. Elle présente seulement des faits : chacun d'entre eux est indiscutable. Mais leur mise en série propose une causalité et des explications qui, elles, méritent discussion. Dans cet interstice se glisse un nouveau scientisme, différent de celui qui l'a précédé, parce qu'il ne propose pas une conception du monde grâce à la science. Le résultat de cette apparente humilité est redoutable.

Premier fait : aucune particularité du matériel neurologique ne distingue l'huître de l'homme. Un tel constat justifierait à l'avance les analogies avec l'animal et semble donner raison à J.-P. Changeux lorsqu'il compare la sexualité du grillon à celle de l'être humain. Quand un grillon chante afin de séduire une compagne, l'observateur peut écrire un graphe de ses vibrations nerveuses, qui correspondent aux variations de son

1. *L'Homme neuronal*, *op. cit.* p. 159.

appétit sexuel [1]. Cette démonstration caractérise un glissement constant : le médiateur (« le réseau particulier ») est donné comme la cause (un « comportement [...] intégralement déterminé ») de l'excitation sexuelle. Tout se passe en circuit fermé, comme si la compagne du grillon ne jouait aucun rôle dans les émotions de l'insecte [2] !

Ce glissement révèle une erreur de méthode. Certes, la sexualité ne se réalise pas si certaines conditions physico-chimiques, physiologiques, etc., ne sont pas réunies. Mais ces conditions de possibilité sont-elles la cause du désir ? Prendre la condition pour la cause correspond au rêve de débarrasser la sexualité de tout désir. Le désir sexuel confronte chacun à l'altérité : le corps jouit par la médiation d'un autre (réel ou fantasmé) et la potentialité orgastique dépend de ce rapport. Ce mystère de l'orgasme va-t-il être enfin révélé par les neurosciences ? Depuis la nuit des temps, les religions ont réglementé la jouissance sexuelle, permettant ainsi la reproduction d'une espèce menacée par les contradictions de son propre désir. Freud a dégagé la rationalité de ces mythes en les ramenant à leurs invariants inconscients. Mais nous allons enfin nous débarrasser de ce fatras grâce à la neurophysiologie ! Rien de plus facile à comprendre que l'orgasme : l'acétylcholine le déclenche au niveau du septum (comment n'y a-t-on pas pensé plus tôt ?) : « L'orgasme ne se manifeste pas par une conduite ouverte sur le monde extérieur, mais comme une sensation subjective, une expérience interne. » Martyr de la masturbation, Diogène possédait

1. « Avec le chant du grillon, [...] on peut affirmer sans risque de confusion que son comportement est intégralement déterminé par un réseau particulier, un graphe du neurone et par les impulsions qui y circulent. »

2. Sous couvert de matérialisme, ce schéma retombe sur une autarcie équivalente à celle de l'idéalisme (le monde est un rêve).

encore peu d'arguments pour nier le désir avec un aplomb qui néglige l'expérience la plus ordinaire.

L'erreur de méthode concerne d'ailleurs les appétits les plus élémentaires. Les sensations de soif et de souffrance, par exemple, sont relayées par des neurotransmetteurs. Mais cela autorise-t-il à prendre le médiateur pour une cause, comme le fait J.-P. Changeux lorsqu'il écrit : « Alors pourquoi pas une substance de la soif, une autre de la douleur ou du plaisir, et plus généralement un codage chimique du comportement ? » Dans cette description, la faim, la soif, etc., sont confondues avec la *sensation* de faim, de soif, etc., et cette sensation elle-même est ensuite réduite à son neurotransmetteur. De sorte que le transmetteur se présente en maître d'œuvre. On pourrait penser que, si un être vivant a soif, c'est parce qu'il manque d'eau. Mais, comme l'eau se trouve à l'extérieur du corps et puisqu'il s'agit de démontrer une sorte d'autisme de la sensation, le neurotransmetteur devient la cause. Grâce à ce coup de baguette magique, la faim et la soif résultent du transmetteur de la sensation et non du manque d'eau, de nourriture, etc. Hélas ! si l'on supprime la sensation de soif en agissant sur le médiateur adéquat, cela n'empêchera pas l'organisme de se déshydrater !

Le vice de méthode de cette littérature neurophysiologique consiste à prendre le moyen pour la cause, et l'organe de transmission pour un poste de commande. On peut lire, par exemple, dans *L'Homme neuronal* : « La faculté de jouir comme celle de souffrir est inscrite dans nos neurones et dans nos synapses [...] le plus souvent ces signaux sont des peptides : boire avec l'angiotensine II, manger avec la cholecystokinine, faire l'amour avec l'hormone lhrh [1] » (bonjour, madame). Cette description donne l'impression que le corps fonctionne en boucle et

1. *Op. cit.*

se manigance tout seul, sans nous. Virtuellement, l'être humain s'imagine libre et responsable, alors que, réellement, les cellules et leurs sécrétions se débrouillent sans lui, comme des grandes : « Quelques milliers de neurones, un point précis de l'hypothalamus, *décident en définitive* de l'équilibre énergétique de l'homme [...] et de la perpétuation de l'espèce [1]. » Voilà une opération métaphysique qui rétablit d'un coup une transcendance et légitime une causalité qui, ayant disparu des cieux, apparaît maintenant au plus secret des cellules. Une détermination absolue de l'être devient intérieure à l'être : « Les comportements les plus fondamentaux de la vie de l'homme ne dépendent que d'un pour cent des volumes totaux de l'encéphale, et le triple codage connectionnel, électrique et chimique s'applique *sans détour à leur déterminisme* [2]. »

## Nombreuse postérité du Janus littéraire des neurosciences

Le livre de J.-P. Changeux est à l'origine, en France, d'un style de pensée qui a fait nombre d'adeptes. On choisira parmi eux Jean-Didier Vincent, dont l'ouvrage *Biologie des passions* repose sur la même idée de l'homme machine. Il emploie d'autres outils, ceux de la neuroendocrinologie : les méthodes varient, l'enjeu reste le même. Le nerveux et l'hormonal se différencient par leurs modes de communication [3]. J.-D. Vincent qualifie le cerveau hormonal de

1. Souligné par J.-P. Changeux.

2. Je n'ai pu m'empêcher de souligner ce passage avec une malice toute neuronale. Je n'y suis pour rien : le neurotransmetteur concerné plaidera en ma faveur.

3. « Éloignement, diffusion et durée de l'action hormonale s'opposent donc au caractère local, immédiat et discret de l'action neuromédiatrice » (J.-D. Vincent, *op. cit.*, p. 39).

« cerveau flou », responsable de la part affective et passionnée de l'individu, qui serait superposé à un second cerveau, « neuronal câblé », responsable des fonctions sensori-motrices cognitives et rationnelles. On ne s'attardera pas sur cette répartition entre le « mouillé » (affectif) et le « sec » (calculateur), dont le degré de scientificité est discutable.

Examinons plutôt un concept spécifique de la neuroendocrinologie, celui de *feed-back*, qui déploie avec originalité la même philosophie autarcique que celle des neurosciences. Le *feed-back* donne au circuit fermé de la causalité un tour amusant : certains centres sécrètent des humeurs qui engendrent divers résultats, ces effets ayant eux-mêmes en retour une action de régulation sur les centres dont ils sont les effets [1]. Dans ce système homéostatique, ces renvois reconnaissent une dépendance de l'organisme par rapport au monde extérieur. Mais cette dépendance s'annule finalement au profit d'une loi interne.

Cette philosophie plus souple rejoint ainsi l'idée d'un corps machine. La barrière hémato-encéphalique [2] impose un fléchage qui oriente le *feed-back*. Un certain lieu, l'encéphale, doit être isolé pour assurer les fonctions du reste de l'organisme. Une telle division entre le cerveau et le corps empêche de considérer le *feed-back*

1. L'hypothalamus, par exemple, sécrète des hormones adénohypophysaires qui activent elles-mêmes la sécrétion de diverses hormones grâce à des glandes périphériques. En retour, ces glandes réagissent sur l'adénohypophyse ou sur l'hypothalamus. Il existe aussi un *feed-back* court, dans lequel les hormones hypophysaires rétroagissent directement sur l'hypothalamus.

2. Le cerveau produit certaines hormones qui agissent sur l'organisme. Ce dernier peut produire à son tour des hormones, mais le cerveau est protégé de ces productions secondaires par une barrière dite hémato-encéphalique.

comme un système global (bien qu'il soit efficace localement). Considéré localement dans un certain milieu intérieur, le *feed-back* résout de nombreux problèmes : par exemple, la physiologie des hormones. Mais il engendre l'idée d'une causalité circulaire, ou plutôt d'une suite d'effets circulaires, qui, pour n'être pas infinis, doivent s'inscrire dans un autre ensemble [1]. Si le *feed-back* hormonal était considéré globalement, le cerveau serait une glande au service d'un fonctionnement autistique du corps. On se demanderait alors une nouvelle fois où se trouve le poste de commande, escamoté par le tournage en rond de ce *feed-back* global. Et l'on assisterait au même glissement que dans la physiologie neuronale. Si quelqu'un ressent une sensation de soif, ce n'est pas parce qu'il manque d'eau, mais à cause de l'élévation de la pression contre les parois (dite osmotique) au-delà d'un certain seuil.

Relativement vérifié pour le système hormonal, le *feed-back*, l'homéostase, la cybernétique ne concernent d'ailleurs pas la vie psychique : il n'existe pas de « milieu intérieur » psychique stable qui s'autorégulerait à chaque perturbation. La vie psychique fomente un déséquilibre constant : le désir est plus grand que ses réalisations successives et le symptôme traduit la constance de cette dysharmonie. Chaque principe psychique se couple à son opposé : la pulsion de vie avec la pulsion de mort, le conscient avec l'inconscient, le plaisir avec la réalité, la pensée avec la perception, etc. La monnaie homéostatique n'a pas cours dans ce royaume, dont le désordre même produit du rêve, par exemple celui de la cybernétique qui lui apporterait enfin la paix.

1. La production des hormones, justement, le montre bien. Prenons un exemple parmi les plus visibles : un grand nombre de dérèglements thyroïdiens se régulent pendant une psychanalyse.

Bien que son humour montre qu'il n'adhère pas complètement à ses propres thèses [1], Jean-Didier Vincent attribue un rôle causal à certaines cellules (comme Jean-Pierre Changeux). Il constate, par exemple, que certaines cellules interstitielles (les cellules gliales) des souris influent sur leurs capacités d'allaitement, et il en conclut : « C'est donc la manière d'être au monde d'un individu – passion maternelle – et la survie de ses petits qui sont conditionnées ici par les mouvements de quelques milliers de cellules non neuronales dans une région très limitée du cerveau. » L'accumulation de tels exemples prépare le lecteur à des définitions organicistes du désir (dont on espère qu'elles doivent beaucoup à la provocation) : il suffit, par exemple, de saupoudrer une étroite parcelle de l'hypothalamus d'une pincée de lulibérine pour déclencher un désir sexuel violent. À la sécrétion de ce peptide, qualifié de « peptide du désir », succède au moment de l'orgasme un autre type de peptide : les endorphines, qui sont qualifiées, pour leur part, de « peptides du repos du guerrier ». Voilà des dénominations imagées, à la suite desquelles la conclusion s'impose : « Que savons-nous après tout des peptides sécrétés par le cerveau du jeune Œdipe lorsqu'il fut privé du sein de sa mère ? » Une fois la brèche ouverte sur le front principal, l'auteur accumule les exemples destinés à ranger la pulsion et le désir sous le drapeau de la neuroendocrinologie. Ainsi en va-t-il des désordres alimentaires : « Sans qu'on en ait la preuve formelle, il n'est pas

1. Il est le premier à critiquer sa méthode : « Il ne s'agit pas d'expliquer par la biologie des conduites qui sont le propre de l'homme, mais de céder pour un instant aux délices du raisonnement analogique dont nous dénoncions plus haut les méfaits et de montrer les équivalences entre certaines situations amoureuses et ce qui se passe au sein des systèmes de communication dans l'organisme » (*op. cit.*, p. 267).

interdit de penser que quelque élément de nature biochimique est à l'œuvre dans le cerveau de l'anorexique, qu'il s'agisse de l'absence d'une substance propre à déclencher l'appétit ou, au contraire, de l'excès d'un facteur responsable de la satiété [1]. » Selon une rhétorique dont il ne se départit jamais, l'auteur affirme d'abord « l'importance des facteurs socio-affectifs et notamment le rôle de la famille dans la genèse d'une telle affection [2] ». Mais, au bout du compte, le désir se réduit à un appétit hormonal, dont c'est lui faire trop d'honneur que de le comparer à celui du rat, car il ne diffère en rien de celui des moisissures : « Dans un pot de levain de boulanger [...] des millions de cellules font l'amour. [...] Un facteur a été isolé dans les membranes des levures ; il provoque, par reconnaissance d'un récepteur spécifique, l'attraction réciproque des deux partenaires. Or ce peptide a une séquence d'acides aminés très voisine de celle de la lulibérine, dont il reconnaît le récepteur... Du verre de levain au balcon de Juliette, le même peptide est à l'œuvre [3]. »

Pour Jean-Didier Vincent, l'affaire ne fait pas de doute : entre la prolactine, la lulibérine et la dopamine, c'est « à l'intérieur, par le jeu des hormones, qu'advient l'essentiel du désir [4] ». Comme ce serait pratique ! Hélas, le désir n'est pas une affaire d'hormones, même dans les cas extrêmes : les chroniques des harems montrent que la

1. *Ibid.*, p. 78.
2. *Ibid.*, p. 80.
3. *Ibid.*, p. 242.
4. *Ibid.*, p. 269 : « Le comportement est un caractère sexuel au même titre que la crinière, la barbe et les génitoires. Comme celle-ci, il est le résultat de l'action différenciatrice des hormones embryonnaires. Pour que le cerveau puisse plus tard faire le mâle, il faut qu'il soit soumis avant la naissance à l'action masculinisante de la testostérone, sinon l'individu sera incapable de se conduire en mâle avec une femelle. »

castration n'élimine pas le désir sexuel. La castration n'entraîne qu'une diminution progressive des capacités sexuelles et n'enlève rien à l'amour. De même, l'impuissance des personnes âgées ne procède pas de la diminution de la testostérone. L'injection d'hormones mâles n'arrange pas leurs affaires et les laisse froids. C'est le désir, plus que les glandes, qui a vieilli. La dégénérescence des systèmes désirants commande la machine.

Pour compléter le florilège des révélations neuroscientifiques sur le désir, on citera l'odeur, surtout celle de l'haleine, qui selon Claude Aron jouerait un rôle secret, mais puissant, d'excitant sexuel [1]. On apprend aussi que les sécrétions prépuciales de l'homme auraient une odeur de bois de santal et que leur parfum aurait un pouvoir attractif pour la femme et répulsif pour l'homme [2]. Comment peut-on, au nom de la science, contredire à ce point l'expérience la plus ordinaire du désir ? Voilà un mystère dont on attend de connaître l'hormone ! De même, le biologiste G. Dörner a cherché à montrer que l'orientation hétérosexuelle ou homosexuelle d'un enfant serait infléchie par la production d'hormones de sa mère pendant la grossesse, variable selon les chocs émotionnels qu'elle subit. Étudiant une population de 1 000 hommes nés entre 1934 et 1948, il a noté une plus grande fréquence de l'homosexualité chez ceux qui furent conçus pendant la guerre. Le *stress* maternel aurait, selon lui, engendré une insuffisance de testostérone [3]. La croyance en une organi-

1. C. Aron, « La neurobiologie du comportement sexuel des mammifères », *in* J. Delacour (éd.), *Neurobiologie des comportements*, Paris, Hermann, 1984.

2. Tran Ky, F. Drouard, D. Descombes, *Les Racines du sexe*, Paris, Presses de la Renaissance, 1985.

3. G. Dörner, F. Götz, W. D. Döcke, « Prevention of Demasculinization and Feminization of the Brain in Perinatally Stressed Male Rats by Perinatal Androgen Treatment », *Exp. Clin. Endocrinal*, 1983, 81 : 88-90.

cité des symptômes obture à l'avance la recherche. L'absence des pères partis à la guerre ne semble pas venir une seconde à l'idée de ce chercheur. Il n'envisage pas un instant que l'homosexualité des hommes puisse résulter du lien spécial des mères aux fils en l'absence des pères.

Il n'est nul besoin d'expérimentations poussées pour reconnaître que le désir sexuel n'a de relations qu'indirectes avec les médiateurs hormonaux. Les autistes sont dépourvus de désir sexuel quand ils grandissent, en dépit de l'intégrité de leur système hormonal. Leurs érections sont dissociées de tout érotisme. De même, dans certaines psychoses, la relation sexuelle est d'une extrême complication, et sa réalisation provoque souvent le délire et des hallucinations. La relation sexuelle en général n'est d'ailleurs pas des plus simples pour les névrosés, et bien des rituels sociaux, sans rapport avec les nécessités organiques, participent à sa réalisation. Est-ce la lulibérine qui impose le mariage ? Et la notamine, l'union libre ? La sexualité humaine réclame une mise en scène complexe et un certain degré de transgression. (Trouvera-t-on un jour l'hormone du fétiche et le gène du talon aiguille ?) Impossible de localiser un centre du plaisir sexuel, et l'orage neurovégétatif provoqué par le transport amoureux embrase l'ensemble des structures nerveuses. Cette explosion va jusqu'à suspendre un instant la conscience. Cette caractéristique a amené Changeux à comparer l'orgasme et la crise d'épilepsie. Sans doute à juste titre, mais selon une démarche qui ravale l'orgasme à une variété d'épilepsie. Il faut concevoir au contraire que le corps imite la transe sexuelle dans certaines crises névrotiques [1].

1. Avant toute expérimentation, on peut prédire que l'orgasme animal (si on peut utiliser le même terme) ne provoque jamais un état comparable du cerveau. On peut d'ailleurs conjecturer aussi que les animaux ne sont pas sujets à l'épilepsie (sauf lésion organique, naturellement).

En dépit des dénégations et de la prudence antiréductionniste de quelques-uns, le même schéma insiste. Pour citer encore une fois l'un de ceux qui s'autocritiquent le plus souvent, J.-D. Vincent explicite cette sorte de volonté de ravaler finalement le désir à la chimie de l'inanimé à un en deçà de la vie. Lorsqu'il affirme par exemple que « hormones et neurotransmetteurs devancent l'apparition des systèmes endocriniens et nerveux. On pourrait presque dire que les médiateurs précèdent l'apparition de la vie », il magnifie la sorte d'exaltation suicidaire qui anime si souvent la littérature des neurosciences. D'où provient un attrait si puissant pour l'inanimé, une telle fascination de la pulsion de mort ?

## 28

# CHASSÉ-CROISÉ DE LA SCIENCE ET DE SON SUJET

### Retour du sujet dans les neurosciences

La chaîne des causes et des effets remonte toujours plus haut. Chaque nouvelle découverte passe pour le moteur de la machine. Puis elle apparaît à son tour comme un effet, lui aussi en quête de sa cause (qui apparaîtra, elle aussi, comme un effet, etc.). L'organisme est démonté sans que se pose la question du sujet qui l'anime. Pourquoi s'interroger sur un hypothétique maître d'œuvre dont on ne trouve nulle trace dans ses appareillages ? S'il existait, il ne serait qu'une conséquence lointaine, une sorte de libéralité concédée par la programmation secrète de la cellule. Dans la mesure où elles veulent le ramener à une objectivité organique (qu'elle soit hormonale, génétique, moléculaire, etc.), les neurosciences opèrent une réduction « physicaliste » du sujet [1]. Ce dernier pose alors un problème insoluble dans son

1. Cette réduction n'est pas plus nouvelle que sa critique : Leibniz faisait déjà remarquer dans la *Monadologie* que, même si l'on pouvait visiter le corps comme un moulin, on n'y trouverait jamais que des pièces détachées dont aucune ne permettrait de comprendre le fonctionnement de l'ensemble.

propre système, puisqu'il est incompatible avec un déterminisme neurologique.

Depuis *The Astonishing Hypothesis*, comment préserver un minimum d'existence au sujet si, comme l'écrit Francis Crick, « nos joies et nos peines, nos souvenirs et nos ambitions, notre sens d'une identité personnelle et de libre arbitre ne sont rien d'autre que la résultante de vastes ensembles de neurones et de leurs molécules associées [1] ». Pour Francis Crick, la conscience est une forme de mémoire à court terme supportée par l'interconnexion de nombreux réseaux dont notre destin réalise le programme. Les publications de ceux qui accréditent ces thèses présentent la même caractéristique : elles s'appuient sur la neurobiologie ; mais elles remettent à plus tard la solution de problèmes aussi importants que ceux de la subjectivité ou de la conscience.

Comme la subjectivité est rejetée de la recherche par une conception scientiste de l'objectivité, une sorte de préconcept a été mis en circulation, celui de « qualia » : il désigne les aspects qualitatifs et subjectifs d'un événement. Mais quel est son avenir ? G. M. Edelman et G. Tononi posent le problème dans des termes qui laissent penser qu'il n'apportera pas de solution : « Enfin, conformément à notre conception de l'observateur conscient, le présupposé des qualias stipule que, les aspects qualitatifs et subjectifs de la conscience étant privés, ils ne peuvent être communiqués directement par le truchement d'une théorie scientifique, laquelle par nature est publique et intersubjective [2]. » Comment la conscience va-t-elle devenir un objet scientifique si on lui retire la

1. F. Crick, *L'Hypothèse stupéfiante : à la recherche scientifique de l'âme*, Paris, Plon, 1995.

2. G. M. Edelman, G. Tononi, *Comment la matière devient conscience ?, op. cit.*

subjectivité ? Impossible de parler de conscience sans son sujet !

Le terme de qualia cherche à préserver objectivement la subjectivité. Certains neuroscientifiques comme Élisabeth Pacherie [1] divisent la conscience entre conscience cognitive (conscience de quelque chose) et conscience phénoménale, qui concerne la subjectivité et l'expérience (les qualias). Quelques chercheurs, tel David Chalmers [2], vont jusqu'à considérer que le fossé entre ces deux modalités de la conscience serait infranchissable. Il propose donc des modèles de traitement de l'information et de la dynamique causale uniquement cognitifs. Et comme, par principe, on ne peut rien dire des qualia, autant se débarrasser complètement de cette hypothèse, ce que fait par exemple D. Dennett [3].

Et la subjectivité ne trouve toujours pas sa place, de sorte que l'on assiste à la naissance d'hypothèses destinées à la réhabiliter. Dans cette situation « philosophique » inextricable, le sujet se réintroduit par des voies surprenantes : certains chercheurs prêtent à la matière une sorte de volonté immanente. Ainsi, dans son livre publié en 1992, *Bright Air, Brilliant Fire*, G. M. Edelman a soutenu l'hypothèse d'une sorte de darwinisme neuronal. Des groupes de neurones seraient en compétition pour la représentation du monde. Les connexions synaptiques se transforment pendant toute la vie au prix de luttes intenses. Edelman interprète cet affrontement comme une sorte de lutte intracérébrale entre les forces du progrès et celles de la régression. La forte expression de darwinisme neuronal impose l'idée qu'un affrontement de cellules

1. É. Pacherie, *Naturaliser l'intentionnalité*, Paris, PUF, 1993.
2. D. Chalmers, *The Conscious Mind*, New York, Oxford University Press, 1996.
3. D. Dennett, *La Conscience expliquée*, Paris, Odile Jacob, 1994.

ressemble à celui de populations en lutte pour leur survie. Cette belligérance des assemblées de neurones correspond à une sorte de subjectivation de la matière, à une tentative de localisation d'un introuvable sujet au niveau des armées de neurones.

D'autres neurobiologistes de renom, dont quelques Prix Nobel, ont cherché eux aussi à localiser un sujet de l'action dans l'organique. J. C. Eccles, dans son livre *Évolution du cerveau et création de la conscience*, imagine une interaction de l'esprit et du cerveau qu'il localise dans la synapse et dans le jeu des exocytoses vésiculaires [1] : « Chez l'être humain, la conscience trouve son expression en permettant l'exocytose des milliards de boutons que contient le néocortex [2]. » Eccles intitule l'un de ses chapitres : « Production d'événements neuraux par des événements mentaux ». Articuler le psychisme au cérébral au niveau de la fente synaptique propose la métaphore hardie d'un vide fondateur. Si par la suite J. C. Eccles a maintenu cette hypothèse, il l'a relativisée en donnant plus clairement la prééminence à l'événement psychique sur l'événement cérébral [3]. Les dernières thèses d'Eccles importent davantage d'un point de vue psychanalytique. Il soutient en effet que les événements psychiques et la pensée peuvent modifier le phénotype à l'échelon synaptique.

1. Une exocytose est le phénomène selon lequel une bulle intraneuronique vient crever à sa surface, lâchant son contenu dans la faute synaptique. Par un curieux hasard, il se trouve que Freud a été l'un des premiers chercheurs à faire l'hypothèse des synapses. À la même époque, en 1894, Ramon y Cajal conjectura le premier que la mémoire correspond à des changements physiologiques au niveau synaptique.

2. Paris, Fayard, 1992.

3. En particulier dans *Comment la conscience contrôle le cerveau*, Paris, Fayard, 1997.

On remarque enfin l'apparition d'un curieux irrationalisme postmoderne forgé avec les outils mêmes du rationalisme. Étant donné que certains scientifiques – spécialistes ou non des neurosciences – refusent de se dispenser de la subjectivité (qui ne commande rien de moins que la conscience), ils cherchent à la réintroduire, par exemple en interprétant en ce sens des concepts encore obscurs de la physique quantique. Prenant encore plus d'altitude pour utiliser le matérialisme comme marchepied d'un nouveau spiritualisme, certains physiciens accordent une place au psychique au sein de leur austère discipline. Connu pour ses travaux sur la relativité générale, Roger Penrose, physicien à l'université d'Oxford, est l'un des plus actifs partisans d'une explication des problèmes posés par la mécanique quantique grâce au psychisme. L'« esprit » viendra, selon lui, pallier en même temps les lacunes de la physique moderne et de la neurobiologie [1]. De même, Brian D. Josephson, physicien à Cambridge, prix Nobel en 1973 pour la découverte d'un effet quantique qui porte son nom, milite en faveur d'un champ unifié du physique et du psychique capable d'inclure les expériences mystiques et l'occultisme. De telles hypothèses, fréquentes et hétéroclites, laissent penser que les avancées de la science débouchent ici sur une impasse. La question d'une « science du sujet » se trouve en tout cas posée.

## Du sujet de la science à la science du sujet

Les travaux de K. Popper ont imposé pendant plusieurs décennies une conception de la science dont le cri-

1. R. Penrose, *The Emperors New Mind : Concerning Computer's Mind and the Laws of Physic*, New York, Oxford University Press, 1989.

tère majeur était l'exclusion du sujet. Certaines disciplines ont ainsi été rangées sous la bannière de cette science, même si leurs découvertes résultaient d'expérimentations empiriques (par exemple la pharmacologie). Certaines procédures de légitimation se sont également imposées, parmi lesquelles la récursivité, la falsifiabilité, une expérimentation reproductible par n'importe quel autre expert dans des circonstances identiques. Ces exigences poppériennes vont dans le même sens : on s'assure ainsi que la thèse est bien débarrassée de toute subjectivité.

Ce problème ne se pose pas pour la psychanalyse, car au contraire le sujet est justement ce que l'expérience fait naître. Cela ne veut pas dire que l'expérimentation est impossible, mais elle est corroborée dans un autre ordre que pour les sciences dures, grâce à une collection de sujets. La cure permet de subjectiver des traumatismes inconscients, et par là même de réduire les conséquences symptomatiques. Comme un traumatisme se produit toujours dans des circonstances propres à une seule personne, son expérience n'est ni généralisable, ni reproductible. Après coup, on tire les invariants communs à plusieurs cures. En quelque sorte, la psychanalyse s'expérimente à l'envers. Certes, chaque cas est particulier et on ne peut expérimenter des êtres humains comme des animaux de laboratoire. Mais plusieurs analyses peuvent être mises en série et il apparaît des régularités qui peuvent être ensuite vérifiées dans d'autres cas. Selon Israël Rosenfield, une vérification scientifique de la psychanalyse serait impossible : « Certaines choses tout simplement ne peuvent pas être répétées. Ce qui ne les rend pas moins vraies pour autant [1]. » Voilà un raisonnement qui pourrait concerner n'importe

1. I. Rosenfield, *La Mégalomanie de Freud*, Paris, Seuil, 2000.

quelle science de la nature ! Aucun arbre ne ressemble à un autre arbre, et chaque feuille de chacun de ces arbres diffère de sa voisine. On peut pourtant extraire de leurs caractéristiques communes des règles générales ! De même, en analyse, chaque cas est singulier, mais il n'en correspond pas moins à des types, des genres. Il fait apparaître des règles de formation du symptôme (selon une logique, certes, non aristotélicienne) et du comportement. Ce qui est ainsi généralisable appartient au domaine de la science, même s'il est très désagréable pour chacun de nous de reconnaître que nous ne sommes pas aussi uniques que nous l'imaginons [1]. Il existe une science singulière de chaque inconscient, et en ce sens il faut accepter qu'elle déroge à la définition de la science selon Aristote, pour lequel il n'est de science que de l'universel. À un autre niveau, bien que la particularité de la cure d'un patient ne soit pas généralisable, la mise en série de plusieurs cures est généralisable et relève de la science selon Aristote.

La science ordinaire fait des hypothèses, les expérimente et construit enfin une thèse dont la communauté des experts demande qu'elle soit débarrassée de toute subjectivité. Pour la psychanalyse, l'expérience vient d'abord, fidèle en cela au précepte de Newton : *hypothesis non fingo*. D'un côté, le patient doit subjectiver cette expérience et, d'un autre côté, au même moment, le psychanalyste peut en faire la théorie. Freud n'a pas

1. Ce désagrément vaut aussi pour les scientifiques qui refusent la scientificité de la psychanalyse. Aristote écrivit : « Toute pratique et toute production portent sur l'individuel : ce n'est pas l'Homme en effet que guérit le médecin traitant, sinon par accident, mais Callias ou Socrate, ou quelque autre individu ainsi désigné qui se trouve accidentellement être un homme » (*Métaphysique*, Paris, Vrin, 1986, p. 6).

cherché à construire des théories à partir d'une hypothèse, il a dégagé des faits inaperçus (les lapsus, les rêves, les actes manqués, etc.). La théorie est venue plus tard. Il écrivit par exemple dans une lettre à Ferenczi : « J'estime que l'on ne doit pas faire de théories – elles doivent tomber à l'improviste dans notre maison, alors qu'on est occupé à l'examen des détails. » C'était dire, en somme, que la mise en ordre des résultats est toujours susceptible de « falsification » – pour reprendre cette notion de Popper [1].

Les sciences ordinaires et la psychanalyse présentent un rapport inversé entre la thèse et la subjectivité. Il faut saisir la sorte de chassé-croisé, de difficulté à s'appréhender l'une l'autre qui existe entre la science et la psychanalyse. Ce rapport d'inversion a participé de la naissance de la psychanalyse. À partir de *L'Esquisse* [2], elle se constitua comme science, créant ses propres concepts et revisitant ceux qu'elle emprunta à la neurologie, à la psychiatrie, à la thermodynamique, voire à la philosophie. Pourtant, cette coupure épistémologique signe l'acte de naissance de la psychanalyse de manière étrange, car elle fonctionne à rebours des autres

1. Popper a fait preuve à l'égard de Freud d'une grande méconnaissance, sinon de mauvaise foi. Il est vrai que la méthode freudienne n'est pas seulement corroborée par son effet thérapeutique. Elle a donné un aperçu inédit sur le désir, sur les religions, l'histoire, les philosophies, et cette découverte avait de quoi inquiéter la raison traditionnelle incarnée – entre autres – par Popper.

2. Freud avait essayé de résoudre les problèmes posés par le symptôme avec les modèles du système nerveux et des connexions interneuronales. Mais il échoua et ne publia jamais *L'Esquisse pour une psychologie scientifique* : il lui fallut recourir à un autre appareillage, celui de la parole, qui préexiste à un système neuronal auquel elle donne son pli.

sciences [1]. Lorsque certains savoirs deviennent scientifiques, ils abandonnent ce qu'il y eut de subjectif dans leurs prémisses. La psychanalyse suivit un chemin inverse pour rétablir au contraire les droits de la subjectivité.

Une fois la neurologie abandonnée, Freud affirma toujours que sa découverte était désormais détachée de la physiologie nerveuse [2]. Des neurophysiologistes comme Edelman et Tononi vont d'ailleurs dans le même sens lorsqu'ils renoncent à localiser une aire de la conscience, dont, écrivent-ils, on ne trouvera jamais les déterminations dans le cortex puisque « les fonctions supérieures du cerveau exigent des interactions à la fois avec le monde et avec d'autres personnes [3] ». Cette remarque pourtant autorisée reste assez peu partagée par des chercheurs dont la méconnaissance de la subjectivité a été le principe.

Quoi qu'il en soit, il est exorbitant d'exiger de la psychanalyse des procédures de validation qui ne correspondent pas à sa méthode. Elle ne saurait se plier à des critères d'objectivité qui sont en réalité ceux de l'objectivation du sujet. La compréhension de cette spécificité est un préalable pour les chercheurs qui veulent examiner les relations entre l'activité psychique et l'activité cérébrale. Marc Jeannerod remarque par exemple dans *Esprit, où es-tu ?* à propos des progrès et des points de butée des neurosciences : « Comment ne pas voir dans ce renouvellement technolo-

1. La coupure épistémologique, définie par Bachelard et Althusser, correspond à la suture du sujet. Le passage de la non-science à la science se fait lorsque la production d'un savoir suture son sujet. Le paradigme qui en procède et sa reproduction ont ensuite leur effet propre, indépendamment de l'inventeur.

2. Il écrivit par exemple : « Pour le moment, notre topique psychique n'a rien à voir avec l'anatomie » (« L'inconscient » [1915], *Métapsychologie*, *op. cit.*).

3. G. M. Edelman et G. Tononi, *Comment la matière devient conscience ?*, *op. cit.*, p. 10.

gique et conceptuel les raisons d'un rapprochement de plus en plus étroit avec la psychologie [1] ? » Ce rapprochement serait selon lui le préalable d'un débat utile entre neuroscientifiques et psychanalystes... « Faute de quoi la seule perspective serait celle d'un *ignorabimus*, d'un dualisme autosatisfait, et, en définitive, d'un obscurantisme masqué. » Mais s'agit-il vraiment d'opérer des rapprochements conceptuels ? Il faut d'abord remarquer qu'il s'agit moins d'une ignorance mutuelle que de la position croisée qu'occupent le savoir et son sujet.

## Une science désuture ce qu'une autre science a suturé

À quoi sert la psychanalyse ? Elle a d'abord été inventée à des fins thérapeutiques et, dans ce registre, elle subjective le savoir inconscient, qui se cristallise dans les symptômes. Que se passa-t-il au moment d'un événement traumatisant ? Le sujet ne voulut pas le savoir, et ce savoir ressurgit ensuite : le symptôme écrit sur le corps ce que le sujet a voulu ignorer. Les formations de l'inconscient, ces impressions pulsionnelles fixées lors d'un traumatisme, sont les vestiges d'un moment dont le sujet soudain figé ressemble à ces corps retrouvés dans les cendres de Pompéi. La sujectivation de la parole lui redonne vie au point où l'événement le paralysa. La cure psychanalytique permet une telle libération, qui advient avec le sujet qui manquait à un savoir inconscient. L'acte analytique libère le sujet d'une science impersonnelle, parcourant ainsi le chemin inverse de la suture de la science.

1. M. Jeannerod, *Esprit, où es-tu ? Psychanalyse et neurosciences*, *op. cit.*, p. 71.

Le symptôme abrite un savoir particulier sous une présentation généralisable : chaque expression de l'inconscient condense un traumatisme passé que des symboles actuels remémorent. Chacune est unique : un certain rêve ou un certain lapsus, par exemple, sont des formations que personne ne produisit auparavant. En revanche, les symptômes physiques qui en résultent se ressemblent souvent et peuvent être classifiés en genres. Les formations de l'inconscient, dont les présentations varient infiniment, se symptomatisent de manière relativement uniforme. Une migraine, par exemple, n'a aucune singularité. Un médecin peut la décrire objectivement, sans tenir compte des particularités psychiques dont elle procède, qui relèvent du savoir d'un seul sujet. De même, on peut répertorier les façons de vivre : les comportements amoureux, sociaux, alimentaires, etc., selon des caractéristiques généralisables. Enfin, les symptômes et les comportements dévoilent un troisième ordre de savoir, celui de la structure : grâce à la somme des formations de l'inconscient, des symptômes et des comportements, on saura qu'il s'agit d'une névrose, d'une psychose ou d'une perversion.

L'art du psychanalyste consiste à attraper au vol le savoir singulier de l'analysant et à l'extraire du savoir désubjectivé qui l'occulte dans le symptôme. Le petit détail incongru, le petit bout retourné du savoir singulier est unique, mais il appartient en même temps à une science générale : grâce à lui, le particulier chevauche le général. La singularité du savoir de l'inconscient ressemble à une feuille d'arbre : elle appartient à la généralité des feuilles, bien qu'elle se différencie de ses sœurs passées, présentes et futures. Il faut ajouter que le savoir général occulte le savoir particulier : dès que l'on décrit la feuille, sa spécificité disparaît derrière les termes généraux. De plus, ce savoir général n'est pas utile au progrès de la cure. Il serait même nuisible de le révéler à l'analysant, car il serait objectivant. Pour espérer quelque efficacité, il faut attendre l'apparition des particularités du savoir inconscient qui engendrent le symptôme. Seuls importent les détails uniques de l'histoire du traumatisme [1]. Pour situer les singularités du discours de son analysant, l'analyste dispose de la théorie psychanalytique, qui lui permet de saisir les répétitions et les régularités symptomatiques (elles ont la même valeur que l'expérimentation). La singularité d'un savoir particulier (occurrence unique d'un savoir général) peut resubjectiver le symptôme (ce savoir sans sujet). Mais ce n'est pas le savoir qui est opérationnel dans la cure.

Comment subjectiver un savoir ? Comme toute science, le savoir de l'inconscient se passe du sujet, mais il possède en outre la particularité de ne pas être réflexif : c'est un savoir qui s'ignore lui-même. L'analyste ne délivre pas un savoir aux vertus curatives. Il n'enseigne pas une sagesse qui permettrait de se faire une raison devant un mal inévitable. Gémellaire du « je » qui parle, la présence de l'analyste engendre l'étincelle subjective qui défait l'objectivation du symptôme. La libération ne vient pas d'un savoir, qui n'est qu'un bénéfice après coup d'ailleurs inconstant [2]. La présence de l'analyste subjective :

1. Dans *Les Études sur l'hystérie* de Freud, Lucy R. souffre d'une rhinite purulente (symptôme général) et elle a souvent l'impression de sentir une odeur de cigare. Cette sorte d'hallucination recouvre le souvenir d'un traumatisme sexuel. Le symptôme de rhinite purulente précipite à l'évocation d'un symbole – l'odeur de cigare –, selon un passage du subjectif à l'objectif qui occulte le trauma. La singularité d'un traumatisme se désubjective en passant à la généralité du symptôme (c'est sa fonction). L'effacement d'un savoir particulier par une présentation générale résulte de la régression pulsionnelle des formations de l'inconscient. Lorsque l'odeur de cigare s'associe à ce qu'elle représente (le trauma sexuel), le sujet se libère du symptôme.

2. La plupart des analysants ne sauraient dire ce qui les a soulagés.

elle rend le savoir inconscient du symptôme à sa réflexivité, et, tels ces êtres de la nuit qui meurent avec le jour, ce savoir s'éteint dès qu'il se sait lui-même. La présence de l'analyste permet à son patient d'être lui-même présent à son propre dire, et cet acte de « rendre conscient » détache le symptôme du corps. Le savoir de l'inconscient se découvre grâce au transfert qui lui résiste : une fois attrapé par son brin subjectif, le nœud du symptôme se desserre, se fantasmatise et pousse à l'action (« Travaille ! Aime ! Jouis de la vie ! »)

Nombre d'analystes pensent souvent eux-mêmes que leur pratique s'oppose à la science : en réalité, elle s'oppose d'abord au savoir de l'inconscient. Un analysant demande à être soulagé de la science dont témoigne son inconscient. Les calculs si fins du symptôme le piègent régulièrement et, si le psychanalyste est « contre » la science, c'est dans la mesure où son acte subjective cette objectivation. Il certifie que l'existence du sujet précède les déterminismes. Il n'en est pas la conséquence, mais la condition. Les analystes commencent eux-mêmes par résister, par ne rien comprendre au problème de chaque nouveau patient. Grâce à cette résistance, la présence de l'analyste subjective le savoir inconscient, et par conséquent elle soulage ses formations symptomatiques. L'inconscient compte et rend malade, la présence de l'analyste décompte – le sujet enfermé dans cette prison.

Le soulagement du corps qui résulte de l'acte analytique donne au sujet une liberté qu'il n'avait jamais connue avant, car c'est souvent depuis l'enfance qu'il vivait au-dessous de sa puissance. La cure ne délivre pas un savoir nouveau, mais elle découvre un sujet du savoir inconscient. Il s'agit d'ailleurs d'une libération plutôt que d'une liberté. Un sujet se soulage de ses symptômes et se débrouille ensuite avec son désir plutôt qu'avec le destin qui lui est échu [1].

## Existe-t-il une liberté du sujet en dépit de la science (de l'inconscient) ?

Pour établir la position respective du sujet et du savoir, il faut d'abord examiner ce qui détermine le premier, qui est de l'ordre d'un savoir. La première détermination que subit un sujet, c'est d'être l'objet de la jouissance de l'Autre, ce qu'il accepte jusqu'à un certain point, au-delà duquel il rejette la jouissance en excès. Si la jouissance se réalisait jusqu'au bout, le corps ravi se réduirait à la boulimie d'une bouche, à un anus en défécation continue, à un chant sans fin, à une éjaculation infinie. Ce corps « pur objet » n'aurait d'autre sujet que l'Autre du désir. Le refoulement impose une limite, non parce que le sujet se refuserait à la jouissance – au contraire, il adore ça –, mais parce que la jouissance jusqu'au bout l'annulerait. La limitation ne succède pas à un interdit ou à l'éducation : elle est la condition d'une subjectivité qui impose une limite à ce que pourtant elle veut. La modalité selon laquelle un sujet s'oppose à ce qui le détermine constitue son symptôme (dont la psychanalyse actualise le sujet). Cette limite correspond à la naissance d'un sujet, au moment où il rejette l'objectivation. Le premier cri de l'enfant illustre ce rejet, qui le situe lui-même comme intériorité par rapport à cet extérieur rejeté. Un

1. Cette libération diffère de celle du sage à la mode de Spinoza, qui accepte ce contre quoi il ne peut lutter, parce qu'il aurait appris à le connaître. Dans l'analyse, il ne s'agit pas de la découverte d'un savoir, mais de la sujectivation d'un savoir inconscient, dont la présentation ordinaire est le symptôme.

animal ne crie pas en naissant. Il naît, rien n'est plus simple. À quoi aurait-il à dire non si tôt ?

S'il était défini uniquement par ce rejet, le sujet ne serait qu'un effet, dont il faudrait conjecturer l'existence pour rendre compte de la conscience et du libre arbitre. Mais ce pauvre sujet n'apparaîtrait ainsi que comme un élément covariant, handicapé par les mastodontes cybernétiques qui l'entourent, à commencer par l'inconscient ! L'inconscient dispose de redoutables banques de données où sont stockés les détails infimes du roman familial, mis au pli de la culture locale et de l'histoire phylogénétique de l'humanité : devant les déterminismes d'une telle machinerie, comment maintenir l'hypothèse d'un sujet pour définir ce qui ressemble bien davantage à un objet, simple marionnette de l'inconscient ?

Un tel sujet se réduirait à celui qui nie cette machinerie. Maître de la négation, « il » échapperait ainsi aux déterminismes, serait libre à la mesure de sa trahison. Dès sa naissance, sa liberté consisterait à dire non en criant, et plus tard les symptômes relaieraient cette négation [1]. Mais l'acte de dire non n'échappe pas aux déterminismes : c'est seulement une contre-détermination, qui donne l'illusion de la liberté. Le sujet reste l'effet d'une conjoncture dans laquelle il se débat. « Il » n'est qu'un héroïque résistant, qui sait peut-être se faire respecter, mais manque d'identité positive. En effet, la négation refoule les déterminismes qui, devenus inconscients, continuent de piloter le sujet sans qu'il s'en rende compte : il est commandé par ce qu'il ignore, et sa prétendue liberté n'est qu'un affect proportionnel à son inconscience. On peut ainsi contester l'existence d'une quelconque liberté

1. Freud évoque cette négation par le cri dans *L'Esquisse*. Il développe le même point de vue dans *La Dénégation*, en montrant comment le rejet des pulsions achemine vers le jugement et la pensée.

puisque tout semble déterminé. L'expérience n'atteste d'ailleurs que trop du poids des oracles sur nos destins. Le sujet humain est à cet égard moins libre que n'importe quel animal, qui, adéquat à son être, réalise ses instincts sans états d'âme. Quelle différence de liberté entre l'homme et ses frères inférieurs, qui habitent leur corps avec tant de naturel ! Quelle que soit l'aisance d'un homme, il n'est jamais tout à fait adéquat à son organisme, dont il reste séparé par l'épaisseur du langage. Égaux à eux-mêmes, les animaux sont plus libres que les hommes [1].

Existe-t-il une autre liberté que celle de nier les déterminismes ? Ce problème reste sans issue sans le concept de surdétermination. Nombre de philosophes évaluent mal la différence entre détermination et surdétermination [2]. Les philosophes de la conscience considèrent la conscience intentionnelle comme transcendante : elle n'appartient pas au monde, puisqu'elle le constitue. Pour eux, le sujet de la conscience se localise à l'extérieur de ce dont il est conscient. Depuis Kant (et philosophe après philosophe), le sujet transcendantal affirme contre l'évidence la gratuité de la liberté (alors qu'elle a un prix). L'Ego transcendantal (qui désigne ce qui échappe à l'expérience, mais permet sa réalisation) ne saurait obéir aux lois de la causalité : on

1. Auguste Comte évoque « la spontanéité animale qui consiste surtout à être déterminé par des motifs intérieurs » (*Système de politique positive*, *op. cit.*, t. I, p. 578-580). C'est sans doute à cause de cette plénitude que les religions polythéistes les présentaient comme des dieux.

2. La surdétermination diffère des déterminations. C'est d'ailleurs à cause de l'énigme qu'elle pose que les hommes se lancent à la recherche des déterminations. Cette causalité subjective les déconcerte vraiment : ils aimeraient se débarrasser de la responsabilité qu'elle implique, qui les fait se sentir coupables de presque tout ce qui leur arrive, même quand ils n'y sont pour rien.

ne peut l'étudier avec les méthodes des sciences de la nature, et il résiste au déterminisme psychique, à la déviation objectiviste qui, selon Husserl, aurait été la « fatale erreur d'aiguillage » de Freud. Si le sujet était déterminé, il serait un objet, et l'on ne pourrait parler ni de sujet ni de sujet de la conscience.

Mais Freud n'a jamais parlé de déterminisme ! Il a au contraire introduit le concept de surdétermination [1]. Surdétermination ne signifie pas causalité multiple, mais une causation qui comporte à l'intérieur d'elle-même sa propre contradiction. C'est par exemple le cas du trauma sexuel qui se produit lorsque l'amour engendre la peur d'être violé(e) par la personne aimée elle-même. La causalité d'un symptôme résulte de déterminismes contradictoires qui, pris isolément, n'expliquent rien. C'est pourquoi on ne peut le guérir par des explications. La liberté ne commence qu'avec des déterminations si contradictoires entre elles qu'elles obligent le sujet à choisir. Cette liberté forcée et paradoxale de l'homme reconnaît en même temps son aliénation. L'inconscient fonctionne à la surdétermination, qui oblige le sujet à choisir entre plusieurs possibilités. La causalité et la liberté sont ainsi également inévitables. C'est d'ailleurs rendre compte de l'expérience : le sujet sait non seulement réagir, mais il agit. Loin d'être passif, ce bon petit diable se trouve malgré tout au poste de commande du conscient comme de l'inconscient. Il ouvre sa prison avec la clef de la contradiction.

Sa liberté s'affirme donc en deux temps ; d'une part, grâce à la négation, d'autre part, grâce au choix qui qua-

1. Freud introduisit le concept de surdétermination dans la *Traumdeutung*, lorsqu'il apparut nécessaire de sortir de la logique aristotélicienne pour démêler le nœud formé par plusieurs chaînes de pensées contradictoires souvent produites par une seule image de rêve.

lifie sa liberté forcée. L'acte de dire non initie une liberté qui reste piégée dans ce contre quoi le sujet lutte. Ce n'est plus le cas lorsqu'il faut faire un choix. Une telle surdétermination ne s'affranchit pourtant pas de la causalité, puisqu'elle se décide à partir des déterminations. Il s'agit donc d'une liberté relative, mais pourtant entière. Le sujet ne renie pas les déterminismes (comment le pourrait-il ?), mais entre deux termes l'un sera choisi, tandis que l'autre persistera sous une forme déniée. À une causalité contradictoire le sujet oppose une dénégation : il ne se soumet pas aux déterminismes, que sa rébellion reconnaît pourtant dénégativement. Par exemple, le père est à la fois aimé et détesté. Si le sujet choisit consciemment l'amour, la part détestée refera surface sous la forme d'un objet phobique, présentation déniée de la haine du père. La dénégation maintient la contradiction en faisant un choix : elle est l'indice grammatical de la surdétermination.

On aurait pu penser que les jeux sont joués depuis l'enfance et que, lorsque le sujet agit joyeusement, la liberté est seulement l'affect euphorique de son inconscience. Cette liberté devient moins amusante lorsqu'elle correspond à un choix. La subjectivité renouvelle ainsi le problème de la causalité et du déterminisme. Les déterminations psychiques sont dialectiquement contradictoires (contrairement aux déterminations naturelles) et ce qui cause le désir humain ne se situe pas dans l'ordre d'une réponse à ce qui serait écrit depuis toujours, mais au contraire dans une innovation au-delà de toute détermination. Cet écart entre une causalité toujours future du sujet et les déterminismes situe la psychanalyse par rapport aux autres sciences. Naturellement, en tant que science, la psychanalyse traite de déterminismes : mais le sujet humain ne veut pas de ces déterminismes qu'il refoule ! Il agit, et ce qu'il refoule en même temps cause un désir qui l'appelle en avant de lui.

Opposés aux thèses de l'homme machine, les sensualistes comparaient le cerveau à un marbre brut sculpté par une main extérieure. Cette métaphore poétique oublie pourtant la surdétermination subjective : car à peine le marbre commence-t-il à être modelé qu'il s'anime, qu'il entre lui-même en scène, se déplie, agit, au point que son activité dispose autrement le plan voulu pour lui, c'est-à-dire les déterminations. Le sujet dit non à ce qui le détermine, à cette main du sculpteur qu'il aime et renie. Le marbre prend forme sous le coup de cet amour renié. La structure psychique procède de la façon dont un sujet dit non au désir de l'Autre. Ces modalités de la négation par rapport au déterminisme se résument au refoulement pour les névroses, au déni pour les perversions, à la forclusion pour les psychoses. Le sujet lui-même est plus grand que les contraintes auxquelles il résiste. Il ne se réduit à aucune détermination. En effet, maître de la négation, il précède forcément ce dans quoi il est engagé. Sans cette liberté du sujet, la psychanalyse serait vide de sens et elle constituerait, au mieux, un exercice rééducatif sans espoir. Elle a au contraire un sens grâce à cette libre position du sujet, qui commande une structure à laquelle il échappe : la cure psychanalytique sert ce qui la dépasse.

SCHÉMAS

Tous les schémas sont extraits de : Henri Rouvière, André Delmas, *Anatomie humaine. Descriptive, topographique, fonctionnelle,* Édition Masson, t. IV « Système nerveux central, voies et centres nerveux », 15e éd. révisée par Vincent Delmas, 2002 (voir, respectivement, p. 170, 171, 326, 286, 287, 348, 354 et 257).

Ils sont reproduits et adaptés avec l'autorisation des Éditions Masson.

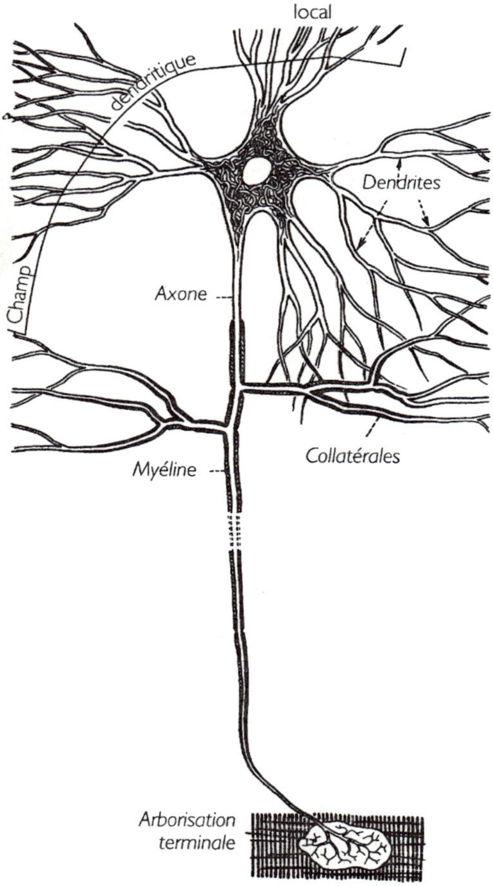


**Schéma 1.** Le neurone.

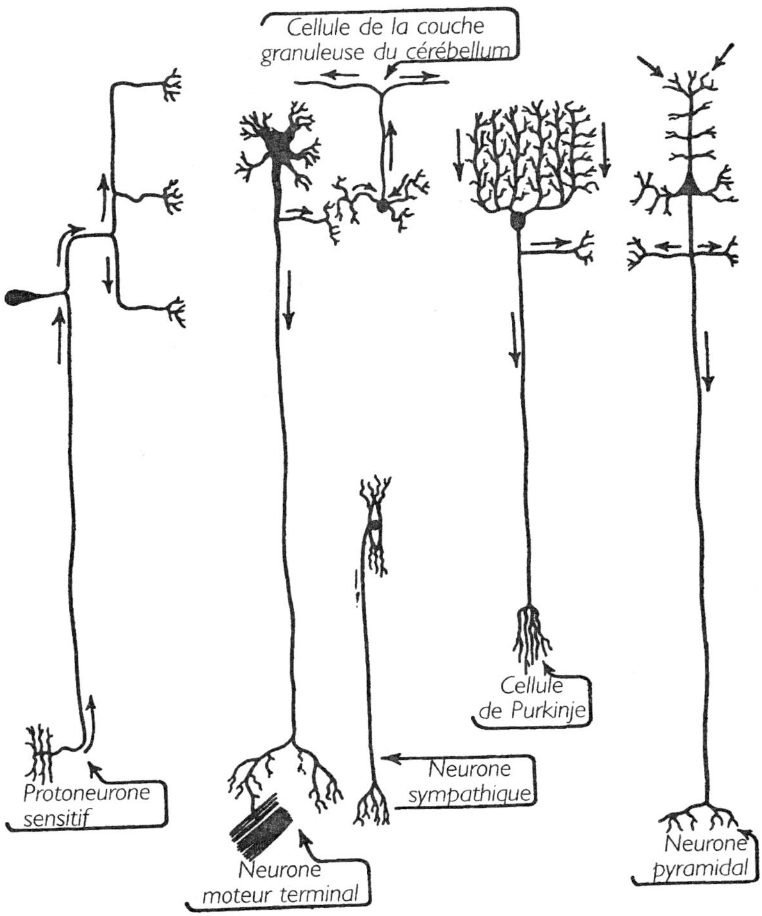


**Schéma 2.** Différents types de neurones (d'après Bayley modifié).

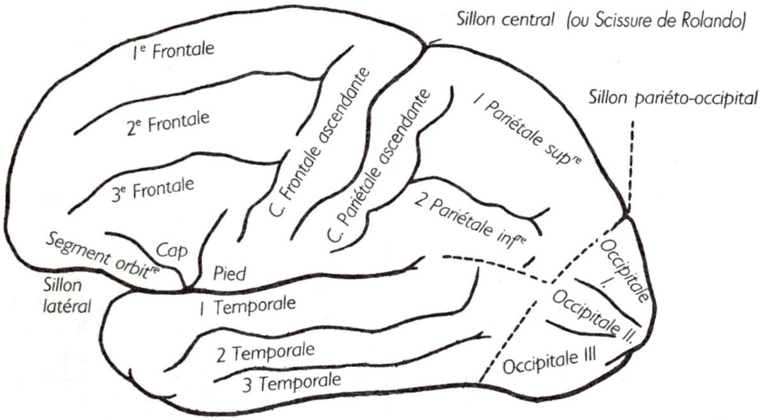


**Schéma 3.** Schéma de la face latérale de l'hémisphère cérébral gauche.

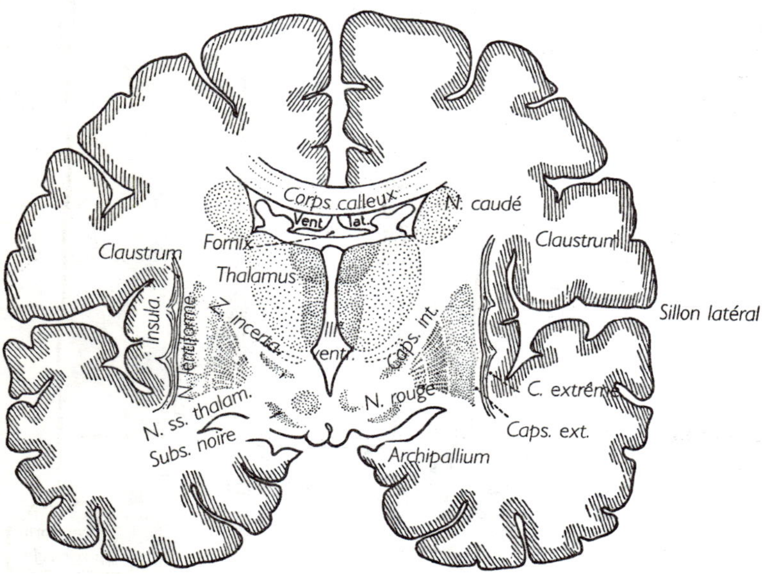


**Schéma 4.** Coupe de Charcot schématique.

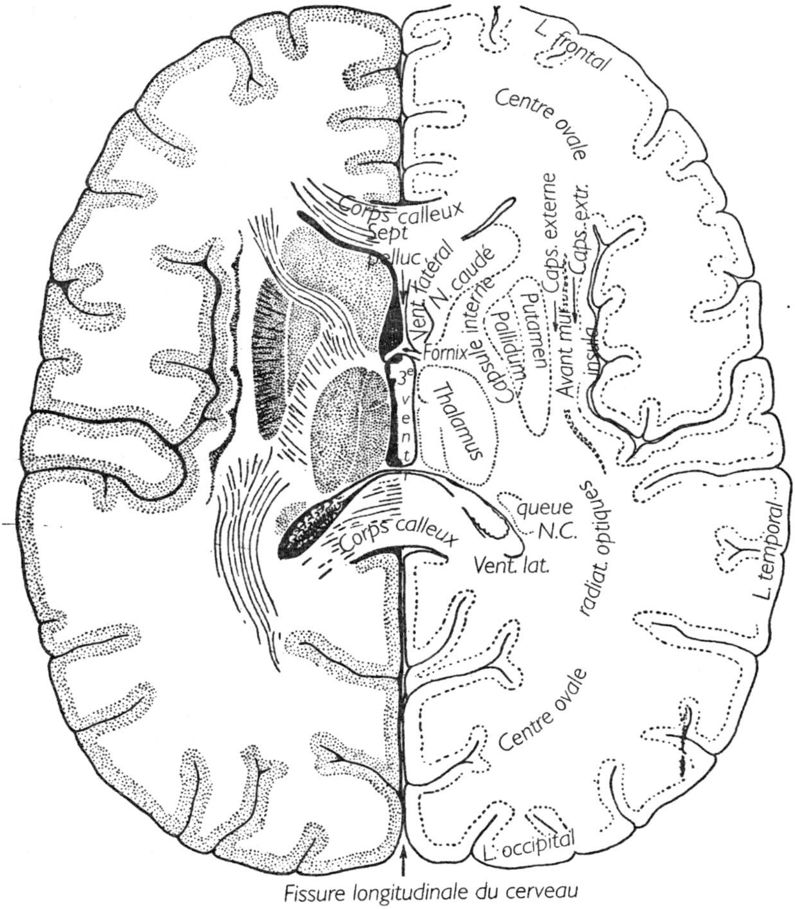


**Schéma 5.** Coupe horizontale du cerveau ou coupe de Flechsig.

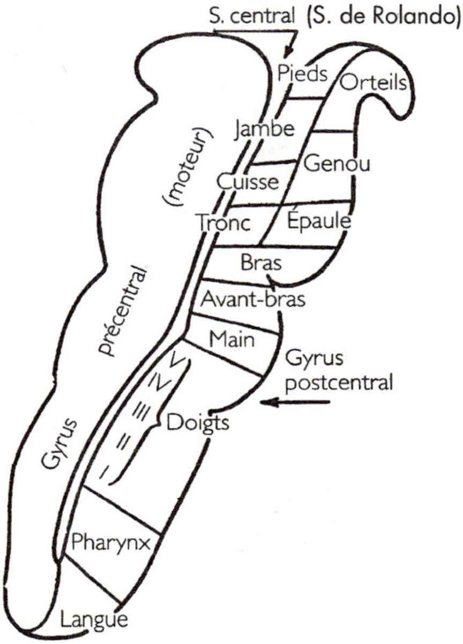


**Schéma 6.** Projection sur le gyrus postcentral (ou circonvolution pariétale ascendante) des territoires sensitifs du corps.

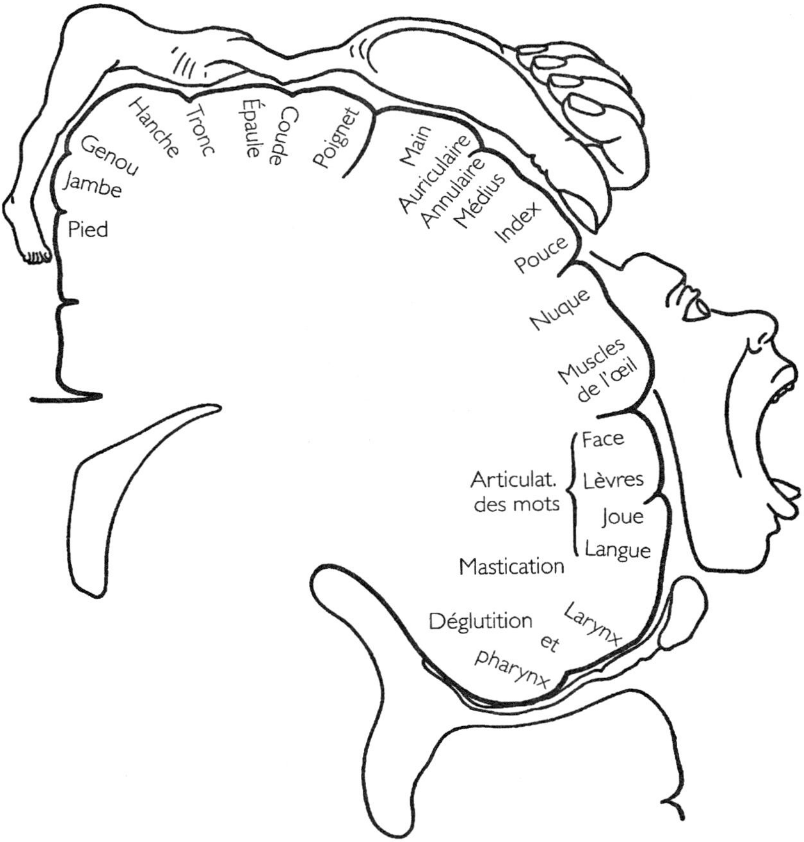


**Schéma 7.** Représentation des aires motrices le long de la frontale ascendante (d'après Penfield et Rasmussen).

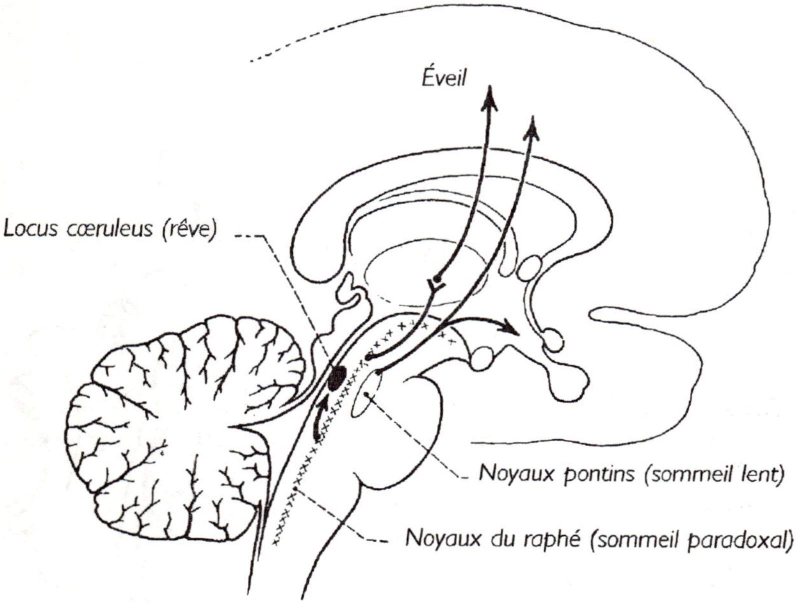


**Schéma 8.** Les centres du sommeil et de l'éveil localisés dans la formation réticulaire du tronc cérébral.

# BIBLIOGRAPHIE

ANDERSON, M. C., GREEN, C., « Suppressing Unwanted Memo-ries by Executive Control », *Nature* 410, 2001, p. 366-369.

ARISTOTE, *La Politique*, Paris, Vrin, 1986 ;

– *De l'interprétation*, Paris, Vrin, 1969 ;

– *Métaphysique*, Paris, Vrin, 1986.

ARON, C., « La neurobiologie du comportement sexuel des mammifères », *in* J. Delacour (éd), *Neurobiologie des comportements*, Paris, Hermann, 1984.

ATLAN, H., *La Fin du « tout-génétique » ? Vers de nouveaux paradigmes en biologie*. Paris, éditions de l'INRA, 1999 ;

– *Entre le cristal et la fumée. Essai sur l'organisation du vivant*, Paris, Seuil, 1979.

BACHELARD, G., *La Formation de l'esprit scientifique* [1938], Paris, PUF, 1995.

BADDELEY, A., *La Mémoire humaine. Théorie et pratique*, Grenoble, Presses universitaires de Grenoble, 1993.

BALPE, J.-P., « La programmation du sens », *in* Yves Michaux (dir.), *Le Cerveau, le langage, le sens*, Paris, Odile Jacob, 2002, p. 343-346.

BARRY, J., *Neurobiologie de la pensée*, Paris, Presses universitaires de Lille, 1995.

BENVENISTE, É., *Problèmes de linguistique générale*, Paris, Gallimard, 1966.

BERGSON, H., *L'Énergie spirituelle*, Paris, PUF, « Bibliothèque de philosophie contemporaine », 1919.

BERNARD, C., *Principes de médecine expérimentale*, Paris, PUF, 1987 ;

– *Cahier de notes* (1850-1860), Paris, Gallimard, 1965 ;

– *Introduction à l'étude de la médecine expérimentale* [1865], Paris, Delagrave, 1978 ;

– *Leçons de pathologie expérimentale* [1872], Paris, J.-B. Baillière.

– *Les Leçons sur les phénomènes de la vie communs aux animaux et aux végétaux* [1878], Paris, J. Vrin, 1966.

– *Leçons de physiologie opératoire* [1879], Paris, J.-B. Baillière et fils.

BORSOOK, D. *et alii*, « Acute Plasticity in Human Somatosensorial Cortex, Following Amputations », *Society Neurosciences Abstracts*, n° 1, [1997], 173.1.

BOTTE, M.C., MCADAMS, S., DRAKE, C., « La perception des sons et de la musique », *in* B. LECHEVALIER, F. EUSTACHE et F. VIADER (éds), *Perceptions et Agnosies*, Bruxelles, de Bœck, 1995, p. 55-100.

BOUILLAUD, « Grand embarras de la parole avec conservation des autres facultés intellectuelles » [1865] ; cité par B. LECHEVALIER, F. EUSTACHE, Y. ROSSA, *Les Troubles de la perception de la musique d'origine neurologique*, Paris, Masson, 1985.

BRUNER, J. S., « La réponse allant au-delà des informations qui lui sont fournies », *Beyond the Information Given : Studies in the Psychologies of Knowing*, New York, W. W. Norton, 1973.

BUSER, P., « La conscience animale », *Pour la science* 302, 2002.

CABANIS, P. J. G., *Coup d'œil sur les révolutions et sur la réforme de la médecine*, Paris, Crapart, Caille et Ravier, 1804 ;

– *Rapport du physique et du moral*, Paris, Baillière, 1844.

CAILLOIS, R., *Babel*, Paris, Gallimard, 1948.

CANGUILHEM, G., « Le vivant et son milieu », *La Connaissance de la vie*, Paris, Vrin, 1965 ;

– *Étude d'histoire et de philosophie des sciences concernant les vivants et la nature* [1968], Paris, Vrin, 1994.

CANNON, W., *La Sagesse du corps*, Paris, éditions de la Nouvelle Revue critique, 1939.

CHALMERS, D. J., *The Conscious Mind*, New York, Oxford University Press, 1996.

CHANGEUX, J.-P., *L'Homme neuronal*, Paris, Fayard, 1983.

CHANGEUX, J.-P., COURRÈGE, P., DANCHIN, A, « A Theory of the Epigenesis of Neuronal Networks by Selective Stabilization of Synapses », *Proc. of the Nat. Acad. of Sci.*, USA, 1973, p. 2 974-2 978.

CHANGEUX, J.-P., DANCHIN, A., « Selective Stabilization of Developing Synapses as a Mechanism for the Specification of Neuronal Networks », *Nature* 264, 1976, p. 705-712.

CHOMSKY, N., *Théorie du langage et théorie de l'apprentissage*, Paris, Seuil, 1979.

– *Knowledge of Language : its Nature, Origine and Use*, New York, Praeger, 1986.

CHRISTOPHE, A., « L'apprentissage du langage », *in* Yves Michaux (dir.), *Le Cerveau, le langage, le sens*, Paris, Odile Jacob, 2002, p. 195-214.

CHURCHLAND, Paul M., *Matter and Consciousness : a Contemporary Introduction to the Philosophy of Mind*, Cambridge Mass., MIT Press, 1984.

CHURCHLAND, Patricia, *Neurophilosophy : Toward a Unified Science of the Mind-Brain*, Cambridge Mass., MIT Press, 1986.

COMTE, Auguste, *Système de politique positive*, Paris, Librairie scientifique industrielle de L. Mathias, 1851-1854.

CONDILLAC, E. B. de, *Essai sur l'origine des connaissances humaines* [1746], Auvers-sur-Oise, Galilée, 1973.

CONSTANTINIDIS, C., WILLIAMS, G. V., GOLDMAN-RAKIC, P., « A Role for Inhibition in Shaping the Temporel Flow of Information in Prefrontal Cortex », *Nature Neuroscience* 5, 2002, p. 175-180.

CONWAY, M. A., « Cognitive Neuroscience : Repression Revisited », *Nature* 410, 2001, p. 319-320.

CRICK, F., *L'Hypothèse stupéfiante : à la recherche scientifique de l'âme*, Paris, Plon, 1995.

CRICK, F., MITCHINSON, G., « The Function of Dream Sleep », *Nature,* 304 (14), 1983, p. 111-114.

CRICK F., KOCH C., « Towards a Neurobiological Theory of Consciousness », *Seminars in the Neurosciences 2,* Cambridge UK, Oxford U.P. 1990.

DAMASIO A., *L'Express,* interview parue dans le numéro du 13 juin 2004. Dernier ouvrage paru : *Spinoza avait raison,* Odile Jacob, 2003.

DANLOS, L., « Linguistique informatique – traduction automatique », *in* Yves Michaux (dir.), *Le Cerveau, le langage, le sens,* Paris, Odile Jacob, 2002, p. 261-270.

DEBRU, C., *Neurophilosophie du rêve,* Paris, Hermann, 1990.

DEBRU, C., *Bioéthique et culture,* Paris, Vrin, 1991.

DECETY, J., GREZES, J., « Représentations mentales/neuronales et action », *in* B. LECHEVALIER, F. EUSTACHE et F. VIADER (éds), *La Conscience et ses troubles,* Bruxelles, de Boeck, 1998.

DELACOUR, J., « Science et conscience », *Pour la science* 302, 2002.

DENNETT, D. C., *La Conscience expliquée,* Paris, Odile Jacob, 1993.

DESCARTES, R., « La Dioptrique » [1637], *Œuvres,* Paris, Vrin, 1964-1974.

– « Les principes de la philosophie » [1644], *Œuvres,* Paris, Vrin, 1964-1974.

DONG Y. *et alii,* « Essential Role of the Right Superior Parietal Cortex in Japanese Kana Mirror Reading », *Brain,* 123, Oxford University Press, 2000, p. 790-799.

DÖRNER, G., GÖTZ, F., DÖCKE, W. D., « Prevention of Demasculinization and Feminization of the Brain in Perinatally Stressed Male Rats by Perinatal Androgen Treatment », *Exp. Clin. Endocrinal.* 81 (1983).

ECCLES, J. C., *Évolution du cerveau et création de la conscience,* Paris, Fayard, 1992.

– *Comment la conscience contrôle le cerveau ?,* Paris, Fayard, 1997.

EDELMAN, G. M., *Biologie de la conscience*, Paris, Odile Jacob, 1992 ;
– *Bright Air, Brillant Fire : On the Matter of the Mind*, New York, Basic Books, 1992 ;
EDELMAN, G. M, TONONI, G., *Comment la matière devient conscience*, Paris, Odile Jacob, 2000.
EGGER, M. V., *La Parole intérieure*, Paris, 1881.
EPSTEIN, A.W. *et alii*, « Observations on the Brain and Dreaming », *Biological Psychiatry*, 17, 1982.
FONTENELLE, B. de, « Lettres galantes » [1685], *Œuvres*, Paris, Fayard, 1990.
FREEMAN, W. J, « The Psychology of Perception », 1991, *Scientific American* 264, p. 78-85.
FREUD, S., « Dostoïevski et le parricide » [1928], *Résultats, idées, problèmes*, Paris, PUF, 1985 ;
– *Malaise dans la culture* [1930], Paris, PUF, 1997 ;
– « Psychanalyse » et « Théorie de la libido » [1928], *Résultats, idées, problèmes*, Paris, PUF, 1985 ;
– *Abrégé de psychanalyse* [1923-1924], Paris, PUF, 1998 ;
– *Trois essais sur la théorie de la sexualité* [1903], Paris, Gallimard, 1987 ;
– *Totem et Tabou* [1912], Paris, Payot, 1971 ;
– « Pulsion et destin des pulsions » [1915], *Métapsychologie*, Paris, Gallimard, 1969 ;
– « L'inconscient » [1915], *Métapsychologie*, Paris, Gallimard, 1969 ;
– *L'Homme Moïse et la religion monothéiste* [1939], Paris, Gallimard, 1986 ;
– *Métapsychologie* [1915], Paris, Gallimard, 1969 ;
– « Die Verneinung » [La Dénégation] [1925], trad. fr. P. Thèves et B. This, *Le Coq Héron*, 1982 ;
– « Esquisse pour une psychologie scientifique » [1895], *Naissance de la psychanalyse*, Paris, PUF, 1956 ;
– *L'Interprétation des rêves* [1900], Paris, PUF, 1970 ;
– « Des sens opposés dans les mots primitifs » [1910], *Essais de psychanalyse appliquée*, Paris, Gallimard, 1933 ;
– *Les Études sur l'hystérie* [1895], Paris, PUF, 2000 ;

– *The Complete Letters of Freud to W. Fliess*, Cambridge, Harvard University Press, 1985 ;

–, ABRAHAM, K., *Correspondance (1907-1926)*, Paris, Gallimard, 1969 ;

–, FERENCZI, S., *Correspondance (1908-1914)*, Paris, Calmann-Lévy, 1992-2000 ;

–, PFISTER, *Correspondance (1909-1939)*, Paris, Gallimard, 1966.

FRITH, U., « A Developpemental Model for Autism », *Autisme infantile,* colloque de l'INSERM, monographie n° 146. Paris, éditions de l'INSERM, 1987, p. 175-183.

GALIEN, C., « Des facultés naturelles », *Œuvres,* trad. fr. C. Daremberg, Paris, 1856.

GARMA, L., WIDLÖCHER, D., « Le rêve entre la clinique psychanalytique et la clinique du sommeil », *Revue internationale de psychopathologie*, n° 23, 1996.

GAUCHET, M., *L'Inconscient cérébral*, Paris, Seuil, 1992.

GIRAUD, P., SIRIGU, A., SCHNEIDER, F., DUBERNARD, J. M., « Cortical Reorganization in Motor Cortex After Graft of Both Hands », *Nature Neuroscience*, vol. 4, 2001, p. 691-692.

GRMEK, M.D., « Réflexions inédites de C. Bernard sur la médecine pratique », *Médecine de France* 150, 1964.

GROSSMAN, M., NAKADA T., « A Letter is a Letter is a Letter : Pure Alexia for Kana », *Neurology* 56, 2001.

GOTTSCHALK, L. A. *et alii*, « Anxiety Levels in Dreams : Relation to Localised Glucose Metabolic Rate », *Brain Research* 538, 1991, p. 107-110.

HAMON, M., « Biologie de la dépression », *Pour la science* 302, 2002.

HEATH, R. G., « Pleasure and Brain Activity in Man. Deep and Surface Electro Encephalograms During Orgasm », *Journal of Nervous Mental Disease* 154, 1972.

HEBB, D. O., *The Organization of Behaviour. A Neuropsychological Theorie* [1949] [La psychologie du comportement], Paris, PUF, 1958.

HEGEL, G. W. F., *Phénoménologie de l'esprit*, Paris, Gallimard, 1993.
HOBSON, J. A., *The Dreaming Brain*, New York, Basic Books, 1988.
HOCHMANN, J., JEANNEROD, M., *Esprit où es-tu ? Psychanalyse et neurosciences*, Paris, Odile Jacob, 1991.
HOUDÉ, O., « Numerical Development », *Cognitive Development* 12, 1997.
– « De la pensée du bébé à celle de l'enfant : l'exemple du nombre », *in* Dortier, J.F. (éd.), *Le Cerveau et la Pensée*, Auxerre, Sciences humaines éditions, 1999.
ILLITCH, I., *Némésis médicale. Expropriation de la santé*, Paris, Seuil, 1975.
JACOB, F., *La Logique du vivant, une histoire de l'hérédité*, Paris, Gallimard, coll. « Tel », 1970.
JACKENDOFF, R., *Consciousness and the Computational Mind*, Cambridge, Mass., MIT Press/Bradford Books, 1987.
JEANNEROD, M., *Le Cerveau machine*, Paris, Fayard, 1983 ;
– « Les fonctions cérébrales », *in* Yves Michaux (dir.), *Le Cerveau, le langage, le sens*, Paris, Odile Jacob, 2002, p. 45-58 ;
–, VITAL-DURAND, F., « Les deux étapes du développement visuel moteur », *Lyon médical* 236, 1975, p. 725-734.
JOUVENT, R., « Stress, adaptation et développement », *in* Yves Michaux (dir.), *Le Cerveau, le langage, le sens,* Paris, Odile Jacob, 2002, p. 149-162.
JOUVET, M., *Le Sommeil et le Rêve*, Paris, Odile Jacob, 1992.
JUAN DE MENDOZA, J.-L., « Deux hémisphères, un cerveau », Paris, Flammarion, 1996.
KANT, E., *Essai pour introduire en philosophie le concept de grandeur négative* [1763], Paris, Vrin, 1971.
– *Critique de la faculté de juger* [1790], Paris, Vrin, 1986.
– *La Dissertation de 1770*, Paris, Vrin, 1976.
KANTOROVITZ, E., *Les Deux Corps du roi* [1957], Paris, Gallimard, « Bibliothèque des Histoires », 1989.
KARLI, P., « Le cerveau des affects et des émotions », *in* Yves Michaux (dir), *Le Cerveau, le langage, le sens*, Paris, Odile Jacob, 2002, p. 97-102.

KÜHLENBECK, A., *The Central Nervous System of Vertebrates*, Basel, Karger, 1957.

KIMURA, M., *The Neutral Theory of Molecular Evolution*, Cambridge University Press, 1983.

KOJÈVE, A., « L'origine chrétienne de la science moderne », *Mélanges*, Paris, Harmann, 1964.

LACAN, J., « Fonction et champ de la parole et du langage », *Écrits*, Paris, Seuil, 1953 ;

– « D'une question préliminaire à tout traitement possible de la psychose », *Écrits*, Paris, Seuil, 1955-1956 ;

– « Le stade du miroir comme formateur de la fonction du Je », *Écrits*, Paris, Seuil, 1966 ;

– *Le Séminaire* [1972-1973], Livre XX *Encore*, Paris, Seuil, 1975.

LANSELLE, R., « Sur le mode de l'indirect : d'un art chinois de la lecture », *in* T. Marchaisse (éd.), *Dépayser la pensée, dialogues hétérotopiques avec François Jullien sur son usage philosophique de la Chine,* Paris, Les Empêcheurs de penser en rond, 2003, p. 171-210.

LAKS, B., « Phonologie et cognition », *in* Yves Michaux (dir.), *Le Cerveau, le langage, le sens,* Paris, Odile Jacob, 2002, p. 233-252.

LARSON, J., WONG, D., LYNCH, D., « Patterned Stimulation at the Theta Frequency is Optimal for the Induction of Hippocampal Long-term Potentiation », *Brain Res* 308, 1986, p. 347-350.

LAVOISIER, « Premier mémoire sur la respiration des animaux », *Œuvres*, Paris, Imprimerie impériale, 1862.

LECHEVALIER, Bianca, LECHEVALIER, Bernard, *Le Corps et le Sens*, Lausanne, éditions Delachaux et Niestlé, 1998.

LEIBNIZ, G. W., « Nouveaux essais sur l'entendement humain » [1704], reproduit dans *La Monadologie*, Paris, Delagrave, 1983.

LÉVI-STRAUSS, C., *Anthropologie structurale*, Paris, Plon, 1958.

LEWONTIN, R., « The Dream of the Human Genom », *New York Review of Books* 1992, p. 31-40.

LIVINGSTONE, H., « Sensory Processing, Perception and Behaviour », *Biological Foundations of Psychiatry*, New York, 1976.

LIVINGSTONE, M. S., HUBEL, D. H., « Effects of Sleep and Arousal on the Processing of Visual Information in the Cat », *Nature* 291, 1981, p. 554-561.

LUECH, Z. *et alii*, « The Colour Centre in the Cerebral Cortex of Man », *Nature* 340, 1989, p. 386-389.

LUMINET, J.-P., *L'Univers chiffonné*, Paris, Fayard, 2001.

MACCARLEY, R., HOBSON, J., « The Brain as a Dream State Generator : An Activation-Synthesis Hypotheses of Dream Processes », *American Journal of Psychiatry* 34, 1977, p. 1 334-1 348.

MACLEAN, P. D., « Sensory and Perceptive Factors in Emotional Functions of the Tribune Brain », *Emotions. Their Parameters and Mesurement*, New York, 1975.

– *The Triune Brain in Evolution, Role in Paleocerebral Functions*, New York, Plenum Press, 1990.

MAINE DE BIRAN, *Mémoire sur la décomposition de la pensée* [1805], Paris, F. Alcan, 1930.

MAYR, E., « Cause and Effect in Biology », *Science* 134, 1961, p. 1 501-1 506.

MALEBRANCHE, N. de, *De la recherche de la vérité* [1700], Paris, Vrin, 1962-1970.

MAZOYER, B., « Le cerveau de la connaissance », *in* Yves Michaux (dir.), *Le Cerveau, le langage, le sens*, Paris, Odile Jacob, 2002, p. 75-86.

MEHLER, J., DUPOUX, E., « De la psychologie à la science cognitive », *Le Débat* 47, 1987, p. 65-87.

MICHAUX, Y. (dir.), *Le Cerveau, le langage, le sens*, Paris, Odile Jacob, 2002.

MONOD, J., *Le Hasard et la Nécessité*, Paris, Seuil, 1970.

NAKAMURA, K. *et alii*, « Participation of the Left Posterior Inferior Temporal Cortex in Writing and Mental Recall of Kanji Orthography : A Functional MRI Study », *Brain* 123, 2000, Oxford University Press, New York.

NEUMANN, J. VON, « The General and Logical Theory of Automata of Cerebral Mecanism in Behaviour », *in* Jeffress L. A. (éd.), *Cerebral Mechanisms in Behaviour*, New York, J. Wiley, 1951, p. 1-41.

OLDS, J., « Self-stimulation of the Brain », *Science* 127, 1958, p. 315-324.

PACHERIE, É., *Naturaliser l'intentionnalité*, Paris, PUF, 1993.

PARACELSE, *Œuvres médicales*, trad. fr. de B. Gorceix, Paris, PUF, 1968.

PENFIELD, W., RASMUSSEN, T., *The Cerebral Cortex of Man*, New York, McMillan, 1957.

PENROSE, R., *The Emperors New Mind : Concerning Computer's Mind and the Laws of Physics*, New York, Oxford University Press, 1989.

PIATELLI-PALMARINI, M., « Evolution, Selection and Cognition : from "Learning" to Parameter Setting in Biology and in the Study of Language », *Cognition* 31, 1989, p. 1-44.

PINKER, S., *Comment fonctionne l'esprit*, Paris, Odile Jacob, 2000.

PLATEL, H., FAURE, S., EUSTACHE, F., « Neuropsychologie et imagerie cérébrale fonctionnelle », *L'Année psychologique* 96, 1996.

– *et alii*, « The Structural Components of Music Perception – A Fonctional Anatomical Study », *Brain* 120, 1997.

– *et alii*, « Contributions of Frontal and Medial Temporal Regions to Verbal Episodic Memory : a P.E.T Study », *Neuro Report* 8, 2001.

PLATON, *Cratyle*, Paris, Flammarion, 1998 ;

– *Timée, Critias*, Paris, Flammarion, 1992.

POMMIER, G., *Naissance et renaissance de l'écriture*, Paris, PUF, 1993.

– *Qu'est-ce que le « Réel » ?*, Éres, 2004.

POPPER, K., ECCLES, J., *The Self and its Brain*, Berlin, Springer Verlag, 1977.

PREMACK, D., WOODRUFF, G., « Does the Chimpanzee Have a Theory of Mind ? » *Behavioral and Brain Sciences* 1, 1978, p. 515-526 et 615-636.

PRIBRAM, K. H., GILL, M. M., *Le « projet de psychologie scientifique » de Freud : un nouveau regard*, Paris, PUF, 1986.

PROCHIANTZ, A., *La Construction du cerveau*, Paris, Hachette, 1989 ;

– « Le développement et l'évolution du système nerveux », *in* Yves Michaux (dir.), *Le Cerveau, le langage, le sens*, Paris, Odile Jacob, 2002, p. 25-36.

PUTNAM, H., *Représentation et Réalité*, Paris, Gallimard, « NRF essais », 1990.

PYLYSHYN, Z., « Computation and Cognition. Issues in the Foundation of Cognitive Science », *Behavioural Brain Sciences* 3, 1980, p. 111-169.

QUINE, W., *De Vienne à Cambridge*, Paris, Gallimard, 1980.

RACKIC, P., *et alii*, *Neurobiology of Neocortex*, Chichester, J. Wiley, 1988.

RAMACHANDRAN, V. S., *Le Fantôme intérieur*, Paris, Odile Jacob, 2002.

RENAULT, B., GARNERO, L., « L'exploration du cortex par son activité élctromagnétique », *Pour la science* 302, 2002.

ROEDER, F., ORTHNER, H., MÜLLER, D. « The Stereotaxic Treatment of Pedophile Homosexuality and Other Sexual Deviations », *Proceedings of the 2nd International Conference of Psychosurgery*, 1972, Copenhague.

ROQUES, B. P., « Novel Approaches to Targeting Neuropeptides Systems », *Trends Pharmacol. Sci.*, déc. 2000, p. 475-483.

ROSE, G. M., DUNWIDDIE, T. V., « Induction of the Hippocampal Long-Term Potentiation Using Physiologically Patterned Stimulation », *Neuroscience Letter* 69, 1986, p. 244-248.

ROSENFIELD, I., *L'Invention de la mémoire*, Paris, Flammarion, coll. « Champs », 1994.

– *La Mégalomanie de Freud*, Paris, Seuil, 2000.

SAUSSURE, F. de, *Cours de linguistique générale* [1915], Paris, Payot, 1995.

SCHRÖDINGER, E., *What is Life ?*, Cambridge University Press (UK), 1944.

SCHUR, M., *La Mort dans la vie de Freud*, Paris, Gallimard, 1975.

SINGER, W., « Neuronal Synchrony : a Versatile Code for the Definition of Relations », *Neuron* 25, 1999, p. 46-65.

– « Synchronisation neuronale et représentations mentales », *Pour la science* 302, 2002.

SOLMS, M., *The Neuropsychology of Dreams – A Clinico-Anatomical Study*, Mahwah N. J., Lawrence Erlbaum Associates, 1997.

SPERRY, R. W., « Mental Unity Following Surgical Disconnection of the Cerebral Hemisphere », *The Harvey Lectures Series* 62, New York, Academic Press, 1968.

– « Brain Bisection and Consciousness », *in* Eccles, J. C. (éd.), *Brain and Conscious Experience*, New York, Springer Verlag, 1966.

SQUIRE, L., KANDEL, E., *Memory : From Mind to Molecules*, New York, Scientific American Library, 2000.

STENGERS, I., *L'Invention des sciences modernes*, Paris, Flammarion, 1993.

STROHMAN, R., « Epigenesis and Complexity. The Coming Kuhnian Revolution in Biology », *Nature Biotechnology* 15, 1997, p. 194-199.

TARKOVSKI, A., *Le Temps scellé*, Paris, éditions de L'Étoile, coll. « Cahiers du cinéma », 1989.

TASSIN, J.-P., « Peut-on trouver un lien entre l'inconscient psychanalytique et les connaissances en neurologie ? », *Neuropsy* 4, 8, 1989.

– « La neuropharmacologie de la conscience », *Pour la science* 302, 2002.

TERRÉ, D., *Les Dérives de l'argumentation scientifique*, Paris, PUF, 1998.

TONI, N., *et alii*, « LTP Promotes Formation of Multiple Spine Synapses Between a Single Axon Terminal and a Dendrite », *Nature* 402, 1999, p. 421-425.

TRAN KY, FROUARD, F., DESCOMBES, D., *Les Racines du sexe*, Paris, Presses de la Renaissance, 1985.

TREVARTHEN, C., SPERRY, R. W., « Perceptual Unity of the Ambiant Visual Field in Human Commisurectomy Patients », *Brain* 96, 1973, p. 89-117.

VARELA, F. J., *Autonomie et Connaissance. Essais sur le vivant* [1979], Paris, Seuil, 1988.

– *Invitation aux sciences cognitives*, Paris, Seuil, 1996.

THOMPSON, E., ROSCH, E., *L'Inscription corporelle de l'esprit* [1991], Paris, Seuil, 1993.

VINCENT, J.-D., *Biologie des passions* [1986], Paris, Odile Jacob, 1999.

VINCENT, L. : voir l'article « Tomber amoureux, c'est chimique », *Le Parisien*, 9 juin 2004.

WIDLÖCHER, D., *Les Psychotropes*, Paris, Les Empêcheurs de penser en rond, 1996.

WIENER, N., *Cybernétique et Société. L'usage humain des êtres humains*, Paris, 10/18, 1962.

WINSON, J., « Loss of Theta Rhythm Results in Spatial Memory Deficit in the Rat », *Science* 201, 1978, p. 100-163.

WYNN, K., « Addition and Subtraction by Human Infants », *Nature* 358, 1992, p. 749-750.

ZARIFIAN, É., « Hypothèse monoaminergique dans la dépression », *Annales de biologie clinique*, Paris, 1979.

ZEKI, S., « La construction des images dans le cerveau », *La Recherche* 21, 222, 1990.

# INDEX DES NOMS PROPRES

## TABLE DES MATIÈRES

CET OUVRAGE
A ÉTÉ TRANSCODÉ
ET ACHEVÉ D'IMPRIMER
SUR ROTO-PAGE
PAR L'IMPRIMERIE FLOCH
À MAYENNE EN SEPTEMBRE 2004

N° d'éd. FU036901. N° d'impr. 60815.
D.L. : octobre 2004.
*(Imprimé en France)*